电子商务专业“十四五”精品教材

电子商务与物流管理

（微课版）

主　编　赵　如　卓晓芸　丰加颖
副主编　刘会娟　李俊友　巩雨桐　吴素素
　　　　池雨思　陆　剑　孙晓俊　李法勇

哈爾濱工程大學出版社
Harbin Engineering University Press

内 容 简 介

本书共八章，内容主要包括电子商务物流管理概述、电子商务物流模式及选择、电子商务物流信息技术、电子商务采购与供应链管理、电子商务物流仓储管理与库存控制、电子商务流通加工与包装管理、电子商务与新型物流配送、电子商务新的商业模式与现代物流等内容。

本书结构严谨、逻辑性强、易教易学，既可作为应用型本科、职业院校物流服务与管理相关专业的教材，也可作为从事职业培训、物流企业管理人员的参考用书。

图书在版编目（CIP）数据

电子商务与物流管理 ： 微课版 / 赵如，卓晓芸，丰加颖主编. —哈尔滨 ： 哈尔滨工程大学出版社，2023.1

ISBN 978-7-5661-3817-0

I. ①电… II. ①赵… ②卓… ③丰… III. ①电子商务－物流管理－高等学校－教材 IV.①F713.365.1

中国国家版本馆 CIP 数据核字（2023）第 024247 号

电子商务与物流管理（微课版）

DIANZI SHANGWU YU WULIU GUANLI（WEIKE BAN）

责任编辑 张 曦

封面设计 赵俊红

出版发行 哈尔滨工程大学出版社

社 址 哈尔滨市南岗区南通大街 145 号

邮政编码 150001

发行电话 0451-82519328

传 真 0451-82519699

经 销 新华书店

印 刷 唐山唐文印刷有限公司

开 本 787 mm×1 092 mm 1/16

印 张 14

字 数 358 千字

版 次 2023 年 1 月第 1 版

印 次 2023 年 1 月第 1 次印刷

定 价 49.80 元

http://www.hrbeupress.com

E-mail:heupress@hrbeu.edu.cn

前　言

近年来，电子商务得到广泛普及和快速发展，在我国成为影响当代社会和经济发展的重要因素，也大大改变了广大消费者的生活习惯和购物方式。高效、快捷的电子商务要想得到发展，需要物流业的紧密配合。如果说电子商务是现代物流与信息技术的产物，那么物流则是电子商务发展的重要保障，没有物流的支撑，电子商务只能是“空中楼阁”。

随着电子商务的迅猛发展，电子商务物流逐渐出现了一些新特征。首先，电子商务物流的服务内容和内涵更加丰富；其次，市场主体更加多元化；最后，电子商务物流呈现出更加智能化的趋势。

电子商务物流有着不同于一般物流的特殊性，它除了具备基本的物流服务能力外，还提供增值服务，要求有高效的组织结构及严格的物流成本控制能力等。这些特殊性，使得电子商务物流管理的难度比传统形式的物流管理要大得多。有效的管理需要将电子商务与物流知识相结合，并且应用一些特殊的管理手段。如今电子商务行业的经营竞争日益激烈，企业对降低物流成本、提高利润提出了更高的要求，而对电子商务物流人才的需求更是企业未来进行竞争的决定性因素。

本书力求理论与实践相结合、现实与前瞻相结合，系统、全面地介绍电子商务与物流的发展变化，进一步完善电子商务物流知识体系，以推动我国电子商务物流更快、更好地发展。内容注重对职业技能和管理素质方面的提升，突出“理论够用、重在实操”的特色，使读者对电子商务物流基本知识和业务流程有一个较为全面的认识，便于熟练地从事电子商务物流行业的工作。

本书由赵如（哈尔滨信息工程学院商学院）、卓晓芸（成都工贸职业技术学院）和丰加颖（哈尔滨学院）担任主编，由刘会娟（河南测绘职业学院）、李俊友（四川核工业技师学院）、巩雨桐（佛山职业技术学院）、吴素素（郑州经贸学院）、池雨思(广东机电职业技术学院)、陆剑（广西交通技师学院）、孙晓俊（许昌职业技术学院）和李法勇（上海介科企业发展有限公司）担任副主编。本书的相关资料可扫封底微信二维码或登录 www.bjzzwh.com 下载获得。

在本书的编写过程中，编者参阅和引用了国内外专家、学者的有关著作、论文、案例等，这些文献对本书的编写提供了很大的帮助，在此向相关文献的专家、学者表示诚挚的感谢。由于本书篇幅及编者水平和精力有限，书中的错误和疏漏之处在所难免，请广大读者批评指正，以便使本书不断完善。

编　者

2022年10月

目 录 CONTENTS

第一章 电子商务物流管理概述

本章导读

电子商务物流是融合电子商务和物流的内容及特点，在传统物流的基础上，结合电子商务中商流、信息流、资金流的特点而提出的，是电子商务环境下物流的新表现方式，是实现商品从生产者到消费者手中转移的重要保障。

本章对电子商务与物流的定义及关系、电子商务物流管理的定义与功能要素、电子商务物流的发展现状与趋势做了详细的介绍。

本章重点

电子商务 物流 电子商务物流管理 四流

案例导入

戴尔股份有限公司的物流电子商务化

戴尔股份有限公司是一家总部位于美国得克萨斯州朗德罗克的世界500强企业，由迈克尔·戴尔于1984年创立，是全球IT界发展较快的公司之一。1996年，戴尔股份有限公司开始通过网站www.dell.com采用网络直销手段销售戴尔计算机产品，成为世界500强中名列前茅的大公司。

戴尔股份有限公司的直销网站上提供了跟踪和查询消费者订货状况的接口，供消费者查询已订购的商品从发出订单到消费者手中全过程的情况。戴尔股份有限公司对待任何消费者（个人、公司或单位）都采用定制的方式销售，其物流服务也配合这一销售政策而实施。

一、戴尔股份有限公司的网络电子商务化销售物流的步骤

1. 订单处理

消费者可以拨打800免费电话在戴尔股份有限公司的网上商店进行网上订货。根据用户发出订单的数目，用户需要填写单一订单或多重订单状况查询表格，表格中各有两项数据需要填写：一是戴尔股份有限公司的订单号；二是校验数据。提交后，戴尔股份有限公司将通过因特网将查询结果传送给用户。

2. 预生产

从接收订单到正式生产，期间有一段等待零部件到货的时间，这段时间称为预生产。生产的时间因消费者所订的系统不同而不同，主要取决于供给商的仓库中是否有现成的零部件。通常，戴尔股份有限公司要确定一个订货的前置时间，即需要等待零部件并且将订货送到消费者手中的时间，该前置时间在戴尔股份有限公司向消费者确认订货有效时会告诉消费者。订货确认一般通过两种方式告知，即电话或电子邮件。

3. 配件预备与组装

当订单转到生产部门时，所需的零部件清单也就自动产生，相关职员将零部件备齐传送到装配线上。组装职员将装配线上传来的零部件组装成机，然后进入测试过程。

4. 测试和装箱

检测部分对组装好的计算机用特制的测试软件进行测试，通过测试的机器被送到包装间。测试完后的计算机被放到包装箱中，同时要将鼠标、键盘、电源线、说明书及其他文档一同装进相应的运输车运送给顾客。

5. 配送预备并发运

一般在生产过程结束的次日完成送货预备，但大订单及需要特殊装运作业的订单可能用的时间要长些。戴尔股份有限公司设计了几种不同的送货方式，供顾客订货时选择。一般情况下，订货将在2～5个工作日送到订单上的指定地点，即送货上门，同时提供免费安装和测试服务。

二、电子商务化物流对戴尔股份有限公司的好处

电子商务化物流使戴尔股份有限公司既可以先拿到用户的预付款，又不占压物流公司的流动资金，按单生产没有库存风险。戴尔股份有限公司的竞争对手一般保持着几个月的库存，而其库存只有几天，这些因素使戴尔股份有限公司的年均利润率超过50%。戴尔股份有限公司的电子商务型直销方式对用户的价值包括以下几方面。

（1）用户的需求不管多么个性化都可以满足。

（2）戴尔股份有限公司精简的生产、销售、物流过程可以省去一些中间成本，因此其价格较低。

（3）用户可以享受到完善的售后服务，包括物流、配送服务及其他售后服务。

第一节 电子商务与物流认知

电子商务

一、电子商务的定义

1. 电子商务的发展现状

20 世纪 90 年代，互联网技术突飞猛进的发展为商务活动电子化提供了至关重要的前提，电子商务也随着时代的变迁日益发展起来并逐渐壮大。20 多年来，电子商务的发展经历了起步期、发展期、稳定期和成熟期。电子商务得到了国家层面的高度重视，被列入战略性新兴产业。国家倡导的“互联网 +”战略强调互联网、云计算、大数据等技术和制造业、金融业等传统行业的结合与发展，可见电子商务的发展前景十分可观。

截至 2021 年 6 月，我国网络购物用户规模达到 8.12 亿人。快递服务业发展迅猛，2021 年超过 1 000 亿件。一方面，电子商务、社交应用、数字内容相互融合，社交电子商务模式拓展了电子商务业务。在此基础上，电子商务总体保持稳定发展，在协调供给侧结构性改革、拉动就业、助力乡村振兴等方面发挥着重要作用。另一方面，绝大多数支付机构接入互联网，提高了资金透明度和网络支付的安全性。截至 2020 年 12 月，中国移动网民规模达 8.53 亿，移动网民占整体网民比例为 86.5%。图 1–1 为 2014—2020 年中国网络支付使用率走势图。

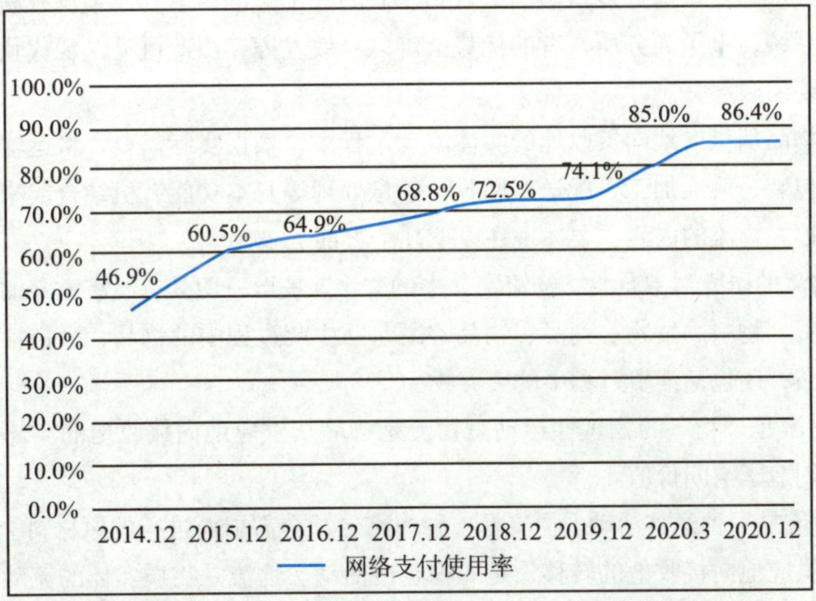

图 1–1　2014—2020 年中国网络支付使用率走势图

2. 电子商务的具体定义

随着互联网的蓬勃兴起和发展壮大，电子商务已真正走进传统商务活动的各个环节和领域，并直接影响和改变着社会经济生活的各个方面。那么什么是电子商务呢？

电子商务是一个不断发展的概念。国际商业机器公司（IBM）于1996年提出了“electronic commerce（E-Commerce）”的概念。1997年，该公司又提出了“electronic business”的概念。1997年7月，美国政府发布了《全球电子商务政策框架白皮书》，从此“电子商务”一词正式应用，并受到全世界的瞩目。

换言之，广义的电子商务就是将所有商务活动业务流程电子化，不仅包括企业商务活动中面向外部的业务流程，如网络营销、电子支付、物流配送等，还包括企业内部的业务流程，如企业资源计划、管理信息系统、客户关系管理、供应链管理、人力资源管理、战略管理、市场管理、生产管理、研发管理及财务管理等内容。

狭义的电子商务仅指在互联网上开展的交易或与交易有关的活动。电子商务是指利用互联网及现代通信技术进行的任何形式的商务运作、管理或信息交换，包括企业内部的协调与沟通、企业之间的合作及网上交易三个方面的内容。

二、物流的定义

电子商务的产生，在很大程度上方便了最终消费者。消费者不必再跑到拥挤的商业街亲自挑选自己所需的商品，而只要坐在家里，在互联网上搜索、查看、挑选，就可以完成购物过程。随着电子商务的逐步普及，越来越多的传统企业开始进入电子商务领域。这些传统企业不遗余力地在互联网上开设自己的网上商店。而作为有形商品——网上商务活动基础的物流，成为电子商务能否顺利进行和发展的一个关键因素。如果没有高效、合理、畅通的物流系统，电子商务所具有的优势就难以有效发挥，由此可见，现代化的物流是电子商务的重要组成部分。

物流是物品从供应地向接收地的实体流动过程中，根据实际需要，将运输、储存、装卸、搬运、包装、流通加工、配送、回收、信息处理等基本功能有机结合起来，以实现用户要求的过程。物流的内涵主要体现在以下几个方面。

（1）物流的研究对象是物。物流定义中的“物”是指一切具有经济意义的物质实体，具体包括物资、物料、货物、商品、物品，既包括生产过程中的物品，又包括流通过程中的消费性商品，还包括消费过程中的废弃物品。

（2）物流是“物”的物理性运动。物流是物品从供应地向接收地的实体运动，在运动的过程中创造了空间价值。

（3）物流是一种经济活动。物流是一种为满足社会需求而进行的原材料、中间库存、最终产品从供应地向接收地的转移，是一种经济活动。物流是物质实体的流动，不属于经济活动范畴的物质流动不属于物流。

三、电子商务与物流的关系

1.“四流”的基本功能

无论何种形式的电子商务活动，都离不开四种基本的“流”，即信息流、资金流、商流和物流（即“四流”）。电子商务与物流之间的关系是相互促进、相互影响发展的。

2.“四流”的关系

“四流”的关系可以表述为：以信息流为依据，通过资金流实现商品的价值，通过物流实现商品的使用价值；物流是资金流的前提与条件，资金流是物流依托的价值担保，并为适应物流的变化而不断进行调整；信息流对资金流和物流活动起着指导与控制作用，并为资金流和物流活动提供决策的依据；商流是交易的核心，也是交易的最终目的。

3. 物流的特殊性

在电子商务环境下，信息流、资金流和商流的处理都可以通过计算机与网络通信设备实现。物流则是电子商务“四流”中最为特殊的一种。

电子商务的应用，使普通消费者可以在网上商城购买自己所需的产品。企业通过网络采购原料、接收订单、销售产品，消费者通过电子银行或者利用电子货币进行支付。与此同时，除了少数的数字化产品（如电子书籍、音像等）可以通过网络传输之外，其余的大部分产品需要通过物流企业送达客户。除此之外，物流企业还要及时将产品从生产企业进货入库。物流企业担任着生产企业的仓储和用户的实物供应的双重任务。而且，随着大多数商店、银行虚拟化，商务事务处理信息化，多数生产企业柔性化，整个市场就只有物流的实物工作了。物流企业成了代表生产企业及供应商对用户的实物供应者，是进行区域市场实物供应的唯一主体。物流企业的地位得到强化，在电子商务活动中占据着重要地位。

4. 电子商务对物流的影响

（1）电子商务促进现代物流业量的扩大

电子商务促进现代物流业量的扩大表现在两方面：一是电子商务活动直接产生物流需求。在电子商务活动中，大部分商品需要通过物流进行配送，物流是实现电子商务的保证。二是电子商务推动经济发展而间接产生物流需求。经济发展本身可以直接产生物流需求，物流总量与经济总量成正比。电子商务推动了全球经济的发展，在电子商务推动全球经济总量增加的同时，必然创造巨大的物流需求。

（2）电子商务促进我国物流供给能力的提升

目前，中国产业界正在形成五条物流体系：以五大运输方式为代表的运输物流体系；以商品加工和配送为代表的仓储物流体系；以服务型竞争战略为代表的制造商物流体系；以海、空港集散为代表的口岸物流体系；以电子商务为代表的配送物流体系。总体来看，我国物流供给处于比较低的水平，物流成本高，反应不够迅速，各体系的网络化程度不高，服务水平比较低，难以满足现代企业和电子商务对物流的需求。

我国现代物流业的需求大于供给，这必将刺激更多的企业进入物流领域，物流业将会成为投资的热点。随着跨国物流企业的进入和本土物流企业的成长，现代物流业一定会随着电子商务的发展而做大、做强。

（3）电子商务促进现代物流业质的提高

电子商务促进现代物流业质的提高主要体现在如下六个方面。

①电子商务有利于物流基础设施的改善。物流基础设施是组织物流系统运行的基础条件，包括公路、铁路、机场、港口、码头、货场、物流中心、仓库、物流线路、物流装备及物流网络等。

②电子商务对物流各作业环节的影响。电子商务对物流各作业环节的影响体现在以下三个方面。

a. 对采购的影响：电子商务的发展及应用对采购产生了积极影响。传统的采购极其复杂，采购员要完成寻找合适的供应商、检验产品、下订单、接取发货通知单和货物发票等一系列复杂烦琐的工作，而且采购过程中容易产生“暗箱操作”。电子商务的发展及应用简化了采购过程，降低了采购成本，缩短了采购周期，提高了采购质量，透明了采购流程。

b. 提高了物流配送水平：电子商务强化了物流配送，提高了物流配送的地位。从商业角度看，电子商务的发展需要具备两个重要的基础条件：一是货款的支付，二是商品的配送。企业对消费者的物流支持要靠配送来提供，而企业对企业的物流业务会逐渐外包给第三方物流，其供货方式也是配送制。没有配送，电子商务物流就无法实现，电子商务也就无法实现，电子商务的发展与配送业务紧密联系。同时，电子商务使制造业与零售业实现了“零库存”，实际上是把库存转移到配送中心，因此配送中心成为整个社会的仓库。

c. 提高了运输速度：在电子商务条件下，速度已上升为最主要的竞争手段。物流系统要提高客户对产品的认可程度，在仓库等设施布局确定的情况下，运输将是决定性因素。由于运输活动的复杂性，运输信息共享的基本要求是运输单证的格式标准化和传输电子化，而电子商务能进一步提高运输单证的格式标准化和传输电子化。

③电子商务促进现代物流业的国际化。电子商务代表未来国际贸易的发展方向。电子商务具有跨时空的特点，任何一个企业和商家都可以利用全球资源，开拓国际市场，参与全球竞争。在这个过程中，作为实现电子商务的重要环节之一的物流，也必须要适应全球竞争，物流业的国际化是不可逆转的历史潮流。

物流的国际化表现为以下四个方面。

a. 国际物流贸易。国际物流通常需要不同国家或地区的两个或两个以上的物流企业之间合作完成。

b. 国际物流合作。不同国家和地区的企业共同完成重大的国际经济技术项目的国际物流。

c. 国际物流投资。不同国家和地区的物流企业共同投资组建国际物流企业。

d. 国际物流交流。不同国家或地区在物流科学、技术、教育、培训和管理方面的国际交流。

④电子商务将促进现代物流业服务水平的提高。在电子商务和网络支持下，现代物流增加了一些增值性物流服务，进一步提高了现代物流业的服务水准。这些增值性的物流服务主要包括加快反应速度的服务、增加便利性的服务、延伸服务及个性化服务。

⑤第三方物流将成为现代物流业的主要组织形式。电子商务企业采用第三方物流服务，将自己不擅长的业务外包给专业的物流企业，有利于企业资源优化配置，将有限的人力、物力集中于核心业务，节省成本，降低库存，提高客户服务水平，从而增强企业的竞争力，在激烈的竞争中赢得主动。

⑥电子商务将促进物流技术的大发展。物流技术指现代物流在运行与管理的过程中所采用的信息技术与操作技术。电子商务是一种新型的基于互联网技术的企业与企业、企业与消费者之间的商业活动形式。电子商务实现了在全世界范围内用互联网技术以电子方式进行物品与服务的交换。物流技术水平的高低决定着物流效率的高低，电子商务需要高效运作的物流体系。随着计算机技术的不断普及，网络技术的不断完善，电子商务势必得到长足的发展和应用，推进物流技术的现代化进程，使物流技术不断创新。这种促进作用表现在各种先进物流信息技术的广泛应用及物流操作技术的全面进步，进而最终实现真正意义上的“物畅其流”。

5. 物流对电子商务的影响

（1）物流业的发展是电子商务发展的保障。过去，人们对电子商务的认识往往局限于信息流、商流和资金流的电子化与网络化。但随着电子商务的进一步推广与应用，物流的重要性对电子商务活动的影响日益明显。在电子商务中，消费者在浏览购物网站后，通过轻松点击完成网上购物，但所购货物却迟迟不能送到消费者手中，消费者势必会放弃电子商务，选择更为安全可靠的传统购物方式。

（2）物流业的发展促进电子商务的发展。物流可提高客户满意度及忠诚度，并能够拓展企业的商务范围，带来新的市场机会。以淘宝为例，作为国内电子商务的代表企业一直致力于完善物流的覆盖面，从而扩大淘宝的业务版图。对于一些偏远地区，淘宝通过给快递公司补贴的方式解决了部分偏远地区的配送问题，既扩大了自己的业务范围，又增加了快递公司的收入，从而实现了双赢。

（3）物流带动就业。由于物流的作用，使得电子商务行业繁荣昌盛，不但带动了其他衍生行业，而且为国家创造了大量的就业岗位。

案 例

中国远洋物流有限公司（以下简称“中远物流”）成立于2002年1月8日，是中国远洋海运集团成员企业，也是国际化第三方物流企业，在家电和电子物流、航空物流、化工物流、会展物流、电力物流、供应链管理、海运空运货代等业务领域为国内外客户提供全程物流解决方案。中远物流在中国设立了9家区域公司、400多个业务分支机构，在17个国家和地区设立了业务机构，与40多家国际货运代理企业签订了长期合作协议，形成了遍及中国、辐射全球的服务网络系统。

为了适应电子商务发展的趋势，2014年7月28日，中远物流推出无界物流电子商务平台。作为国内全面、专业的物流商务平台，无界物流电商平台不仅为客户提供方便快捷、价格优惠的海运服务，同时也提供包括报关清关、国内外长短途陆运等在内的全面延伸服务，真正实现了全球范围内的点到点运输。无界物流电商平台的特点主要体现在以下几个方面。

1. 标准化服务商品可直接购买

摒弃了传统物流模式的低效性和复杂性，无界物流电商平台将订舱、报关、清关、陆运等一系列服务，通过科学的计划、合理的安排，形成了顾客可以直接从网上购买的高度整合的标准化产品。这种模式大大降低了物流环节双方的交易成本，在保证服务质量的同时大大提高了服务效率，使整个行业的服务水平、标准化和集中化的程度提升到一个新的高度。

2. 支撑能力覆盖全国约80%重要口岸

凭借自身实力，以及依托众多世界级大型航运公司的航运资源和辐射网络，无界物流电商平台提供的服务范围覆盖了包括大连、天津、青岛、上海、宁波等地在内的全国80%的重要沿海港口和周边延伸地区，以及国外主要航线。物流电子商务平台本身的便捷和高效，确保了客户能在任何时候任何地方购买物流商品。

3. 点到点一站式服务

无界物流电商平台不仅依托世界知名航运企业的支持，同时也汇集了众多实力雄厚的代理机构。航运企业可以提供数十个国家和近百条航线的航运服务，代理机构则确保了无界物流电商平台有能力为客户提供高质量的陆运源、经验丰富的陆运团队和种类繁多的延伸服务。两者有机结合，加上专业过硬的整体运营团队，可打造出覆盖数十个主要国家或地区，包括报关、清关、陆运、海运等众多环节在内的点到点一站式服务。

4. 直接满足众多中小型客户的根本需求

一直以来，物流业面临的重要问题是，众多中小客户缺乏合理的采购渠道和信息获取途径，为了达到运输货物的目的，有时不得不忍受极其烦琐的过程和不透明的价格。凭借与众多大型航运公司的深度密切合作，无界物流电商平台可实现实时更新市场价格的变化趋势和船期动态，中小客户可以通过无界物流电商平台直接获取最新的航线、运价信息。

第二节 电子商务物流管理认知

一、电子商务物流管理的定义

电子商务物流管理指根据物质资料实体流动的规律，应用管理的基本原理和科学方法，对电子商务物流活动进行计划、组织、指挥、协调、控制和决策，使各项物流活动实现最优的协调和配合，以降低物流成本，提高物流效率和经济效益。简单来说，电子商务物流管理就是研究电子商务物流活动规律，对物流全过程、各环节、各方面进行的管理。

电子商务下的物流是伴随电子商务技术和社会需求的发展而出现的，它是实现电子商务经济价值不可或缺的重要组成部分。由于电子商务所独具的信息化、自动化、网络化等特点，以及高速、廉价、灵活等诸多优势，电子商务物流在运作、管理等方面也有别于一般物流，呈现出以下新的特点。

1. 信息化

物流信息化是电子商务的必然要求。物流信息化表现为物流信息搜集的数据库化和代码化、物流信息处理的电子化和计算机化、物流信息传递的标准化和实时化、物流信息存储的数字化等。信息分类编码、射频识别、条码、电子数据交换等物流信息技术在物流信息化管理中发挥着重要作用。

2. 自动化

自动化的基础是信息化，自动化的外在表现是无人化，效果是省力。自动化可以扩大物流作业能力、减少物流作业差错。物流自动化的设施非常多，如基于条码 / 射频的自动识别系统、自动分拣系统、自动存取系统、货物自动跟踪系统等。

3. 智能化

智能化是物流自动化、信息化的一种高层次应用。物流作业过程中存在大量的运筹和决策问题，如库存水平的确定、运输（搬运）路径的选择、物流配送中心选址等。

4. 网络化

随着全球一体化的程度越来越高，企业很难独自应对变幻莫测的市场竞争环境，以供应链的形式参与竞争已成为企业赢得市场的重要途径。例如，按照客户订单组织生产，生产采取分散形式，即将全世界的计算机资源全部利用起来，通过全球的物流网络将计算机零部件、元器件和芯片发往同一个物流配送中心进行组装，再由物流配送中心将组装好的计算机发给客户。可见，实现物流网络化是提高供应链反应速度、增强供应链整体竞争力的关键环节。

5. 柔性化

柔性化本来是为实现“以顾客为中心”的理念而在生产领域提出的，但要真正做到柔性化，即真正地根据消费者需求的变化来灵活调节生产工艺，配套的柔性化物流系统是不可或缺的。20 世纪 90 年代，国际生产领域纷纷推出柔性制造系统、计算机集成制造系统、制造资源系统、企业资源计划，以及供应链管理的概念和技术等。柔性化物流正是适应生产、流通与消费的需求而发展起来的一种新型物流模式。准时制、快速反应和高效客户反应等理念的提出，实质就是要将生产、流通进行集成，根据消费需求的“多品种、小批量、多批次、短周期”的特色组织生产，安排物流活动。

二、电子商务物流管理功能要素

电子商务物流管理的过程包括运输、存储、包装、装卸搬运、流通加工、配送等环节，它们相互联系，构成了电子商务物流系统的功能组成要素，即电子商务的起点——商品包装；电子商务的动脉——商品运输；电子商务的中心——商品存储；电子商务的接点——商品装卸；电子商务的后勤保障——配送；电子商务的中枢神经——物流信息。

第三节　电子商务物流的发展现状与趋势

一、电子商务物流的发展现状

近年来，随着电子商务的快速发展，我国电子商务物流保持较快的增长速度，企业主体多元发展，经营模式不断创新，服务能力显著提升，已成为现代物流业的重要组成部分和推动经济发展的新动力。

1. 物流企业分类

根据我国物流企业现阶段的所有制性质和经营管理方式不同，物流企业大致分为两类。

（1）传统型物流企业。这类企业大多为国有或集体企业，其特点一般具有一定的地域性和传统性，这类物流企业只接受仓储和运输的订单。

（2）第三方物流企业。这类企业大多是依据市场的运作规律而建立的新型物流企业，是电子商务时代的主流。

电子商务的发展使第三方物流得到了足够的社会重视，经过多年的建设，我国的铁路、水路、公路、民航等基础设施已基本可以满足物流运输的基础设施体系。同时为了适应目标企业的需求，第三方物流企业逐渐开始重视现代物流技术的应用，将现有的业务流程以订单为中心进行改造，并在业务处理方面实行一体化操作，降低库存，减少资金占用。

2. 发展现状

（1）发展规模迅速扩大。随着电子商务的蓬勃发展，中国物流业务快速增长。2021 年全国快递业务量累计完成 1 083.0 亿件，同比增长 29.9%；业务收入累计完成 10 332.3

亿元，同比增长 17.5%。2021 年全国单件快递收入为 9.54 元，同比 2020 年的 10.55 元下降 9.6%。总体来看，电子商务引发的物流仓储和配送需求呈现高速增长态势。

（2）企业主体多元发展。企业主体从快递、邮政、运输、仓储等行业向生产、流通等行业扩展，与电子商务企业相互渗透，融合速度加快，涌现出一批知名电子商务物流企业。

（3）服务能力不断提升。第三方物流、供应链型、平台型、企业联盟等组织模式加快发展。服务空间分布上有同城、异地、全国、跨境等多种类型；服务时限上有限时达、当日递、次晨达、次日递等多种形式；服务方式上有预约送货、网订店取、网订店送、智能柜自提、代收货款、上门退换货等多种形式。

（4）信息技术广泛应用。企业信息化、集成化和智能化发展加速。条形码、无线射频识别、自动分拣技术、可视化及货物跟踪系统、传感技术、全球定位系统、地理信息系统、电子数据交换、移动支付技术等得到广泛应用，提升了行业服务效率和准确性。

二、电子商务物流的发展趋势

1. 面临形势

随着全球经济一体化进程的加快，企业面临着尤为激烈的竞争环境，资源在全球范围内的流动和配置大大加强，世界各国更加重视物流发展对于本国经济发展、民生素质等的影响，更加重视物流的现代化，从而使物流呈现出一系列新的发展趋势。整体上看，电子商务物流需求将保持快速增长，服务质量和创新能力有望进一步提升，渠道下沉和“走出去”趋势凸显，将进入全面服务社会生产和人民生活的新阶段，具体如下。

（1）电子商务物流需求保持快速增长。随着我国新型工业化、信息化、城镇化、农业现代化和居民消费水平的提升，电子商务在经济、社会和人民生活各领域的渗透率不断提高，与之对应的电子商务物流需求将保持快速增长。同时，电子商务交易的主体和产品类别更加丰富，移动购物、社交网络等将成为新的增长点。

（2）电子商务物流服务质量和创新能力将显著提升。产业结构和消费结构升级将推动电子商务物流进一步提升服务质量。随着网络购物和移动电子商务的普及，电子商务物流必须加快服务创新，增强灵活性、时效性、规范性，提高供应链的资源整合能力，满足不断细分的市场需求。

（3）电子商务物流“向西向下”成为新热点。随着互联网和电子商务的普及，网络零售市场渠道将进一步下沉，呈现出向中小城市加快渗透的趋势。这些地区的电子商务物流发展需求更加迫切，增长空间更为广阔。电子商务物流对促进区域间商品流通，推动形成统一大市场的作用日益突出。

（4）跨境电子商务物流将快速发展。对外开放和“一带一路”倡议，为跨境电子商务的发展提供了重大历史机遇，这必然要求电子商务物流跨区域、跨经济体延伸，提高整合境内外资源和市场的能力。

（5）从政策方面来看，“十三五”专项规划相继发布，电子商务物流激励措施密集出台。《全国电子商务物流发展专项规划（2016—2020年）》明确提出，到2020年基本形成“布局完善、结构优化、功能强大、运作高效、服务优质”的电子商务物流体系，这标志着我国电子商务物流进入全新的发展阶段。随着电子商务物流服务规范、跨境商品电子商务经营服务规范相继实施，市场服务更趋规范。

（6）从重点行业来看，随着我国与其他国家或地区的贸易广度和深度不断增强，“全球买、全球卖”为我国电子商务物流国际化带来巨大发展机遇。

2. 追求的目标

在电子商务时代，由于企业销售范围的扩大，企业和商业销售方式及最终消费者购买方式的转变，使电子商务物流成为一项极为重要的新型服务产业。多功能化、一流的服务、信息化、全球化和标准化，已成为电子商务时代物流企业追求的目标。

（1）多功能化——物流产业发展方向

①一体化配送中心。在电子商务时代，物流发展到集约化阶段，一体化的配送中心不仅提供仓储和运输服务，还必须开展配货、配送和各种提高附加值的流通加工服务项目，并按客户需要提供其他服务。企业追求全面、系统的综合效果，而不是单一、孤立的局部效益。

②合同型物流方式。在经营形式上，采取合同型物流。这类配送中心是通过签订合同，为一家或数家企业（客户）提供长期服务的，而不是为所有客户服务。这类配送中心有由公用配送中心来进行管理的，有企业自行管理的，也有可能所有权属于生产厂家，交专门的物流公司进行管理。

③服务多样性。以往商品经由制造、批发、仓储、零售各环节间的多层复杂途径，最终到达消费者手里。而现代流通业已简化为由制造经配送中心送达各零售点。这将使未来的产业分工更加精细，产销分工日趋专业化，大大提高社会的整体生产力和经济效益，使流通业成为整个国民经济活动的中心。

④技术多样性。在电子商务时代，许多新技术得到了应用。例如，销售时点信息系统的应用，可使商店将销售情况及时反馈给工厂的配送中心，有利于厂商按照市场需求调整生产，配送中心及时调整配送计划，使企业的经营效益得到增长。

（2）一流的服务——物流企业的追求目标

①扩大服务区域。在电子商务时代，物流业是介于供货方和购货方之间的第三方，它以服务作为第一宗旨。从当前物流业的发展现状来看，物流企业不仅要为本地区服务，还要进行长距离的服务。客户不但希望得到一流的服务，而且希望服务点有多处。因此，如何提供高质量的服务便成为物流企业管理的中心课题。

②改变服务观念。服务观念实现由“推”到“拉”的变革。配送中心应更多地考虑“客户要我提供哪些服务”，而不是仅考虑“我能为客户提供哪些服务”。例如，有的配送中心

最初提供的是区域性物流服务，然后发展到提供长距离服务，而且能提供越来越多的服务项目。又如，有的配送中心派人到生产厂家“驻点”，直接为客户发货。越来越多的生产厂家把物流工作全权委托给配送中心，从某种意义上讲，配送中心的工作已延伸至生产厂家。

③注重服务质量和水平。如何按客户需要把货物送到客户手中，取决于配送中心的服务质量和水平。配送中心不仅与生产厂家保持亲密的伙伴关系，而且直接与客户联系，能及时了解客户的需求信息，实现连接厂商和客户的桥梁作用。

（3）信息化——现代物流业的必由之路

①建立良好的信息处理系统。在电子商务时代，要提供一流的物流服务，物流系统必须要有良好的信息处理和传输系统。例如，美国洛杉矶西海报关公司与码头、机场、海关等均已联网，当货物从世界各地起运时，客户便可以从该公司获得货物到达时间、到岸的准确位置，使收货人与各仓储、运输公司等做好准备，使商品在几乎不停留的情况下快速流动，直达目的地。又如，美国橡胶公司（USCO）的物流分公司设立了信息处理中心，接受世界各地的订单，只需通过网络操作，通常在几小时内便可把货送到客户手中。因此，良好的信息处理系统能提供优质的信息服务，赢得客户的信赖。

②建立高效客户反应和准时制生产系统。高效客户反应可做到客户要什么就生产什么。仓库商品的周转次数每年通常为 20 次左右，若建立高效客户反应，就可增加到 24 次，可使仓库的吞吐量大大增加。通过准时制生产系统，物流企业可从零售商店得到销售反馈信息，进而大大提高服务水平。例如，某配送公司通过远距离的数据传输，将若干家客户的订单汇总起来，在配送中心采用计算机系统编制出的“一笔画”式路径优化“组配拣选单”，配货人员只需到仓库转一次，即可配好订单上的全部货物。

（4）全球化——物流企业竞争趋势

①全球化的物流模式。为了实现资源和商品在国际的高效流动与交换，促进区域经济的发展和全球资源优化配置的要求，物流运作必须要向全球化的物流模式发展。在全球化趋势下，物流目标是为国际贸易和跨国经营提供服务，选择最优的方式和路径，以最低的费用和最小的风险，保质、保量、准时地将货物从供方运到目的地，使各国或地区的物流系统相互“接轨”，实现物流系统全球化运作。

②全球化的战略定位。全球化战略的趋势，使物流企业和生产企业紧密地联系在一起，形成了社会大分工。生产厂商集中精力制造产品、降低成本、创造价值；物流企业则花费大量时间、精力从事物流服务。例如，配送中心可以对进口商品代理报关业务，进行暂时储存、搬运、配送及必要的流通加工等运作，为客户提供一条龙服务。

（5）标准化——现代物流合理化的基础

物流标准化是以物流作为一个大系统，制定系统内部设施、机械设备、专用工具等各个分系统的技术标准；制定系统内各个分领域的工作标准，如包装、装卸、运输等方面的工作标准，即以系统为出发点，研究各分系统与分领域中技术标准与工作标准的配合，统一整个物流系统，研究物流系统与其他相关系统的配合，进一步谋求物流大系统标准的统一。由于物流标准化的重要性，国际物流界一直在不断地探索其标准化的措施。

本章小结

本章从电子商务与物流认知、电子商务物流管理认知、电子商务物流的发展现状与趋势三个方面进行阐述。通过对本章的学习，希望读者可以掌握电子商务定义、物流定义、电子商务与物流的关系、电子商务物流管理定义及其管理功能要素，最后了解电子商务物流的发展现状及趋势。

本章习题

1. 简述物流的概念及其内涵。
2. 简述电子商务对物流的影响。
3. 简述物流对电子商务的影响。
4. 简述电子商务物流的特点。

第二章

电子商务物流模式及选择

本章导读

物流模式是从一定的观念出发，根据现实的需要构建相应的物流管理系统，采用某种形式的物流解决方案，形成有目的、有方向的物流网络。电子商务物流模式主要有自营物流、第三方物流、自营加第三方混合物流、第四方物流 4 种。

本章对上述 4 种物流模式做了详细介绍，并且阐述了电子商务企业在物流模式上的选择方式。

本章重点

自营物流 第三方物流 自营加第三方混合物流 第四方物流

物流概述

案例导入

京东快递的物流配送服务模式

北京京东世纪贸易有限公司（以下简称“京东”）商城于 2007 年开始建设自有的物流体系，2009 年斥资成立物流公司，开始全面布局全国的物流配送体系。近几年，京东商城先后在北京、上海、广州、成都、武汉、沈阳、西安建立 7 大物流中心，并在个别城市建立二级库房。2010 年建立的华东物流仓储中心现如今承担京东商城一半以上的物流配送任务，成为京东商城目前最大的仓储中心。随着物流市场的不断壮大，京东商城推出“211 限时达”的物流配送服务，使物流配送更加高效。

京东快递的物流配送服务主要分为四种模式，具体介绍如下。

1. FBP 模式

FBP 模式是一种全托管式的物流配送模式。商家与京东商城确定合作后，商家在京东商城提供的后台上上传店铺信息和标价并进行备货。京东商城在消费者产生订单后从仓库进行调货、打印发票，同时进行货物的配送，在交易结束后与商家进行结算。京东商城根据消费者订单进行货物配送和开具发票，商家查看库存信息及时进行补货。在整个配送过程中，既减少了货物运输的成本，又减少了物流配送成本。由于商家提前进行备货，京东商城能够第一时间进行货物配送，缩短了配送时间，实现了京东商城提出的“211限时达”服务。

2. LBP模式

LBP模式是一种无须提前备货的配送模式。商家与京东商城确定合作后，商家无须备货，只需在12小时内对订单进行包装和发货，36小时内送到京东商城配送中心，再由京东商城负责货物的配送和发票的开具。运用LBP模式的优势在于，订单产生后，商家能够第一时间进行配货，发货相对方便；京东商城只提供配送和客服两项服务，减轻了库存压力。劣势在于货物在配送时需经过京东商城仓库，所以运输速度有所下降，配送周期有所增加；同时，加大了商家的配送运输成本，降低了京东商城的配送效率。

3. SOPL模式

SOPL模式与LBP配送模式相似，在配送过程中无须提前备货，直接从商家库房发货，由京东商城负责货物的配送。与LBP模式不同的是，SOPL模式的发票开具环节是由商家完成的，京东商城在整个物流过程中只提供配送服务，其他的工作由商家自己完成。SOPL模式的运用，优点是一定程度上减轻了京东商城仓储的压力，减少了物流配货过程中的配货成本；缺点是会影响货物的发货速度和运输时间，降低配送效率，导致客户满意度下降。

4. SOP模式

SOP模式是一种直接由商家发货的物流配送模式。商家与京东商城合作，京东商城只提供可操作的后台，物流配送的工作及后期服务全部由商家自己完成。京东商城只要求商家在订单产生12小时内进行配货发送。SOP模式在一定程度上降低了京东商城的物流配送压力，减少了配送支出和运输成本，减轻了京东的库存压力。SOP模式的优势在于商家有成型的团队，同时可操作京东商城平台。

第一节 自营物流

自营物流模式的代表企业主要包括京东物流、苏宁控股集团有限公司（以下简称“苏宁”）物流、海尔集团公司（以下简称“海尔”）旗下的日日顺物流及唯品会信息科技有限公司（以下简称“唯品会”）旗下的品骏物流等。在第三方物流企业无法满足电子商务企业对于物流的服务时效、成本、质量、规模、体验、用户黏性和退换货衔接等高标准要求时，电子商务企业可通过建设自营物流，面向终端消费者，构建从售前服务到售后服务的更高水平全服务供应链生态圈，大幅提升终端消费者的消费体验。

一、自营物流的定义

案 例

苏宁物流始建于 1990 年，前身为苏宁电器股份有限公司（现更名为“苏宁云商集团股份有限公司”，以下简称“苏宁云商”）物流部，是国内较早从事仓储、配送等供应链全流程服务的企业。2012 年，苏宁物流注册成立公司，由企业内部物流转型成家电第三方物流企业；2015 年 1 月成立物流集团，物流云全面对外开放。

20 多年来，苏宁云商一直坚持自建物流，打造线上到线下融合的物流体系，旨在为用户提供更好的物流服务体验。如今，苏宁已经建设了一张智能、高效、覆盖全国的“超级仓网”，拥有 8 大全国物流中心（北京、上海、广州、成都、南京、武汉、沈阳、西安）。截至 2021 年，苏宁物流庞大的物流链已经涵盖仓储及相关配套总面积 628 万平方米，拥有快递网点近 20 000 个，物流网络覆盖全国 352 个地级城市、2 810 个区县城市。全国冷链仓的布局，助力苏宁生鲜全面发力，让更多的用户真正实现“领鲜生活”。图 2-1 为苏宁物流输送线。

图 2-1 苏宁物流输送线

此外，苏宁物流还建设了多个海外仓，已在杭州、广州、郑州、上海、天津、宁波口岸设立保税仓，同时拥有 10 条国际航线。苏宁物流各级仓储平台通过苏宁自主研发的乐高信息平台进行有效衔接，融合成一个统一的整体。

近年，苏宁物流向社会全面开放三方业务（主要涉及供应链物流、仓配物流和揽件速递等业务），面向主流家电厂商、互联网家装、快消品、平台商户等业务线进行业务拓展，服务于美的、志高、松下、夏普、华润、永辉超市、通用磨坊、金螳螂等多家品牌供应商，以及 70% 以上的易购平台商户。同时，苏宁物流与菜鸟网络科技有限公司（以下简称“菜鸟”）的合作进入深入阶段，为天猫商城的 3C（中国国家强制性产品认证）、小家电商家提供全国 5 大区域的仓配服务。苏宁物流一经开放便迅速获得了众多平台商户的青睐。随着业务量的不断增长，针对电子商务物流中心的运营难点，苏宁物流对各大物流中心进行了升级，大幅提升了服务能力。

通过分析苏宁物流的整个发展历程，我们对自营物流有了一个初步的认识。自营物流是指企业自身经营物流业务，建设全资或控股物流子公司，完成企业物流配送业务，即企业自己建立一套物流体系。

二、自营物流的优势

自营物流的特点是电子商务企业自己负责物流活动，通过独立组建物流部门，实现对内部和外部的物品供应，其主要的优势有以下几点。

1. 掌握控制权

对于企业内部的采购、制造和销售环节，原材料和产品的性能、规格，供应商及销售商的经营能力，企业自身掌握最详尽的资料。企业自营物流可以运用自身掌握的资料有效协调物流活动的各个环节，能以较快的速度解决物流活动管理过程中出现的问题，获取供应商、销售商及最终顾客的第一手信息，以便随时调整自己的经营战略。

2. 利用企业原有的物流资源

据统计，目前生产企业中，73% 的企业拥有汽车车队，73% 的企业拥有仓库，33% 的企业拥有机械化装卸设备，3% 的企业拥有铁路专用线。企业选择自营物流，可以在改造企业经营管理结构和机制的基础上利用企业原有的物流资源，带动资金流转，为企业创造利润空间。

3. 降低交易成本

由于信息的不对称性，企业无法完全掌握第三方物流服务商完整、真实的资料。而企业自营物流可通过内部行政权力控制原材料的采购和产品的销售，不必为运输、仓储、配送和售后服务的佣金问题进行谈判，避免多次交易支出及交易结果的不确定性，降低交易风险，减少交易成本。

4. 提高企业品牌价值

企业自建物流系统，就能够自主控制营销活动，一方面，可以亲自为顾客服务，使顾客近距离了解企业、熟悉产品；另一方面，企业可以掌握最新的顾客信息和市场信息，并根据顾客需求和市场发展动向对战略方案做出调整。

三、自营物流的劣势

在了解了自营物流的优势后，高效实现物流服务过程中存在以下劣势。

1. 增加企业投资负担，削弱企业抵御市场风险的能力

企业为了自营物流，就必须投入大量的资金用于建设仓储设备、运输设备及相关的人力资本，这必然会减少企业对其他重要环节的投入，削弱企业的市场竞争能力。

2. 企业配送效率低，管理难于控制

对于大多数企业而言，物流部门只是企业的一个后勤部门，物流活动也并非为企业所擅长。在这种情况下，企业自营物流就等于迫使企业从事不擅长的业务活动，企业的管理人员往往需要花费大量的时间、精力和资源去从事辅助性的工作。结果就是辅助性的工作没有抓起来，关键性业务也无法发挥出核心作用。

3. 规模有限，物流配送的专业化程度低、成本高

规模较小的企业，其产品数量有限，采用自营物流，一方面，不能形成规模效应，导致物流成本过高，产品在市场上的竞争能力下降；另一方面，由于规模有限，物流配送的专业化程度低，不能满足企业的需要。

4. 无法进行准确的效益评估

由于许多自营物流企业采用内部各职能部门彼此独立地完成各自的物流，没有将物流分离出来进行独立的核算，因此企业无法计算出准确的物流成本，从而无法进行准确的效益评估。

综上，自营物流管理相对困难。电子商务企业自营物流对物流的专业化有一定的要求，新兴的电子商务企业一开始并不具备专业化的物流管理团队。

第二节　第三方物流

电子商务企业使用第三方物流能够使其从复杂的物流服务中脱离出来，将时间、资金投入到商品的生产和销售上，发展企业自身的核心业务。

案　例

美国通用汽车公司在美国的14个州中，大约有400个供应商负责把各自的产品送到30个装配工厂进行组装。由于卡车满载率很低，库存和配送成本急剧上升。为了降低成本，改进内部物流管理，提高信息处理能力，美国通用汽车公司委托Penske物流公司为其提供第三方物流服务。

通过调查了解半成品的配送线之后，Penske公司建议美国通用汽车公司在克利夫兰使用一家有战略意义的配送中心，配合中心负责接收、处理、组配半成品，由Penske公司派员工管理，同时Penske公司也提供60辆卡车和72辆拖车。为此，Penske公司设计了一套最优送货线，增加供应商的送货频率，减少库存水平，改进外部物流活动，运用全球卫星定位技术，使供应商随时了解行驶中的送货车辆的方位。与此同时，Penske公司通过在配送中心组配半成品后，对装配工厂实施共同配送的方式，既降低了卡车空载率，也减少了美国通用汽车公司的运输车辆，只保留了一些对Penske公司所提供的车队有必要补充作用的车辆，这样也减少了美国通用汽车公司的运输单据处理费用。

一、第三方物流的定义

第三方物流指一个具有实质性资产的企业为其他企业提供与物流相关的服务，如运输、

仓储、存货管理、订单管理、资讯整合及附加价值等服务，或与相关物流服务的从业者合作，提供更完整的专业物流服务。我国的第三方物流企业仍以运输、仓储等基本物流业务为主，加工、配送、定制服务等增值服务功能处于发展完善阶段。

第三方物流是相对于“第一方”发货人和“第二方”收货人而言的，它超越了传统基础物流一单对一单的服务内容，增加了一些新的特点，如长期性——1 年以上的稳定关系；正规性——通过合同确定合约双方关系；密切性——第三方从货主的角度管理物流业务；服务的增值性——除了运输与仓储业务外，还涵盖了相关的管理、分析、设计等增值服务内容。

二、第三方物流的优势

由于第三方物流的介入，电子商务企业可以集中力量开展核心业务，加强企业内部资源优化配置。第三方物流越来越受到企业的青睐，原因就在于它能使企业获得比原来更大的竞争优势，这种优势主要体现在以下几个方面。

1. 归核优势

一般来说，企业的关键业务不会是物流业务，并且物流业务也不是它们的专长。而第三方物流企业由于从事多项物流项目的运作，可以整合各项物流资源，使物流的运作成本相对降低，物流作业更加高效。企业如果将物流业务交给第三方物流企业来做，将得到更加专业的物流服务，同时也可以集中精力开展核心业务。

2. 业务优势

（1）使企业获得本身不能提供的物流服务。客户对服务和要求千差万别，例如，生鲜产品的快速、及时、冷藏的要求，危险化工品的安全的要求等。这些要求的差异往往是企业内部的物流系统所不能满足的，但却是第三方物流市场细分的基础。企业通过物流业务的外包就可以将这些要求转交给第三方物流公司，由它们来提供具有针对性的定制化物流服务。

（2）降低物流设施和信息网络滞后对企业的影响。小企业的物流部门缺乏与外部资源的协调能力，当企业的核心业务迅猛发展时，需要企业物流系统快速跟上。这时企业的自营物流系统往往由于硬件设施和信息网络的局限而滞后，而第三方物流则可以突破这种资源限制的瓶颈。

3. 成本优势

（1）第三方物流可降低企业的运作成本。专业的第三方物流提供商利用规模生产的优势，通过提高各环节资源的利用率实现费用节省，能使企业从分离费用结构中获益。另外，企业使用外协物流作业，可以事先得到物流服务供应商申明的成本或费用，将可变成本转变成不变成本。稳定的成本使得规划和预算手续更为简便，这也是物流外包的积极因素。

（2）第三方物流可以减少固定资产投资。现代物流领域的设施、设备与信息系统的投入是相当大的，企业通过物流外包可以减少对此类项目的建设和投资，并且可以将由物流需求的不确定性和复杂性所带来的财务风险转给第三方，尤其是业务量呈现季节性变化的公司。物流外包对公司资产投入的影响更为明显。

4. 客服优势

（1）第三方物流的信息网络优势。第三方物流企业所具有的信息网络优势使它们在提高客户满意度上具有独特的优势。它们可以利用强大便捷的信息网络来加大订单的处理能力、缩短对客户需求的反应时间、进行直接到户的点对点配送，实现商品的快速交付，提高客户的满意度。

（2）第三方物流的服务优势。第三方物流企业所具有的专业服务可以为客户提供更多、更周到的服务，加强企业的市场感召力。另外，设施先进的第三方物流企业还具有对物流全程监控的能力，通过其先进的信息技术和通信技术对在途货物实施监控，及时发现、处理配送过程中出现的意外事故，保证货物及时、安全送达目的地。

三、第三方物流的劣势

第三方物流确实能给企业带来多方面的利益，但这并不意味着物流外包就是所有企业的最佳选择，事实上，第三方物流也不可避免地存在以下劣势。

1. 生产企业对物流的控制能力降低

由于第三方的介入，企业自身对物流的控制能力下降，在企业与第三方物流协调出现问题的情况下，可能会出现物流失控的风险，从而使企业的客户服务水平降低。另外，由于外部服务商的存在，企业内部更容易出现相互推诿的局面，进而影响效率。

2. 客户关系管理的风险

（1）企业与客户的关系被削弱。由于企业是通过第三方来完成产品的配送与售后服务的，因此会减少与客户的直接接触次数，这对建立稳定密切的客户关系非常不利。

（2）客户信息泄露风险。客户信息对企业而言是非常重要的资源，但第三方物流公司并不只面对一个客户，在为企业竞争对手提供服务的时候，企业的商业机密有被泄露的可能性。

3. 连带经营风险

企业与第三方物流是一种长期的合作关系，如果物流服务商自身经营不善，则可能影响企业的经营，解除合作关系又会产生较高的成本，因为稳定的合作关系是建立在较长时间的磨合期上的。

第三节　自营加第三方混合物流

对于综合实力比较强、资金雄厚的电子商务企业，其早期的物流业务都是以自营物流为主的。随着企业的迅速发展和业务量的增减，根据市场重要程度，自营物流体系和第三方物流相结合的形式应运而生。

案　例

京东商城的物流模式主要是自营物流模式和“自营物流＋第三方物流模式”，在京东商城购买的自营商品由京东自营快递进行派送。如果是目前京东快递还没发展到的地方，就交由其他合作的快速公司进行派送。顺丰控股股份有限公司（以下简称“顺丰”）、中通快递股份有限公司（以下简称“中通”）、申通快递有限公司（以下简称“申通”）等都是与京东有合作的快递企业。如果是在京东第三方商家购买的商品，就由商家自行负责运送，京东不干涉，具体以商家选择的快递公司及其提供的物流服务为准。

一、自营加第三方混合物流的优势

1. 优势互补，增强实力

自营加第三方混合物流的模式，能充分利用自营物流和第三方物流的资源，有效降低成本和提高服务效率。

2. 扩大物流网络的覆盖范围

自营加第三方混合物流的模式，能够帮助电子商务企业对其仓储物流业务的覆盖范围进行扩展，完善网络布局，提高电子商务企业的货品经营范围，在核心区域物流服务方面也能够具有较好的保障。

二、自营加第三方混合物流的劣势

1. 寻找合作伙伴困难，初期选择成本高

企业在选择第三方物流时需要权衡物流服务商的优缺点，考虑其服务水平能否满足自己的业务需求。否则，频繁更换合作伙伴会造成资源浪费，形成内耗。

2. 运营管理存在难度

企业依然需要将大量的资金投入物流体系建设当中，在具体经营方面仍存在较大的风险。同时，企业需要在仓储物流方面具有一定的经验。此外，混合物流在管理标准化实现方面存在着一定的难度。

在具体的模式应用中，电子商务企业需要做好外包业务标准化服务，并保证其在外包业务方面具有较好的控制能力。

第四节　第四方物流

案　例

德邦物流股份有限公司（以下简称“德邦”）青岛配送中心的面积约1万平方米，负责青岛市及周边地区的物流业务。德邦青岛物流配送中心是德邦运用现代化自动设备的试点，由于实际运行过程中存在诸多瓶颈，导致转运中心的吞吐能力无法提高。法布劳格公司作为专业的咨询公司，受德邦委托对其青岛转运中心进行全面的优化设计，选择现代化的物流分拣设备，制定合理的操作流程，充分地提升库房的运作能力和运作水平，为未来转运中心的建设、规划、发展提供指引和依据。

在分析过程中，法布劳格公司仔细测算了中心的卸车、缓存、分拣、装车4个环节的操作能力，根据木桶理论找出了4个环节中的最短板，即卸车和装车环节。由于货物不使用托盘装载，装车及卸车需要很长的时间进行操作。进一步对装卸车曲线进行分析后，法布劳格公司发现，在货量的高峰月份，卸车的峰值时间段卸货能力提高很多；而装车能力却没有随之提高，导致货物积压，库房面积不足，整体周转能力无法提高。

图2-2　德邦物流青岛配送中心大件物流智能无人仓

面对这种情况，法布劳格公司提出采用在国外广泛应用的装卸车时间窗理念来解决装卸无序化的状态，同时针对装卸车时间太长的情况有针对性地对部分货物采用笼车进行装卸，以加快装卸减率，提升装卸车道口的能力。图2-2为德邦青岛物流配送中心大件物流智能无人仓。

德邦本身是一家物流公司，但在遇到青岛转运中心的吞吐能力无法提高时，同样需要咨询法布劳格公司来进行全面的优化设计。法布劳格公司通过一系列的调研和诊断，找出关键问题所在，并给出了最优的解决方案，提高了青岛转运中心的吞吐能力。而为德邦提供问题解决方案的法布劳格公司，则称之为第四方物流。

一、第四方物流的定义和特点

第四方物流（fourth party logstics，4PL）是1998年美国埃森哲咨询公司率先提出的，是专门为第一方、第二方和第三方提供物流规划与咨询，以及物流信息系统、供应链管理等服务活动的物流企业。第四方物流并不实际承担具体的物流运作活动，而是为物流从业者提供整合性的物流服务，包括金融、保险、多站式物流配送的安排等。其和第三方物流的差别则在于第三方物流只单纯地提供物流服务，而第四方物流则是整合性的，如可协助解决进出口关税、收款等问题。

第四方物流是一个供应链的集成商，一般情况下，政府为促进地区物流产业发展领头搭建第四方物流平台提供共享及发布信息服务，是供需双方及第三方物流的领导力量。它不是物流的直接服务方，而是通过拥有的信息技术、整合能力及其他资源提供一套完整的供应链解决方案，以此获取一定的利润。

第四方物流主要有如下特点。

1. 第四方物流是供应链的集成者、整合者和管理者

第四方物流有能力提供一整套完善的供应链解决方案，是集成管理咨询和第三方物流服务的集成商。

2. 第四方物流通过对供应链产生影响来增加价值

第四方物流充分利用一批服务提供商的能力，提供全方位供应链解决方案来满足企业的复杂需求。它关注供应链的各个方面，在向客户提供持续更新和优化的技术方案的同时，又能满足客户的特殊需求。

由此可见，成为第四方物流企业需具备一定的条件，如能够制定供应链策略、设计业务流程、具备技术集成和人力资源管理的能力。例如，在集成供应链技术和外包能力方面处于领先地位，并具有实力雄厚的专业人才；能够管理多个不同的供应商并具有良好的管理和组织能力等。

目前，国内的第四方物流企业主要有埃森哲（中国）有限公司、法布劳格公司、成都亿博物流咨询有限公司、上海欧麟物流有限公司、浙江通创咨询、青岛海尔咨询、大连智丰咨询、大库咨询、时代连商、上海天瑞等。

二、第四方物流的运作模式

根据安盛咨询公司的报告，一般认为第四方物流的运作模式可以分为以下三种。

1. 协同运作模式

第四方物流服务商和第三方物流服务商共同开发市场，由第四方物流服务商为第三方物流服务商提供其缺少的服务，包括信息技术、管理技术、供应链策略技巧、战略规划方案和项目管理专长等，而具体的物流业务实施则由第三方物流服务商在第四方物流服务商的指导下来完成。这种模式中，第四方物流服务商往往会在第三方物流服务商内工作，双方可以签订商业合同，也可以结成战略联盟。第四方物流服务商和第三方物流服务商一般会采用商业合作的方式或者战略联盟的方式合作。第三方物流服务商和第四方物流服务商的协同运作模式如图 2–3 所示。

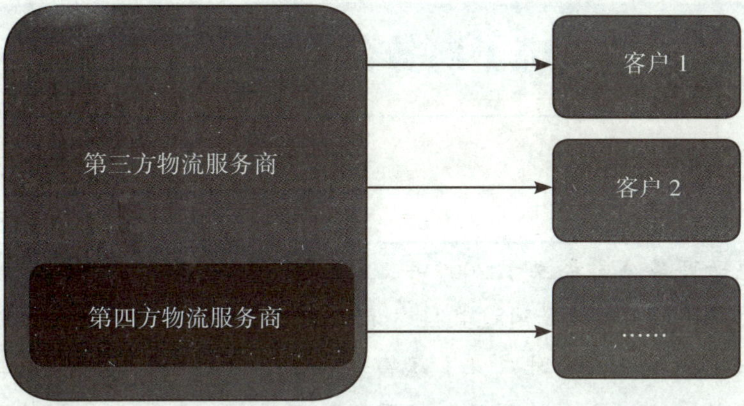

图 2–3 第三方物流服务商和第四方物流服务商的协同运作模式

这种模式中，以低资产和供应链管理为主的第四方物流服务商作为核心加入高资产的第三方物流服务商，提供技术、供应链战略、专门项目管理等补充功能，为多个客户提供全面物流服务。例如，中远货运公司依托中远集装箱运输有限公司，在美国西岸和上海之间为通用公司提供汽车零配件的集装箱陆运、海运、仓储、配送等一条龙服务。

2. 集成商运作模式

在集成商运作模式下，第四方物流服务商为客户提供运作和管理整个供应链的解决方案。第四方物流服务商对本身和第三方物流服务商的资源、能力和技术进行综合管理，从而为客户提供全面的、集成的供应链方案。第三方物流服务商通过第四方物流服务商的方案为客户提供服务，第四方物流服务商作为一个枢纽，可以集成多个第三方物流服务商的能力和客户的能力。第四方物流服务商以服务主要客户为龙头，带动其他成员企业的发展。该模式的优势是服务对象及范围明确、集中，客户的商业和技术秘密比较安全。第四方物流服务商与客户的关系稳定、紧密而且具有长期性，但前提条件是客户的业务量足够大，使参与的第三方物流服务商对所得到的收益较为满意，否则大多数服务商不会把全部资源集中在一个客户上。

3. 行业创新者运作模式

这种模式是以第四方物流服务商为主导，联合第三方物流服务商等其他服务商，为客户提供运输、仓储、配送等全方位的高端服务；为多个行业开发和提供供应链解决方案，并以供应链整合和同步为重点；将第三方物流服务商加以集成，向下游的客户提供解决方案。

在这种模式中，第四方物流服务商的责任非常重要，因为它是上游第三方物流服务商的集群和下游客户集群的纽带。这种方式会给整个行业带来最大的利益，第四方物流服务商会通过卓越的运作策略、技术和供应链运作实施来提高整个行业的效率。例如，卡特彼勒物流公司起初只负责总公司的货物运输，现在还为很多其他行业提供供应链解决方案。

总之，第四方物流无论选择哪一种运作模式，都突破了单纯发展第三方物流的局限性，能真正地实现低成本运作，实现最大范围的资源整合。

第五节　电子商务企业物流模式选择

案　例

洋码头电子商务公司成立于2009年，是国内首家一站式购物平台，具有广阔的海外资源。公司的最大特点是通过直接邀请海外供应商加入销售体系，并由供应商直接发货，保证商品质量，同时减少了零售中间环节，有效地降低了成本，以有竞争力的价格吸引消费者。公司的商品包括服装、百货、食品等大众需求品，主要针对20～40岁关注海外商品并且有购买力的人群，通过较低的价格和较高的质量确保了会员消费黏性。其提高公司服务质量和发展绩效的关键在于科学地选择物流配送模式。

与普通企业不同，物流可以说是电子商务企业发展的瓶颈，对企业能否成功至关重要。

一、电子商务企业选择物流模式时应考虑的因素

1. 企业规模和盈利能力

企业规模和盈利能力是企业实力的重要衡量指标，是电子商务企业在进行物流模式选择时的首要考虑因素。自营物流需要大量的资金和较长的时间，故自营物流离不开足够大的企业规模和足够强的盈利能力支撑。所以，企业规模大、发展稳定且盈利能力极强的电子商务企业比较适合自营物流，一方面，企业可以通过自营物流体系使自身处于供应链的核心地位，更好地发挥自身资源优势，提升用户体验，使企业长远发展；另一方面，即使是自营物流出现问题，这类企业也可以凭借较大的企业规模和较强的盈利能力来应对，不至于出现倒闭风险。而规模较小、正处在起步阶段或盈利能力不稳定的中小型电子商务企业切忌盲目投资自营物流，选择合适的第三方物流不失为一种较好的选择，可以集中人力、物力、财力投入到电子商务中，谋求自身生存发展的竞争优势。

2. 企业战略

电子商务企业选择何种物流模式，往往跟企业战略有关。如果物流在电子商务企业战略中是较为核心的子系统，企业所售商品或服务确实需要专业的配送团队。例如，经营同城生鲜农产品的企业可以着手构建符合自身要求的自营物流，从而符合企业战略。如果电子商务企业的核心业务并非需要特定的物流体系，如销售化妆品或书籍的电子商务企业，消费者更看重产品质量，对物流的要求则会相对较低，那么这类电子商务企业会优先选择优质的第三方物流或物流联盟。

3. 物流管理能力

物流并非电子商务企业的核心业务，与专业的第三方物流公司相比，电子商务企业的物流

管理能力相对不足。所以，电子商务企业在选择物流模式时，要对自己的物流管理水平有清醒的认识。自营物流不只需要考虑资金问题和企业战略，还要具备经营物流的软硬件设备、仓库存储技术、信息管理系统、供应链管理能力和配套的物流人才计划等。京东商城在成立之初就为自营物流做准备，其物流管理水平本就比其他电子商务企业更具优势。没有物流管理基础和经验的电子商务企业，选择专业的第三方物流或物流联盟更有利于企业发展。

4. 物流成本

物流成本是选择物流模式时不可忽视的硬性指标。一般来讲，自营物流模式的成本会大于第三方物流模式和物流联盟模式下的成本。如果自营物流的成本稍大于第三方物流或物流联盟的成本，在企业盈利能力稳定或企业规模足够大能支撑到自营物流开始盈利时，可以选择自营物流；如果自营物流成本远远高于第三方物流或物流联盟的成本，而且在短时间内难以将成本收回并开始盈利，此时自营物流成本已超出企业的承受能力，会带给企业很大的经营风险甚至倒闭，企业应该或者暂时选择第三方物流或物流联盟模式。自营物流成本小于第三方物流或物流联盟成本的情况在现实中很少见，如果有这种情况，企业也应该在全面分析的基础上做出决策。

二、亚马逊公司物流模式选择

案　例

亚马逊公司（Amazon）成立于 1995 年，是美国最大的一家网络电子商务公司，位于华盛顿州的西雅图。亚马逊公司是网络上最早开始经营电子商务的公司之一，其最初的物流配送模式选择的是外包。

在电子商务中亚马逊将其国内的配送业务委托给美国邮政和 UPS，将国际物流委托给国际海运公司等专业物流公司，自己则集中精力发展主营和核心业务。这样可以减少投资，降低经营风险，又能充分利用专业物流公司的优势，节约物流成本。

1. 为邮局发送商品提供便利，减少送货成本

亚马逊公司采取一种被称为“邮政注入”的方式来减少送货成本。所谓“邮政注入”就是使用自己的货车或由独立的承运人将整卡车的订购商品从亚马逊公司的仓库送到当地邮局的库房，再由邮局给顾客送货。这样就可以免除邮局对商品的处理程序和步骤，为邮局发送商品提供便利条件，也为自己节省了资金。据一家与亚马逊公司合作的送货公司估计，靠此种“邮政注入”方式节省的资金相当于头等邮件普通价格的 5%～17%，十分可观。

2. 根据不同商品类别建立不同的配送中心，提高配送中心作业效率

亚马逊公司的配送中心按商品类别设立，不同的商品由不同的配送中心进行配送。这样做有利于提高配送中心的专业化作业程度，使作业组织简单化、规范化，既能提高配送中心作业的效率，又可降低配送中心的管理和运转费用。

3. 采取“组合包装”技术，扩大运输批量

当顾客在亚马逊公司的网站上确认订单后，就可以立即看到亚马逊公司销售系统根据顾客所订商品发出的是否有现货，以及选择的发运方式、估计的发货日期和送货日期等信息。如上文所述，亚马逊公司根据商品类别建立不同配送中心，所以顾客订购的不同商品是从位于美国不同地点的不同的配送中心发出的。

三、B2C 电子商务物流模式选择

物流在 B2C 电子商务中，并不是独立存在的，在进行物流模式选择的时候需要注重信息流、商品流及资金流等相关的因素，应当站在电子商务长期发展的角度思考和选择。

因此，B2C 电子商务企业选择物流模式的时候，需要通过对电子商务销售的情况进行分析和判断。选择有利于自身发展和经济效益的物流模式，研究制定出科学有效的物流管理体系和配送体系，提升快递包裹的时间和效率。同时，还需要对物流模式中存在的风险进行深入的分析和了解，在保证风险可防范之后再进行物流模式的选取。

参与物流的第三方快递公司必须拥有统一的物流运作模式，具有比较高的快递包裹能力，并能尽量减少运输和配送过程中出现的商品破损或丢失情况。

近年来，随着 B2C 电子商务模式的成熟，商品销售量不断增加，这在很大程度上增加了物流系统或物流企业的运输压力，因此必须在选择物流模式的时候选择运输能力比较好的合作单位。选择前要制定综合评估物流运输能力的依据，制定适合本企业物流模式评估的指标。同时，由于在物流运作中会产生一些废弃物品，因此，B2C 电子商务企业在选择物流模式的时候需要选择环保性较高的模式。

四、C2C 电子商务物流模式选择

一般来说，由于 C2C 电子商务平台发展独立的物流业务的难度较大，除了采取由 C2C 平台建立统一的物流公司之外，还有物流联盟模式、指定或推荐物流模式、局部物流联合模式和便利店模式等。实际中，我们应结合平台不同的经营理念和经营条件，选择适合自身的电子商务物流经营模式。

1. 物流联盟模式

物流联盟是指 C2C 电子商务平台与邮政、快递等物流企业组成的物流产业链，电子商务平台在其中扮演产业链的中枢角色，对各方面的物流资源进行合理而高效的整合与利用。在这一模式下，物流企业的收入与 C2C 平台密切相关，同时平台的形象也需要联盟的物流企业来支持，基于共同的利益，两者能够较好地形成物流联盟，共享资源。物流企业也可以更好地利用资源，降低物流成本，提高服务质量。

2010 年 6 月 18 日，淘宝网正式推出淘宝“物流宝”平台。这是一个由淘宝网联合国内外优秀的仓储、快递、软件等物流企业组成的服务联盟，试图通过提供一站式电子商务

物流配送外包服务，来解决目前网购商家货物配备和递送的难题。建立物流联盟模式的基本原则就是要聚集起 C2C 中原本分散的物流，产生规模效应，达到减少运费和缩短运送时间的目的，同时增强客户服务质量。这种模式建立的基本条件是第三方物流的成熟。目前，在我国，第三方物流发展迅猛，国外的物流巨头、中国邮政的 EMS 及大量出现的民营快递公司齐头并进，服务范围和服务内容逐渐规范化。

2. 指定或推荐物流模式

在 C2C 电子商务平台上开设的网上商店，规模差异很大，在与物流公司的合作过程中，店大欺客和客大欺店的现象同时存在。为了减少物流成本的差异，保障网上商店的物流服务质量，电子商务平台可以充分利用自身的优势，与规范的专业物流公司建立战略合作伙伴关系，向全体网商推荐这些物流公司，而 C2C 网商可以自愿选择是否采用平台推荐的物流公司。使用推荐的物流公司，平台可以对相应物流公司的物流配送情况进行监督，推荐的物流公司也可以为网商提供更好的服务和更优惠的价格。而且一旦出现差错，如发生破损等情况，平台接到投诉后，会监督物流公司的投诉和理赔情况，这样也会降低网商索赔的难度。

3. 局部物流联合模式

在 C2C 电子商务平台上，大多数卖家属于兼职类，他们开设的网店商品交易频率低、数量小，因而缺乏与物流公司进行价格商谈的能力。大部分卖家只能作为物流价格的接受者，在商品配送中处于被动地位。假若在自愿的基础上把相同地区或相近地区的卖家联合起来，由某一专业物流公司进行商品的统一配送，能达到把小批量商品集合成大批量商品进行运输的目的，大大增强了与物流公司进行配送价格谈判的能力。而对于物流公司来说，也能削减由于频繁揽货所带来的巨大开支，节省了资源。这种模式只适合于 C2C 交易较为繁荣的地区，因为在这些地区才能有足够多的卖家来整合成一个力量强大的联合体以充分利用物流资源。

4. 便利店模式

便利店模式即充分利用分布于各居住区的便利店来完成物流快递的最初和最后一千米，让便利店成为物流公司的接货起点与送达终点。便利店营业时间长，贴近居民区，如果辅以社区网格化的宅配服务，就可以成为 C2C 电子商务的物流创新模式。简单地说，当客户在网上完成订单后，网商可以通知客户去距离最近的便利店完成交易，或者由宅配人员上门完成交易。这样既可以极大地降低或减少物流公司的配送成本，又可以使原有的便利店资源得以充分发挥作用。尤其是对上班族来说，便利店送达可以减少因为上班错过送货时间的机会。便利店模式的前提条件是便利店的网络化，把便利店网络与物流快递网络、电子商务平台网络等整合起来，实现网上网下联动。在我国，目前国内连锁便利店主要集中于上海、北京、广州等大城市，全国范围内统一的便利店系统尚未形成，受到便利店跨区域配送能力的局限，因此对于无门店支持的跨区域配送，还需要第三方物流的支持。

案例

苏宁小店作为苏宁入局生鲜市场的“利刃”，以线上、线下双中心运营模式，精准地划出了社区生鲜的新市场，如图 2-4 所示。苏宁小店采用“实体店 +APP”双店模式，以线上、线下运营和智能化物流配送，来实现对消费者生活购物和日常服务需求的有效满足。苏宁小店的主营产品品类包括早餐、生鲜、奶制品、食品饮料及日用品等。

图 2-4 苏宁小店

苏宁小店极致的生鲜产品和服务背后，得益于苏宁物流能力的输出和冷链能力的建设。截至 2021 年，苏宁物流庞大物流链已经涵盖仓储及相关配套总面积 628 万平方米，拥有快递网点近 20000 个，物流网络覆盖全国 352 个地级城市、2810 个区县城市，物流配送时效和服务体验持续提升，“次日达”“半日达”服务已覆盖全国 319 个城市，“准时达”也已在全国 9 个城市推出。

电子商务企业应该顺应环境变化，结合自身实际情况，灵活机动地选择物流模式。已选择自营物流的电子商务企业，并非要将所有的业务都依赖自营物流，可以将某些物流成本相对较高、自营物流系统不擅长的业务外包；而主要依赖第三方物流的电子商务企业，也可以根据涉及企业核心客户、核心商业机密、核心竞争力业务的物流活动来组建自有物流子系统，防止对第三方物流的过度依赖，保持企业核心竞争力；采用物流联盟的电子商务企业可以博采众长，在发展自身核心业务的同时，加强对第三方物流的管理，做好利益分配工作，保持联盟稳定性。

本章小结

本章分别对企业自营物流、第三方物流、自营加第三方混合物流、第四方物流的内涵、特点、优势、运作模式进行了详细介绍。通过本章的学习，希望读者掌握电子商务下的各类物流模式及企业在开展物流活动时选择合适的物流模式的基本原则。

本章习题

1. 企业自营物流的内涵是什么？自营物流需要具备哪些条件？
2. 第三方物流的内涵是什么？
3. 自营物流与第三方物流的优缺点分别有哪些？
4. 电子商务企业选择物流模式的依据有哪些？

第三章

电子商务物流信息技术

本章导读

物流信息化是现代物流发展的关键，是物流系统的灵魂。物流信息技术是现代信息技术在物流各作业环节中的应用，包括条码技术、射频识别技术、电子数据交换技术、全球定位系统、地理信息系统、物联网技术等，是物流现代化的重要标志。

本章对常见的物流信息技术、物流信息的概念和应用、电子商务物流系统、智慧物流信息应用做了详细的介绍。

本章重点

条码技术　射频识别技术　电子数据交换技术　全球定位系统　地理信息系统　物联网技术　物流信息系统　电子商务物流系统　智慧物流

案例导入

沃尔玛快速响应的物流信息技术

沃尔玛百货有限公司（以下简称“沃尔玛”）的成功很大程度上是因为比竞争对手至少提前10年将尖端科技和物流系统进行了巧妙搭配，控制公司物流，提高配送效率，以速度和质量赢得用户的满意度和忠诚度。

一、建立全球第一个物流数据处理中心

沃尔玛在全球第一个实现集团内部24小时计算机物流网络化监控，使采购、库存、订货、配送和销售一体化。例如，顾客到沃尔玛店里购物，然后通过POS机打印发票，与此同时负责生产计划、采购计划的人员及供应商的电脑上就会同时显示信息，各个环节会通过信息及时完成本职工作，从而减少了很多不必要的时间浪费，加快了物流的循环。

二、独领风骚的卫星通信系统

早在20世纪80年代，沃尔玛就建立起自己的商用卫星系统。在强大的技术支持下，如今的沃尔玛已形成了“四个一”。

“天上一颗星”——通过卫星传输市场信息。

“地上一张网”——有一个便于用计算机网络进行管理的采购供销网络。

“送货一条龙”——通过与供应商建立计算机化连接，供应商自己就可以对沃尔玛的货架进行补货。

“管理一棵树”——利用计算机网络把顾客、分店或山姆会员店和供应商像一棵大树一样有机地联系在一起。

三、沃尔玛新飞越：全球实施信息技术

全球最大的零售商沃尔玛要求其前100家供应商，向其配送中心发送货盘和包装箱时使用无线射频识别（RFID）技术，在单件商品中投入使用。沃尔玛供应商每年使用50多亿张电子标签，沃尔玛每年可节省83.5亿美元。

沃尔玛在全世界已安装约5 000多个RFID系统，实际年销售额约为9.64亿美元。凭借这些信息技术，沃尔玛如虎添翼，取得了长足的发展。沃尔玛运用科技手段促进业务发展为各界树立了成功的典范。

在高科技基础上，沃尔玛可以把成本降到最低，实现“天天平价”的目的。同时与供应商的关系更加密切，供应商可以进入沃尔玛的电子数据交换系统中，了解到自己的产品销售情况，从而有计划地组织生产，大大降低因盲目生产导致产品积压而带来的损失。

第一节　常见的物流信息技术

物流信息技术是指现代信息技术在物流各个作业环节中的综合应用，是物流现代化极为重要的领域之一。飞速发展的计算机网络技术的广泛应用，使物流信息技术达到了新的应用水平。物流信息技术是物流现代化的重要标志，也是物流技术中发展最快的领域，从数据采集的条形码系统，到办公自动化系统中的微机、互联网，各种终端设备等硬件及计算机软件都在日新月异的发展。同时，随着物流信息技术的不断发展，产生了一系列新的物流理念和经营方式，推动了物流业的变革。常见的物流信息技术包括自动识别技术、电子数据交换技术、全球定位系统、地理信息系统、物联网技术。

自动识别技术包括条码技术与射频技术。自动识别技术能自动采集数据，消除人为错误，提高准确性；进行信息的实时交换，更高效；以计算机技术为基础，可与信息管理系统无缝连接，无缝兼容。该技术大大增加了物流过程的自动化、现代化，是物流重要的支持技术之一。自动识别技术在物流领域的应用普及，有助于加快我国从传统物流向现代物流的转变。

一、条码技术和销售时点信息系统

1. 条形码技术

条码技术是20世纪在计算机应用中产生和发展起来的自动识别技术，是集条码理论、光电技术、计算机技术、通信技术、条码印制技术于一体的综合性技术。条码技术具有制作建档、信息收集速度快、准确率高、信息量大、成本低和条码设备方便易用等优点。

条形码起源于20世纪40年代，应用于20世纪70年代，普及于20世纪80年代。条形码技术是在计算机应用和实践中产生并发展起来的广泛应用于商业、邮政、图书管理、仓储、工业生产过程控制、交通等领域的一种自动识别技术。条形码是由一组规则排列的条、空及对应的字符组成的标记。“条”指对光线反射率较低的部分，“空”指对光线反射率较高的部分，这些条和空组成的数据表达一定的信息，并能够用特定的设备识读，转换成与计算机兼容的二进制和十进制信息，是一种自动识别技术的应用。条形码自动识别技术系统由条形码标签、条形码生成设备、条形码识读器和计算机组成。

2. 条形码的特点

（1）制作和操作简单

条形码符号制作容易，扫描操作简单易行。

（2）信息采集速度快

普通计算机键盘录入速度是200字符/分，而利用条形码扫描的录入信息的速度是键盘录入的20倍。

（3）采集信息量大

利用条形码扫描，一次可以采集几十位字符的信息，而且可以通过选择不同码制的条形码增加字符密度，使采集的信息量成倍增加。

（4）可靠性强

键盘录入数据，误码率为1/300，利用光学字符识别技术，误码率约为1/1 000。而采用条形码扫描录入方式，误码率仅为1/1 000 000，首读率可达98%以上。

（5）使用灵活

条形码符号作为一种识别手段可以单独使用，也可以和有关设备组成识别系统实现自动化识别，还可以和其他控制设备联系起来实现整个系统的自动化管理。同时，在没有自动识别设备时，也可以实现手工键盘输入。

（6）自由度大

识别装置与条形码标签相对位置的自由度要比光学字符识别大得多。

（7）设备结构简单、成本低

条形码符号识别设备的结构简单，容易操作，无须专门训练。与其他自动化技术相比，推广应用条形码技术所需费用较低。

3. 条形码种类

条形码可分为纸质条形码和金属条形码；连续型条形码和非连续型条形码；双向条形码和单向条形码；一维条形码和二维条形码等。以下简要介绍一维条形码和二维条形码。

（1）一维条形码

一维条形码只在一个方向，一般是水平方向表达信息，而在垂直方向则不表达任何信息，其高度通常是为了便于对准阅读器，如图 3–1 所示。其特点是：数据容量较小，30 个字符左右；只能包含字母和数字；条形码尺寸相对较大（空间利用率较低）；遭到损坏后便不能阅读。目前使用频率最高的几种码制是国际物品条形码（EAN 码）、通用产品条形码（UPC 码）、39 码、Code93 码、库德巴码、交叉 25 码和 128 码。

一维条形码于 20 世纪 40 年代产生的，其所携带的信息量有限，如商品上的条形码仅能容纳 13 位（EAN–13 码）阿拉伯数字，更多的信息只能依赖商品数据库的支持，离开了预先建立的数据库，这种条形码就没有意义了，因此在一定程度上也限制了条形码的应用范围。

（2）二维条形码

二维条形码是将一维条形码存储信息的方式在二维空间上扩展，从而存储更多的信息，故称为二维条形码，如图 3–2 所示。二维条形码包括 PDF417 码、Code49 码、Code 16K 码、Data Matrix 码、Maxi Code 码等，主要分为堆积或层排式和棋盘或矩阵式两大类。

1087799 1020082

图 3–1 一维条形码

图 3–2 二维条形码

二维条形码作为一种新的信息存储和传递技术，从诞生之时就受到了国际社会的广泛关注。经过几年的努力，现已应用在国防、公共安全、交通运输、医疗保健、工业、商业、金融、海关及政府管理等多个领域。二维条形码有以下特点。

①信息容量大。例如，PDF417 码除可以表示字母、数字、ASCII 字符外，还能表达二进制数。

②错误纠正能力。一维条形码通常具有校验功能以防止错读，一旦条码发生污损将被拒读。而二维条形码不仅能防止错误，而且能纠正错误，即使条码部分损坏，也能将正确的信息还原出来。

③印制要求不高。普通打印设备均可打印，传真件也能阅读。

④可用多种阅读设备阅读。PDF417码可用带光栅的激光阅读器、线性及面扫描的图像式阅读器阅读。

⑤尺寸可调，以适应不同的打印空间。

⑥码制公开已形成国际标准。

4. 物流条形码的用途

（1）自动分拣

铁路运输、航空运输、邮政通信等许多行业都存在货物的分拣搬运问题，大批量的货物需要在很短的时间内分门别类、准确无误地装到指定的车厢或航班上，采用人工方式常常出错，解决办法就是将预先打印好的条形码贴在发送的物品上，并在每个分拣点装一台条形码扫描器。

（2）仓储保管

可以在物流条形码中加入产品数量、保质期、质量、体积等很多信息，并经扫描录入计算机，有利于商品的保管和销售。

（3）货物跟踪

利用条形码技术，将承运货物上的运单号码编成条形码，印刷在运单上。在货物运输过程中的每个处理环节使用扫描设备采集货物上的条形码，并将采集的数据传输到跟踪查询网，顾客可以在网上使用运单号查询运输进展。

5. 销售时点信息系统

销售时点信息系统（POS），是指通过自动读取设备（如收银机）在销售商品时直接读取商品销售信息（如商品名、单价、销售数量、销售时间、销售店铺、购买顾客等），并通过通信网络和计算机系统传送至有关部门进行分析加工以提高经营效率的系统。POS系统最早应用于零售业，以后逐渐扩展至金融、旅馆等服务行业，利用POS系统的范围也从企业内部扩展到整个供应链。POS系统的运行如下。

（1）店铺销售商品都贴有表示该商品信息的条形码或光学识别标签。

（2）在顾客购买商品结账时，收银员使用扫描读数仪自动读取商品条形码标签或光学识别标签上的信息，通过店铺内的微型计算机确认商品的单价，计算顾客购买总金额等，同时返回给收银机，打印出顾客的购买清单和付款总金额。

（3）各个店铺的销售时点信息通过VAN在线联结方式即时传送给总部或物流中心。

（4）总部、物流中心和店铺利用销售时点信息来进行库存调整、配送管理、商品订货等，通过对销售时点信息进行加工分析来掌握消费者的购买动向，找出畅销商品和滞销商品，并以此为基础，进行商品品种配置、商品陈列、价格设置等方面的作业。

（5）在零售商与供应链的上游企业（批发商、生产厂家、物流企业等）结成协作伙伴关系（也称为战略关系）的条件下，零售商利用VAN在线联结的方式把销售时点信息即时传送给上游企业，这样上游企业可以利用销售现场的最及时准确的销售信息制订经营计划，进行决策。

二、射频识别技术

RFID 又称电子标签，它是利用无线电波射频信号自动识别目标对象并获取相关数据的一种非接触自动识别技术，该系统用于控制、检测和跟踪物体。其优点是不局限于视线，识别距离比光学系统远，射频识别卡具有读写能力，可携带大量数据，难以伪造。

RFID 是射频技术（RF）中比较成熟的一种，于 20 世纪 80 年代中期开始投入商业应用。RFID 在本质上是物品标识的手段，它被认为最终将取代现今应用非常广泛的传统条形码，成为物品标识的最有效方式。

1. RFID 系统的组成

（1）标签

每个标签具有唯一的电子编码，高容量电子标签有用户可写入的存储空间，附着在物体上标识目标对象。

（2）天线

天线是在读写器及 RFID 单元间传输 RF 信号。有的是由一根天线来同时完成发射和接收；有的是由一根天线来完成发射而另一根天线来承担接收。

（3）读写器

读写器可设计为手持式或固定式，是一种接收从 RFID 单元上返回的 RF 信号并将解码的数据传输到主机系统以供处理的机器。

2. RFID 的工作原理

（1）标签进入磁场后，读写器发出射频信号，标签凭借感应电流所获得的能量发出存储在芯片中的产品信息（无源标签或被动标签），或者标签主动发送某一频率的信号（有源标签或主动标签）。

（2）读写器读取信息并解码后，传送至中央信息系统进行有关数据处理。

（3）RFID 在本质上是物品标识的手段，它被认为将最终取代现今应用非常广泛的传统条形码，成为物品标识的最有效方式。

RFID 系统的组成及其工作原理如图 3-3 所示。

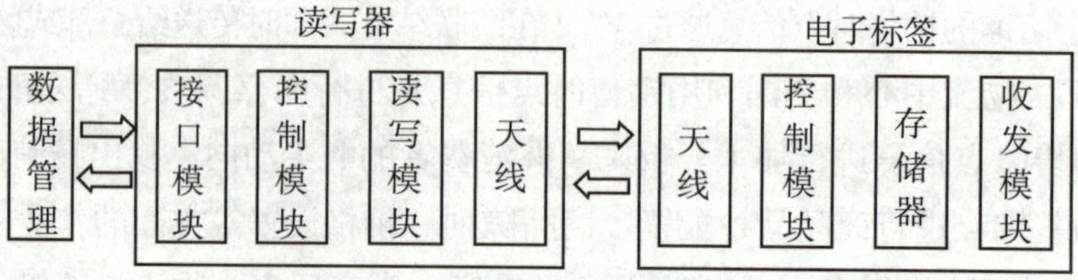

图 3-3 RFID 系统的组成及其工作原理

3. RFID 的特点

（1）快速扫描

条形码一次只能有一个接受扫描；RFID 辨识器可同时辨识、读取数个 RFID 标签。

（2）体积小型化、形状多样化

RFID 在读取上并不受尺寸大小与形状限制，不需为了读取精确度而配合纸张的固定尺寸和印刷品质。

（3）抗污染、耐久性能好

传统条形码的载体是纸张，因此容易受到污染，但 RFID 对水、油和化学药品等物质具有很强的抵抗性。此外，由于条形码附于塑料袋或外包装纸箱上，所以特别容易受到折损；RFID 卷标是将数据存于芯片中，因此可以免受污损。

（4）可重复使用

现今的条形码印刷上去之后就无法更改，RFID 标签则可以重复地新增、修改、删除 RFID 卷标内储存的数据，方便信息的更新。

（5）无屏障阅读穿透性能强

在被覆盖的情况下，RFID 能够穿透纸张、木材和塑料等非金属或非透明的材质，并能够进行穿透性通信。而条形码扫描机必须在近距离而且没有物体阻挡的情况下，才可以辨读条形码。

（6）数据的记忆容量大

一维条形码的容量是 50 字节，二维条形码最大的容量可储存 2 000 ~ 3 000 字节，RFID 最大的容量则有数兆字节。随着记忆载体的发展，数据容量也有不断扩大的趋势。

（7）安全性

由于 RFID 承载的是电子式信息，其数据内容可经由密码保护，使其内容不易被伪造及变造。

4. RFID 的应用

（1）RFID 在零售系统的应用

①分销系统

厂家货物抵达装运公司的集散中心，在卸货区有 RFID 系统，不需开包检查货物。应用软件提供货物说明，货物在此直接转上零售系统货车。

②零售系统

商场运用自己的系统跟踪这批货物。货物抵达商场，商场的 RFID 系统开始工作，自动记录送到的每一商品，自动更新确认存货量（仓库、货架）。

③消费者

消费者从某货架取走商品，该货架向商场的自动补货系统发出信息。消费者购物出门，RFID 系统在出口处自动辨认货物，顾客只需刷卡即可。

（2）RFID 在企业物流中的应用

①采购物流

供应商给货物加识别标签，供应商出货，RFID 系统自动检验并更新库存记录，生产商用自己的系统跟踪这批货物。

②物流运输

该系统的运输功能是靠贴在集装箱和装备上的射频识别标签实现的。RFID 接收转发装置通常安装在运输线的一些检查点上（如门柱上、桥墩旁等），以及仓库、车站、码头、机场等关键地点。接收装置收到 RFID 标签信息后，联通接收地的位置信息上传至通信卫星，再由卫星传送给运输调度中心，送入中心信息数据库中。

③进厂物流

货物抵达生产商处，生产商的 RFID 系统开始工作：自动检验商品，记录送达货物，提供信息系统入库和进入生产线的货物数量，库存、分拣管理。

④库存管理

在库存管理中，可以通过射频技术及由其所组成的系统，及时地掌握和了解各种货物的库存数量，通过网络系统传输给管理中心，以便及时进行决策。可见射频技术不但可以大大提高物流的效率，而且也可以大大地降低物流的作业成本。

⑤销售物流

生产商给商品加标签，商品从车间或仓库流出，成品库的 RFID 系统开始工作，出库的 RFID 系统开始工作，向总系统反馈信息、运输、货物跟踪等管理。

三、电子数据交换技术

电子数据交换（EDI）技术是计算机、通信和管理相结合的产物。EDI 按照协议的标准结构格式，将标准的经济信息通过电子数据通信网络，在商业伙伴的电子计算机系统中进行交换和自动处理。使用 EDI 可以消除贸易过程中的纸质文件，因此 EDI 又被称为“无纸贸易”。图 3-4 为物流 EDI 平台使用前后对比。

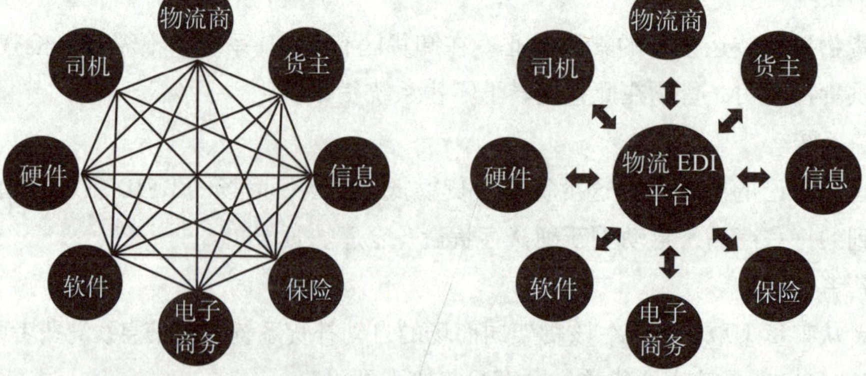

图 3-4 物流 EDI 平台使用前后对比

四、全球定位系统

全球定位系统（GPS）是利用卫星全天候、高精度地对地面目标的运行轨迹进行跟踪、定位与导航的技术。GPS 最初只是运用在军事领域，近年来，GPS 已在物流领域得到了广泛的应用。例如，应用在汽车自定位及跟踪调度、铁路车辆运输管理、船舶跟踪及最佳航线的确定、空中运输管理、服务救援、远程监控、轨迹记录和物流配送等领域。

GPS 系统包括三大部分：空间部——GPS 卫星星座；地面控制部分——地面监控系统；用户设备部分——GPS 信号接收机。

1. GPS 卫星星座

GPS 卫星星座由 21 颗工作卫星和 3 颗在轨备用卫星组成。24 颗工作卫星均匀分布在 6 个轨道平面，每个轨道平面内各颗卫星之间的升交角距相差 90 度。位于地平线以上的卫星颗数随着时间和地点的不同而不同，最少可见到 4 颗，最多可见 11 颗。在用 GPS 卫星进行导航定位时，为了计算测站的三维位置，必须观测 4 颗 GPS 卫星，称之为定位星座。

2. 地面监控系统

GPS 卫星是动态已知点，卫星的位置是依据卫星发射的星历（描述卫星运动及其轨道的参数）计算得出的。每颗 GPS 卫星所播发的星历是由地面监控系统提供的。GPS 工作卫星的地面监控系统包括 1 个主控站、3 个注入站和 5 个监测站。卫星上的各种设备是否正常工作及卫星是否一直沿着预定轨道运行，都要由地面设备进行监测和控制。地面监控系统的另一重要作用是保持各颗卫星处于同一时间标准——GPS 时间系统。这就需要地面站监测各颗卫星的时间求出时差，然后由地面注入站发给卫星，再由导航电文发给用户设备。

3. GPS 信号接收机

GPS 信号接收机的任务是能够捕获到按一定卫星高度截止角所选择的待测卫星的信号并跟踪这些卫星的运行，对所接收到的 GPS 信号进行变换、放大和处理，以便测量出 GPS 信号从卫星到接收机天线的传播时间，解译出 GPS 卫星所发送的导航电文，实时地计算出测站的三维位置，甚至三维速度和时间。

五、地理信息系统

地理信息系统（GIS）是人类在生产实践活动中，为描述和处理相关地理信息而逐渐产生的软件系统。GIS 以地理空间数据为基础，以计算机为工具，采用地理模型分析方法，对具有地理特征的空间数据进行处理，实时地提供多种空间和动态的地理信息。它的出现改变了传统的数据处理方式，使信息处理由数值领域步入空间领域。

六、物联网技术

物联网技术，通过RFID、红外感应器、GPS、激光扫描器等信息传感设备，按约定的协议，将任何物品与互联网连接，进行信息交换和通信，从而实现智能化识别、定位、追踪、监控和管理的一种网络技术。物联网应用中的3项关键技术为：传感器技术，也是计算机应用中的关键技术，传感器把模拟信号转换成数字信号，再通过计算机进行处理；RFID标签传感技术，是一种融合了无线RF和嵌入式技术为一体的综合技术；嵌入式系统技术，是一种综合了计算机软硬件、传感器技术、集成电路技术、电子应用技术于一体的复杂技术。物联网技术可应用于以下领域。

1. 智能托盘

在托盘等装载设备上加装RFID标签，有利于托盘等装载设备的管理及监控。使用RFID标签标识自动化立体仓库中流通使用的托盘，对托盘进行动态跟踪，通过食品监控系统，把仓储作业中各流程的作业时间点进行信息采集及记录，可实现仓储作业环节的自动化管理。

2. 智能运输

依托RFID、GPRS、GPS及GIS等技术的集成，构建物流货运及配载信息化监控管理平台，可实时地获取货物信息、导航信息及返程配货信息，并进行联网监测。

3. 智能仓储

通过在配送中心收货处、仓库出入库口、托盘、货架及其他物流关卡安装固定式RFID读写器，在货物包装箱上加装RFID标签，并在搬运设备上安装移动式的RFID读写器及使用手持读写器，能够实现对配送中心货物的自动化入库、盘点、分拣、出库，实现物品库存的信息化管理。

4. 智能搬运

在我国物流业中，智能机器搬运主要有两种类型：一种是从事自动化搬运的无人搬运小车（AGV）；另一种是从事堆码垛物流作业的码垛机器人。激光和红外应用于物流系统中智能机器人的导引。

案　例

互联网的诞生改变了人们的生活方式，人们在家可以购物，催生了亚马逊、阿里巴巴和京东这样的电子商务企业，传统零售业受到巨大冲击。然而，随着新零售时代的到来，结合物联网和人工智能等技术，将再次重塑全球零售格局。

2017 年，京东就携手英特尔公司在软硬件与生态系统上全方位合作，打造了全球首个低造价、可模块化组装的智能门店解决方案 D-MART。2018 年，英特尔公司与京东再度联手推动智能零售时代的全速前进。英特尔公司提供的边缘计算与人工智能相结合的技术，被京东在各种零售场景中加以使用，形成了一套完整的解决方案，可以全面覆盖多种智能设备，涉及人脸识别、物品识别、自助收银机、柜员机、数字标牌等应用。同时，复杂零散的业务场景也再次得到了统一，无论是无人售货机小型无人店还是大型生鲜超市，英特尔公司和京东携手打造的智能零售整体解决方案都可以进行匹配。

第二节　物流信息系统的概念和应用

物流信息

一、物流信息系统的概念

物流信息是反映物流各种活动内容的知识、资料、图像、数据、文件的总称，是物流活动中各个环节生成的信息，是整个物流活动顺利进行不可缺少的部分。

1. 物流信息

狭义的物流信息是指与物流活动有关的一切信息，如订货信息、库存信息、采购信息、发货信息。

广义的物流信息不仅包括与物流活动有关的信息，还包括与其他活动有关的信息，如商品交易信息和市场信息等。

2. 物流信息的特点

在电子商务时代，随着人们个性化需求的变化，物流过程也向多品种、少量生产和高频度、小批量配送的方向发展，物流信息与其他领域信息相比，其特殊性主要表现在以下几方面。

（1）物流活动的范围大，信息源点多、信息量大，物流信息缺乏通用性。

（2）物流信息的动态变化快，信息价值衰减速度快。例如，电子商务业务中一个订单从发出到客户签收后，物流地址信息的作用衰减至零。

（3）物流信息种类多，除了物流系统信息，有时还需要收集生产系统、销售系统、消费系统等方面的信息。

3. 物流信息系统

物流信息系统是指由人员、设备和程序组成的，为管理者执行计划、实施、控制等提供相关信息的交互系统。

（1）从构成来看，物流信息系统分为软件和硬件两大部分。其中软件包括仓储、运输等环节的信息系统软件，同时还囊括运货车辆管理系统、海关报关系统等；硬件指支撑各软件系统运行的载体。

（2）从系统参与者来看，物流信息系统服务平台是一个网络大体系，包括行业管理层、企业管理层等，整个系统连接着各层次、各层面。

（3）从技术层来看，物流信息系统囊括了电子商务、计算机技术、网络技术、条码技术、GPS 技术等，多技术实现了信息共享及信息跟踪、查询。

（4）从政府角度来看，政府部门为物流行业提供协同与支持，规范市场环境，有利于物流业整体效益的提升。

（5）从企业管理角度来看，信息系统构建横向贯穿众多地域物流环节，运输、仓储等基本功能得以实现，纵向则连通了作业层、控制层、管理层 3 个不同层面。

二、物流信息系统应用

物流信息系统把各种物流活动与某个整合过程连接在一起。

1. 智能供应链管理系统

以宝供物流企业集团有限公司的智能供应链管理系统为例，其以运输资源对接交易为核心，运用互联网、大数据等技术，提供整合社会多种物流运作资源的“互联网 + 供应链”管理服务。设计系统功能模块包括订单管理、运输管理、在途跟踪、财务管理、异常管理、报表分析、资源管理、系统管理等。从类型上来分析总结物流信息系统应以物流企业子系统为中心，旁系联合用户子系统、行业管理子系统、现场子系统、车载子系统和结算支付系统，共计 6 个系统构成，两两系统之间互通交流。

（1）物流企业子系统

物流企业子系统是对其他 5 个子系统的整合，可以完成供应链中物流系统的多个功能，往往包含众多其他子系统，包括库存管理系统、订单管理系统、车辆调度系统、财务管理系统、海关报关管理系统以及综合信息的发布系统。

（2）行业管理子系统

这一系统是从物流枢纽、政府有关部门等对行业进行管理的角度进行定义的。该系统在多种物流模式下能提供到位的信息支撑，在内容上可划分为车辆收费管理系统，交通管理系统，交通事故应急管理系统，货运运政管理系统，船舶、机场、火车、铁路、港口等不同运输综合管理系统，以及商品综合信息系统、银行财政结算、国土信息系统、税务系统、出入境检验系统、海关报关清关系统等。

（3）现场子系统

现场子系统根据地域环境的不同，通常包括分布于仓库、道路、分站站场等情况，子系统是其他多个物流信息系统信息采集的关键点，关系着货物跟踪、查询、管理等。

（4）车载子系统

车载子系统安装于运货车身，是接受信息、发送信息、采集信息的重要组成部分，通常可应用于现场系统通信、行业管理子系统通信和物流企业子系统的通信。例如，物流企业子系统的通信，通过车载条码扫描系统扫描，能将车辆信息无线传输到企业子信息系统和车辆调度管理中心。

（5）用户子系统

用户子系统的关键功能在于为用户提供查询服务，用户主要分为企业和一般用户两大类。这一系统下分支子系统除基础物流信息查询系统外，还有需求方信息及查询系统、制造商信息查询系统。

（6）结算支付系统

以互联网为条件构建结算支付系统，为企业、中介、用户三方提供支付清算服务，用户可放心将费用先支付给中介方，在这一平台监督下整体高质量完成物品流通后，中介方再将费用转交于企业。以宝供物流为例，其一站支付平台解决方案体系完整，以支付为基础，以金融为延伸，为各类企业提供在线支付、线下扫码支付、物流账户管理、智能代收付货款、资金存管、商业保险理财及企业理财的综合金融解决方案。随着经济的发展，企业一整套完整的支付系统能更好满足市场资金灵活转移的迫切需求。总之，结算支付信息系统在现代乃至未来的物流发展中会发挥出重要作用。

2. SaaS 模式下的物流链云平台

软件即服务（SaaS）是在 21 世纪随着互联网技术的发展和应用软件的成熟，兴起的一种完全创新的软件应用模式。它是一种通过互联网提供软件的模式，厂商将应用软件统一部署在自己的服务器上，客户可以根据自己实际需求，通过互联网向厂商定购所需的应用软件服务，按定购的服务多少和时间长短向厂商支付费用，并通过互联网获得厂商提供的服务。用户无须购买软件，而是租用提供商提供的基于 Web 的软件来管理企业的经营活动；无须对软件进行维护，提供商会全权管理和维护软件，软件厂商在向客户提供互联网应用的同时，也会提供软件的离线操作和本地数据存储，让用户随时随地可使用其定购的软件和服务。

随着信息化的发展，物流行业通过与互联网的结合产生了很多创新。2013 年，SaaS

被应用于物流市场。物流 SaaS 以“互联网平台 + 移动互联网平台”为载体，将货主、第三方物流公司、承运商、车队、司机和收货人连接在一起，通过从订单的导入到调度、追踪、异常管理、对账的连接，提升物流管理效率与物流产业的信息化水平，最终完成对物流行业的改造升级。

其中，WMS 系统帮助企业进行有效的货品库位管理、库存管理、多仓库多批次的管理；云 TMS 系统可以实现订单的全程可视化追踪；云盒可以精确地跟踪货品，防止丢货、窜货情况的发生；云 ROS 智能化路径规划，提升配送效率；E-Hub 无缝衔接垂直和横向领域的信息系统。几个产品互相配合，共同协作，让大企业的物流管理更加柔性化，让中小企业的物流管理更加智能化。

案 例

中海北方物流有限公司是中海集团所属的 8 大区域物流公司之一。公司注册资金 5 000 万元，管理着东北地区 18 家子公司、分公司、办事处和 50 个配送网点。公司在大连港建有 10 万平方米的现代化物流配送仓库，采用以条码技术为核心的信息管理系统，配有国际先进的物流仓储设备。

中海北方物流有限公司的物流信息系统是以互联网为运行平台、以客户为中心、以提高物流效率为目的，集物流作业管理、物流行政管理、物流决策管理于一体的大型综合物流管理信息系统，由电子商务系统、物流企业管理软件、物流作业管理系统和客户服务系统组成。

电子商务系统使客户通过互联网实现网上数据的实时查询和网上下单；物流企业管理系统对企业的财务、人事、办公等进行管理，对数据进行统计、分析、处理，为企业提供决策支持；物流作业管理系统则通过集成条码、GPS/GSM、GIS 等物流技术，实现物流作业、管理、决策的信息化；客户服务系统为客户提供优质的服务。

第三节 电子商务物流系统

电子商务给我们提了一种全新的商业模式，成为 21 世纪经济的重要增长点。电子商务的快速发展很大程度上依赖于线下强有力的物流系统，可以说，电子商务的成功与否很大程度上取决于物流系统的运作效率。电子商务环境下的物流系统应该是高度信息化的，有着高效的物流信息处理和物流作业能力。

电子商务物流系统是指在实现电子商务特定过程的时间和空间范围内，由所需位移的商品（物资）、包装设备、装卸搬运机械、运输工具、仓储设施、人员和通信联系设施等若干相互制约的动态要素所构成的具有特定功能的有机整体。

图 3–5 为电子商务物流系统运作流程。

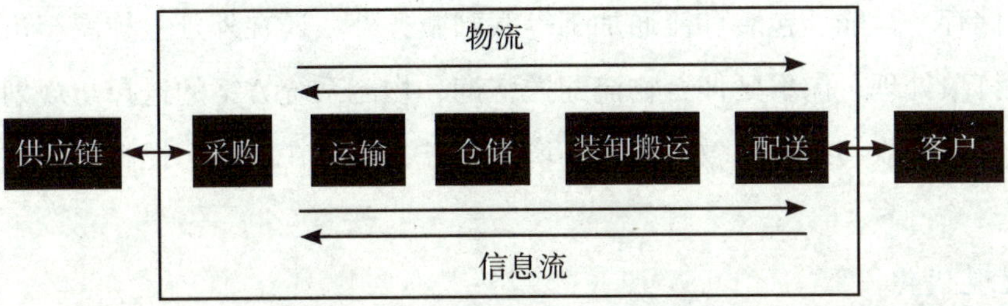

图 3–5　电子商务物流系统运作流程

电子商务物流系统与传统的物流系统相比并无本质区别，不同之处在于电子商务物流系统突出强调一系列电子化、机械化、自动化工具的应用，以及准确、及时的物流信息对物流过程的监督，更强调物流的速度、物流系统信息的通畅和整个物流系统的合理化。

一、电子商务物流系统的构成

电子商务物流系统包括电子商务物流作业系统和电子商务物流信息系统。

电子商务物流作业系统是在运输、保管、搬运、包装、流通加工等作业中，以电子商务网络为平台，使用各种先进技术，如自动立体式仓库、机器人、机械手表等，并实现生产据点、物流据点、输配送路线、运输手段等的网络化，以提高物流活动的效率。

电子商务物流信息系统通过应用各种先进的信息技术，如计算机、网络、GPS、GIS、RFID 等，对物流作业系统中的各项活动下达指令、实时调控和反馈协调等信息活动。在保证订货、进货、库存、出货、配送等信息通畅的基础上，使通信据点、通信线路、通信手段实现网络化，提高物流作业系统的效率。

二、电子商务物流系统的特点

1. 功能集成化

在电子商务环境下，物流系统着重于将物流与供应链的其他环节进行集成，包括物流渠道与商流渠道的集成、物流渠道之间的集成、物流功能的集成、物流环节与制造环节的集成等。物流系统的竞争优势主要取决于功能整合与集成的程度。

2. 系统复杂化

电子商务要求物流系统提供更加完备、迅速和灵活的服务，并随时保持物流信息的畅通。符合电子商务快捷和灵活要求的物流系统比以往的物流系统更为复杂，而且需要具有一定的柔性，以随时根据环境和需求变化进行动态调整。

3. 服务系统化

在电子商务环境下，物流系统除强调物流配送服务功能的恰当定位与完善化、系列化，以及传统的储存、运输、包装和流通加工等基础服务外，还在外延上扩展至市场调查与预测、采购及订单处理，向下延伸至物流配送咨询、物流系统方案的选择与规划、库存控制策略建议、货款回收与结算、教育培训等增值服务，而且在内涵上提高了以上服务对决策的支持作用。

4. 手段现代化

电子商务环境下的物流系统使用先进的技术、设备与管理为销售提供服务，生产、流通和销售的规模越大、范围越广，物流配送技术、设备及管理就越现代化。

5. 流程自动化

物流系统流程自动化是指运送规格标准、仓储、货箱排列装卸、搬运等按照自动化标准实施作业，商品按照最佳配送路线执行等。

6. 组织网络化

电子商务的特性决定了电子商务客户分布的离散性与不确定性。由于过于分散的配送网络不利于物流企业实施集中的批量配送，因此物流系统的组织追求网络化。

7. 经营市场化

电子商务物流系统的经营采用市场机制，无论采取何种物流模式，都必须确保整个物流系统以最小的投入得到最佳的物流服务效果。在电子商务环境下，物流业要以服务市场为主要宗旨。

8. 目标分散化

电子商务企业十分注意企业的灵活性和相对独立性，不是将企业的业务高度集中在一两个点上或一两个大城市，而是尽可能地分散目标，分散风险。电子商务企业的目标分散化也导致了物流系统的目标分散化。

9. 企业信息化

在电子商务时代，要提供最佳的服务，物流系统必须要有良好的信息处理和传递系统。物流信息化不仅包括存储、运输等物流活动的信息管理和信息传送，还包括为物流过程中的各种决策活动提供支持，即充分利用计算机分析物流数据、进行决策、降低成本和提高效率。

三、电子商务物流系统功能构架

电子商务物流管理具有综合性、新颖性和智能化的特点，通过物流战略管理、物流业务管理、物流企业管理、物流经济管理、物流信息管理和物流管理现代化 6 个方面实现物流管理目标。图 3–6 为电子商务物流系统的功能架构。

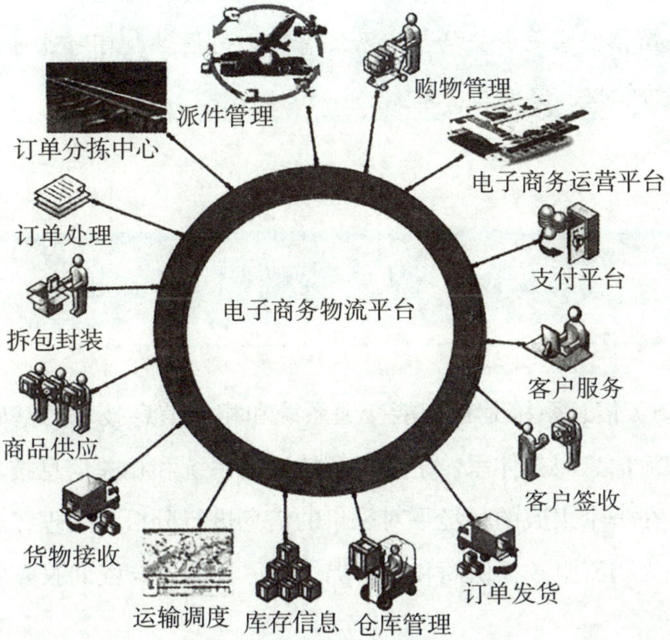

图 3–6　电子商务物流系统的功能架构

案　例

2021 年生鲜电子商务赛道竞争激烈，据电子商务研究中心发布的《2021 年（上）中国生鲜电子商务数据报告》显示，2021 年生鲜电子商务交易规模约为 4 658.1 亿元，同比增长 27.92%。

作为国内生鲜电子商务的佼佼者，上海天天鲜果电子商务有限公司（以下简称“天天果园”）通过自建冷库、冷链物流配送及精选全球鲜果美食，搭建了从产地到消费者之间的直供平台，赢得了中国消费者的信赖。2015 年 10 月，安华物流系统有限公司携手天天果园，在中国首次利用单元化物流技术，将 2 700 吨冰糖橙从琵明农产品基地全程冷链配送至北京、上海、广州、成都，降低了天天果园 50% 以上的物流成本，并通过信息系统对周转设备进行了管控，显著提升了周转设备的管理透明化程度，增加了天天果园在冷链物流面的竞争力。

天天果园物流系统的流水线上每个托盘都会装 RFID 标签，每个栈板都会获得一个唯一ID编号。在进行出库发货操作时，系统首先用RFID手持扫描终端扫描托盘上的RFID标签，然后在信息系统录入托盘上面周转筐所放层数，实现托盘信息和周转信息的绑定。同时，系统还录入此次发货的相关信息，当栈板到达目的仓库后，在系统内录入出库编号，通过RFID手持扫描终端来核对入库信息，检验无误后完成入库操作。

GPS车辆位置管理系统由安华物流系统有限公司提供，可通过可拆卸的GPS装置完成对合作车辆的管控，便捷且高效。

第四节　智慧物流信息应用

智慧物流（ILS）信息系统是在智能交通系统和相关信息技术的基础上，以电子商务方式运作的现代物流信息服务体系。它通过智能交通系统和相关信息技术解决物流作业的实时信息采集，并在一个集成的环境下对采集的信息进行分析和处理，通过在各个物流环节中的信息传输，为物流服务提供商和客户提供详尽的信息与咨询服务。

案　例

在智慧物流的广阔概念里，车企与使用方的合作不再局限于从生产到使用的单向商品传递，而建立起信息和技术的双向互通。一方面，智慧物流的发展对上游车企提出了更高要求，不断促使上游车企技术革新；另一方面，智慧物流的应用为车企技术革新积累了海量基础数据，通过大数据应用指导车企技术发展。这种不断深入的合作关系相互赋能，必将推动物流业迈向绿色，提高效率。

京东物流历经十余年的不断积累，已经搭建了无界零售趋势下的完整物流基础设施，并积累了海量智慧物流基础数据。京东物流正通过“无人化作业”“数字化运营”和“智能化决策”打造全面智慧化的物流体系。人工智能、大数据、云计算等信息技术的发展日益成熟，将会深入影响物流的每一个环节，不断降低成本、提高效率，为消费者提供更好的用户体验。

京东物流CEO王振辉首次提出了“无界物流”的终极目标，提出将以客户为中心，通过短链、智慧、共生的发展方式，无缝连接产业端和消费端，带来“快”“精”“喜”的极致服务。图3-7为京东物流智能配送站。

图 3-7　京东物流智能配送站

一、智慧物流

1. 智慧物流的定义

智慧物流的概念首次由 IBM 公司提出，是指将智能硬件、物联网、大数据等智慧技术与手段，充分应用到物流行业中，将物联网和互联网整合起来，实现人类社会和物理系统的整合；对整合网络内的人员、机器、设备和基础设施实施实时的管理和控制，最终实现现代物流的自动化、网络化、可视化、实时化跟踪和智能控制。

智慧物流是建立在信息技术支撑的基础上，将物流系统的运输、仓储、装卸搬运、包装、加工配送等环节纳入信息系统的控制之下，实现系统全面感知、及时处理和有效调整。

2. 智慧物流的优势

智慧物流具有信息化、集成化、智能化、敏捷化、可视化等先进技术特征。与传统物流业相比，智慧物流在一定程度上消除了人工经验的盲区，对物流活动的把握更具全局性。通过科学分析与管理，智慧物流无论是在细节程序还是宏观环节都大大降低了物流成本，可以有效利用各类资源。与数字物流相比，智慧物流在一定程度上可以看作数字物流的升级版。数字物流将物流数字化，实现对物流的整个过程进行数字化的描述，使物流系统更高效、可靠地处理复杂问题，是物流业的进步；而智慧物流技术集成度更广，监控、分析、可视性更强。因此，智慧物流是现代物流发展的必然趋势。

二、智慧物流应用于电子商务

1. 菜鸟物流 AR 智慧物流系统

在菜鸟物流增强现实技术（AR）智慧物流系统中，机器可以智能地帮助工作人员找到商品，快速核对及进行质量检测，准确找到合适的包材，同时完成线上录入并出库，在大大提升效率的同时减少资源浪费，创造绿色环保的物流服务。

同时，阿里巴巴集团的全自动化机器人仓库，位于菜鸟增城物流园区，专门为天猫超市提供仓储和分拣服务。与别的仓库相比，其最大的优势是自动化程度高，从收到订单到包裹出库，除了条码复核等个别环节，其余环节均实现了自动化。用户在天猫超市下单之后，仓库会收到订单并生成唯一条码，纸箱被机器贴上条码后，就会被传送带运送到不同商品品类的货架，货架电子屏会显示需要装入的商品和数量，分拣员据此将商品放入纸箱，纸箱接着进入下一站。所有商品装好之后，纸箱到达“收银台”进行人工复核并封装出库，再由物流服务运送给消费者。

2. 京东“无人仓”

京东“无人仓”的特色在于，京东采用大量智能物流机器人进行协同与配合，通过人工智能、深度学习、图像智能识别、大数据应用等先进技术，为传统工业机器人赋予智慧，让它们具备自主的判断和行为，适应不同的应用场景、商品类型与形态，可以完成各项复杂的任务。环环相扣的机器人配合作业，让整个流程有条不紊地进行，后台的人工智能算法指导生产，带来仓储运营效率的大幅提升。京东目前“无人仓”的存储效率是传统横梁货架存储效率的 10 倍以上，并联机器人的拣选速度可达 3 600 次 / 小时，相当于传统人工的 5 ~ 6 倍。

京东的“亚洲一号”新添了物品自动分拆入库、自动取物的系统。其致力于打造智能仓库，提高货物出入库速度，提升智慧物流水平。

3. 苏宁第五代智慧物流仓库

苏宁第五代智慧物流仓库采用的是高密度自动存储系统，该系统分为三类，对应三个高精尖的硬件设备。

（1）AS/RS 自动托盘堆垛系统

AS/RS 自动托盘堆垛系统是一台高达 22 米、纵深 90 米的“机械使者”。每台都有一个灵敏的机械触手，可在 90 米纵深空间里自由而准确地上下穿梭，机械触手“认得”每一个存储位，根据指令进行每一次存取。它是专为存取完整的装载单元而设计的，主要用来存储中件整托及小件大批量商品。图 3–8 为 AS/RS 自动托盘堆垛系统。

（2）Miniload 高密度自动箱式堆垛机

Miniload 高密度自动箱式堆垛机是比 AS/RS 自动托盘堆垛系统更精巧的存在，因为它存取的是周转箱和硬纸箱，体积更小，灵活性更强，复杂度更高，能够实现双循环 1 400 箱 / 小时（单循环 1 800 箱 / 小时）的存取，还能够实现每天近百万件商品的补货、出库功能。

图 3-9 为 Miniload 高密度自动箱式堆垛机。

图 3-8　AS/RS 自动托盘堆垛系统

图 3-9　Miniload 高密度自动箱式堆垛机

（3）SCS 旋转货架

SCS 旋转货架作为苏宁的“独家”设备，是苏宁物流“货到人拣选”系统的一部分，是一种高度动态且完全自动的仓储系统。它几乎能够处理所有拆零品类的物品。如果系统提示有订单需要拣选，SCS 旋转货架能迅速并且准确地找到含有订单内商品的周转箱，并自动把周转箱送上传送带，传送带会把周转箱直接送到“货到人拣选”工作站。

不仅如此，SCS 旋转货架配合仓库设备控制（WCS）系统，能够实现对产品的自动追踪、监控，并对产品进行时效、路径、商品批次的排序；具有相同属性的产品，系统会自动排序并集中存储，需要时系统会自动控制这一批货物同时从 SCS 内出库。

智慧物流系统对物流体系的改变起到了很大作用。不过，仅仅靠智慧物流系统并不能够解决所有问题。未来，智慧物流系统的发展将随着大数据的进一步深入研究，朝着“无车承运人”发展，机器人将会承担更多的任务。要依靠智慧物流系统形成的新起点，不断提升智慧物流的层次，真正打造一个有中国特色的新生态智慧物流系统。

案　例

菜鸟成立于 2013 年 5 月 28 日，是由阿里巴巴集团、银泰百货集团、富春控股集团、顺丰、“三通一达”（申通、圆通速递股份有限公司（以下简称“圆通”）、中通、上海韵达货运有限公司（以下简称“韵达”）、宅急送快运股份有限公司（以下简称“宅急送”）、百世快递及相关金融机构共同组成的“中国智能物流骨干网”（CSN）项目。

菜鸟 CTO 谷雪梅分享菜鸟智慧物流愿景时提到：第一是仓配网络，菜鸟仓配网络中的货物，既有菜鸟直营的，也有委托的，仓配网络提供全链路的方案，并且能够在“双 11”这种大促时提示把超额量的物流配送出去；第二是快递网络，快递单每天能到 1 亿单左右，菜鸟要和快递公司协同，电子面单、动态路由都能使快递网络更好地提升效率，同时也能降低成本；第三是跨境网络，菜鸟在俄罗斯、西班牙都有自己的网络运输，跨境网络和仓配网络是不一样的算法和网络，在跨境网络里要用技术的手段判别什么是已限售的，什么是可以及时通关的，什么会被扣下等；第四是末端网络，随着新零售的发展，包裹送上门的快递模式，会被越来越多更丰富的末端场景代替。

要做更好的服务，同时要提升在某些关键方面的技术能力并攻克技术壁垒，是菜鸟团队的追求。当下菜鸟把三个方向定义为重要的需要突破的方向；第一个是大数据的处理能力；第二个是整个物流系统，涉及很多算法；第三个是自动化、智能硬件相关的技术。同时，在进行仓内柔性自动化、一系列的尝试时，也需要计算机视觉的能力，进行异常情况的检测、安防。

本章小结

本章首先对自动识别技术、电子数据交换技术、GPS、GIS、物联网技术等物流信息技术进行介绍；其次对目前主流的智能供应链管理系统、物流链云平台进行阐述，帮助读者了解电子商务物流的内容，并掌握电子商务物流系统的应用，并通过菜鸟物流、京东“无人仓”及苏宁物流等真实案例向读者阐述智慧物流及其应用趋势。

本章习题

1. 常见的物流信息技术有哪些?
2. 物联网应用的关键技术是什么?
3. 物流信息系统的主要功能的子系统有哪些?
4. 电子商务物流系统平台主要包括哪几部分?
5. 什么是智慧物流?

第四章

电子商务采购与供应链管理

供应链管理

本章导读

经济社会中，采购有广义和狭义之分。广义的采购是指个人或单位在一定的条件下从供应市场获取产品或服务作为自己的资源，为满足自身需要或保证生产、经营活动而正常开展的一项经营活动。狭义的采购仅包含企业行为，是指企业在一定的条件下从供应市场获取产品或服务作为企业资源，以保证企业生产及经营活动而正常开展的一项企业经营活动。供应是指供应商或卖方向买方提供产品和服务的全过程。

随着信息科技的发展和互联网的普及，电子商务逐步产生并不断发展，促使传统的采购模式发生了根本性的变革，逐步形成了以计算机和网络技术为载体的网上采购新模式，即电子商务采购。电子商务采购模式借助于互联网、计算机通信和数字交互式媒体来完成采购活动，实现了产品或服务的订单处理和完成过程的自动化，有利于降低采购成本，提高经济效益。

本章对电子商务采购平台模式、电子商务采购方式、电子商务采购成本管理、智慧采购业务流程与管理做了详细介绍。

本章重点

电子商务采购　联合采购　电子招标采购　供应链采购　集中采购　全球采购　智慧采购　电子商务采购成本　供应链　采购谈判　电子采购合同

案例导入

微软公司的电子化采购

微软公司以前的采购过程依赖于大量的有纸化工作和多重定制的采购商品服务的申请表。每周的采购申请表都是成千上万的，但每张订单都不足1 000美元，批量大、金额小的交易占了微软公司采购业务的70%。大量资源都用于处理这些交易和多余的手制数据。改革后一项以MS命名的、颇具创新意识、以网络为基础的采购应用系统，跃入了更多微软公司雇员的眼中。

MS是一种在线订购系统，在微软公司内部网上运行。它为雇员提供了易学易用的在线订单形式，如办公用品、电脑硬件、商务卡片、供应商合同、商业货运及差旅服务等。

MS使诸如定价这样的信息合法化，确保每份订单都有专属的会计代号，并能自动把日常订单通过电子邮件发送到经过处理的等待批复通知。在世界范围内，MS每年处理超过40万笔的交易，公司的订单交易额高达50亿美元。微软公司用批量交易与选定的交易商进行定价和折扣谈判，为公司创造了额外的成本节约。在运营的第一年，MS帮助公司采购部重新分配以前负责处理订单的19位职员中的17位，让他们关注于分析采购数据，并与供应商谈判批量折扣。运行4年后，MS为微软公司节省了上百万美元的营业费，提高了与供应商进行折扣谈判的能力，把每份订单的管理成本从60美元降低到5美元。仅此一项，每年就节省了730多万美元。MS在降低企业采购成本方面功勋卓著：至今共为微软节约了1 800万美元的采购成本。

此外，MS还改变了职员管理商业申请和配置公司资源的方式，职员现可在线下处理订单，一般在3分钟内便能快速地完成，而且还免受管理大堆文件及烦琐的官僚程序之苦。

MS成功地引导微软公司开始介入网站服务器的应用，建立了商业编辑程序的技术板块，成功地介入了建立普通电子商务企业内部网解决方案使用的样本站点。

第一节　电子商务采购平台模式

一、采购与供应管理的目标

1. 采购与供应的概念

采购，是指企业在一定条件和要求的前提下，从供应市场购买公司需要的产品或服务作为企业资源，以保证企业正常展开生产、经营等活动的一项企业商业运行的重要活动。

供应，是指供应商或卖方向买方提供产品和服务的全过程。一个企业采购原材料，同时向顾客提供商品，扮演采购与供应两种角色。

2. 采购与供应管理的目标

采购与供应管理是为了保质、保量、经济、及时地采购和供应生产经营所需的物品，对采购与供应过程进行一系列计划、组织、协调和控制，以保证企业经营目标的实现。

采购与供应管理的总体目标：以货真价实、数量符合要求、物料来源可靠、合适的供应商、准确的时间、发送到准确的地点为目标。

采购与供应管理的具体目标：提供不间断的物料、供应和服务，以便使整个组织正常运转；使库存投资和损失保持最低程度；保持并提高质量；发现或发展有竞争力的供应商；当条件允许时，将所购物资标准化；以最低的总成本获得所需的物资和服务；在企业内部和其他职能部门之间建立和谐而富有效率的工作关系；以可能的、最低水平的管理费用来实现采购目标；提高企业的市场竞争地位。

二、电子商务采购的概念、特点与优势

21世纪是一个信息化的时代，网络、通信和信息技术快速发展，互联网在全球迅速普及，因此现代商业也具备了新的特征——不断增长的供货能力、不断增长的客户需求和不断增长的全球竞争。这一切给传统购销活动带来重大冲击和挑战，进而引发购销模式的剧烈变革，电子商务采购这一新的采购方式应运而生。

1. 电子商务采购的概念

电子商务采购是指个人或单位在电子商务环境下，以互联网技术为依托，通过电子商务交易平台，从供应市场获取产品或服务作为自己的资源，为满足自身需要或保证生产、经营活动而正常开展的一项网络经营活动。电子商务采购商通过电子商务交易平台，发布采购信息，或者主动寻找供应商或产品信息，通过网上洽谈、比价、议价、竞价，网上生成合同、网上订货、网上支付货款、网下物流配送货物实现整个采购交易过程。

2. 电子商务采购的特点

相比传统的采购模式，电子商务采购利用互联网进行采购交易，拥有不受时间和空间限制的采购环境，在信息获取、互动性、便利性、提高交易效率、降低成本等方面具有明显的优势，能够有效简化采购流程、缩短采购周期、提高采购效益。电子商务采购的特点主要表现在以下几个方面。

（1）打破时间与空间限制

电子商务采购为采购商和供应商提供了一个不受时间与空间限制，全天候、超时空的网络购物环境，供需双方可以在任何时间、任何地点完成交易活动。极大地扩展了采购市场的范围，甚至可以将采购交易扩展到国际市场。同时，网络交易平台又缩短了供需双方的距离，使交易双方的沟通更加方便、快捷。

（2）交易平台的公开性

电子商务采购通过网上交易平台完成采购交易，采购方在网上发布需求信息、招标公告，吸引符合条件的供应商；供应商在网上发布产品或服务信息，寻找有需求的采购商。因此网络交易平台具有公开性的特点，平台信息不设限制，只要登录网站，或者进行注册即可看到相关信息。

（3）交易对手的广泛性

承载电子商务采购活动的网络交易平台往往包含众多的供应商和采购商，供需交易双方的选择具有广泛性。供应商可以面向所有的采购商发布商品或服务信息，寻求有意向的采购商，再进行进一步的商议洽谈；采购商可以从所有的供应商中筛选出与自己需求相匹配的产品供应者，进行产品订购，供需双方都有众多可选择的交易对象。

（4）交易活动的交互性

商务活动具有互动性。电子商务采购活动是在采购方、供应方、第三方交易平台、物流提供者等相关参与者的相互沟通协调下完成的。电子商务网上交易平台为采购方和供应方搭建了信息交流平台。在采购过程中，双方可以通过电话、电子邮件或者在线交流等方式进行沟通，从而更加方便快捷地完成采购活动。

（5）低成本

网上信息发布及网络采购交易过程的无纸化、信息化、自动化使电子商务采购流程得以简化，可以节省大量的人工业务环节，人力成本和工作量大幅减少，降低了采购费用支出。同时，信息传递速度的加快，促使交易时间大大缩短，有效节省了时间成本。

（6）高速高效

电子商务采购依托网络平台进行采购交易，互联网所拥有的高速信息传播能力，以及交易过程的信息化、电子化，使采购流程不断简化，采购时间显著减少，降低了采购成本，提高了采购交易的完成速度，采购效率大大提升。

3. 电子商务采购的优势

（1）它能够使企业通过网络寻找到合格的供货商和物品。

（2）它能随时了解市场行情和库存情况，编制销售计划，在线采购所需的物品。

（3）它对采购订单和采购的物品进行在途管理、台账管理和库存管理，实现采购的自动统计分析。

（4）它为采购提供了一个全天候、全透明、超时空的采购环境，即 365 天 ×24 小时的采购环境。

（5）该方式方便、快捷，而且交易成本低，信息公开透明。因此，对于企业来说，电子商务采购是企业战略管理的一种创新；对于政府来说，电子商务采购是政府遏制腐败的一项有效途径。

B2B 电子商务采购与传统采购的比较见表 4–1。

表 4–1　B2B 电子商务采购与传统采购的比较

主要方面	主要区别	主要优势
采购成本	电子商务采购可以减少一定的中间成本和人为差错，并可简化订货过程	电子商务采购通过信息技术和雇员高效率的工作，使物资采购节约 10% ~ 15% 的成本

（续表）

主要方面	主要区别	主要优势
库存管理	电子商务采购的供应商与采购商之间的信息交流加快，能使采购商在存储、制造和批发环节上降低库存水平	使得总库存成本降低 20% ~ 25%，为企业带来更高的利润率
生产周期	电子商务采购的供应商与采购商之间通过共享一些数据信息和关键技术，缩短产品的开发和生产周期	使得交货时间缩短 20% ~ 25%，有利于增强企业的市场竞争力

案 例

不知从什么时候开始，手机里的微信和微信群，已经成为国内各种创业公司和个人争相抢占的“掘金地”。

张薇每天都会在自己维护的两个微信群里发出一张张精致的图片，如海南的车厘子、阿克苏的苹果、韩国的化妆品，以及澳大利亚的奶粉。这些产品都来自背后一个叫云店（化名）的社交电子商务公司，由该公司统一提供发货、物流和售后。张薇每天只负责和用户分享、互动，并收集需求。

最开始的时候，她自己建了个微信群，群里主要是和自己一样的家庭主妇和社区邻居，本来用于交流育儿母婴等经验。有一次，她发了几张图片到群里——来自湖北老家没打农药的鲜桃。没想到这一发，群里邻居们讨论得很热烈，纷纷在微信群发红包预定。此后，她经常会把自己体验后觉得不错的好货在群里或者微信朋友圈分享，甚至还会主动找一些其他家乡特产来分享。

你可能会被微信好友或邻居，甚至经营着社区小卖部的老板拉进一个微信群。如果这是一个产地水果拼团微信群，那么在群里就可以看到有人对当季新鲜上市的水果进行讨论，还有可能会看到一张张原产地图片。如果想购买，可以直接点进微信群里的链接，用微信支付直接付款，第二天就可以在自家小区楼下的水果店或者便利店自提。

相比于传统的电子商务和大型商场超市，社交电子商务的参与者往往寄居于微信群、朋友圈，通过微信熟人关系链，在微信这个平台上快速建立起用户。一些拼团微信群，甚至依托一个个本地社区水果店来建立起用户，建群卖货。

这样的购物场景和零售模式，看起来很简单。而就是这样的模式，却造就了越来越多的创业公司和社区居民关注并加入。

三、电子商务采购的模式

1. 个人消费者电子商务采购模式

随着电子商务的普及，越来越多的个人消费者选择网络采购物品，以满足日常生活需求。个人消费者借助移动互联网络进行的电子商务采购具有单次订购量小、订购次数多、成交金额小等特点，采购模式主要有登录平台网站（App）采购模式和微信采购模式。

（1）登录 App 采购模式

登录 App 采购模式是指个人消费者采购物品时通过计算机登录平台网站或通过手机终端登录 App 进行商品的采购。这里的平台网站包括销售企业的自营网站，如海尔的官网、华为手机官网等网站，也包括第三方平台网站，如淘宝网、天猫、美团网等网站，如图 4–1 和 4–2 所示。个人消费者根据自身需要，登录网站搜寻所需商品，通过自主下单、在线支付完成商品的采购。

图 4–1　淘宝 App 商品详情页

图 4–2　美团 App 商品详情页

平台网站或者手机端的 App，大多是较为正规的 B2C、C2C 电子商务企业，经营范围广泛、产品丰富、质量信誉有保障，产生纠纷时，个人消费者权益能够得到保障，是较为主流的个人消费者采购模式。

（2）微信采购模式

微信采购模式是近几年兴起的一种采购模式，比较常见的有微信好友一对一购物模式和微信群团购模式。微信好友一对一购物模式是指个人消费者通过微信好友的商品信息描述及图片、视频展示，从而选择需购买的商品，将所需商品信息及购物款发送给微信好友，由微信好友将订单信息传递给供应商或直接将已有库存储备的商品提供给个人消费者的一种购物模式。微信群团购是指个人消费者根据群内拼团信息，选择需要的商品，跟单并在线支付商品款项给群主，再由群主将订单信息传递至供应商或背后电子商务平台的一种购物模式。

微信采购基于网络社交圈熟人之间的信任关系，操作方便，可以为消费者节省大量的时间成本。但是大多消费者对所购物品的来源渠道不清楚，需要维权的时候，往往遭遇申诉渠道不畅通、退换货机制不完善等境况，权益难以得到保障。

2. 单位采购方电子商务采购模式

单位采购方是相对于个人消费者而言的机关、团体、法人、企业等非自然人实体及其下属部门。单位采购方为满足单位的生产、经营、内部运转等各种需求，对各类物资进行采购。采购商品质量的优劣和采购效率对单位采购方的运营成本起着决定性作用。随着互联网技术的发展，电子商务采购的重要性日益凸显，越来越多的企业、事业单位及政府机关加入电子商务采购的浪潮中，成为电子商务市场上的主力，在电子商务市场交易份额中占据着绝对优势。与个人消费者相比，单位电子商务采购具有单次订购批量大、订购交易金额大、订购次数相对较少等特点。主要采用的采购模式有自建采购网站模式、采购联盟网站模式、中介采购网站模式。

（1）自建采购网站模式

采购方自建采购网站模式是指采购方通过内部网站或建立以自身为主的电子商务交易网站进行采购交易。当有采购需求时，采购方通过内部网站或者自建的交易网站发布采购需求信息，进行公开招标，供应商登录采购方的网站进行产品展示、资料申报、在线洽谈等活动。在这种模式中，网站连接单一的需求方与众多有资质的供应商，要求采购方有雄厚的资金实力且业务规模较大，能够吸引众多供应商前来竞标。图 4–3 为采购方自建采购网站模式。

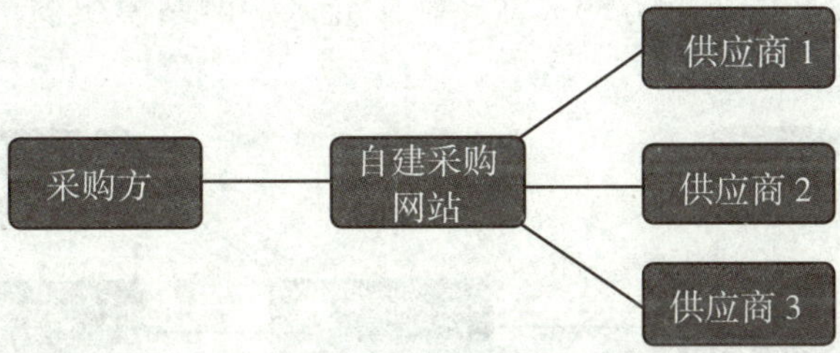

图 4–3　采购方自建采购网站模式

海尔是采购方自建采购网站模式的典型代表。自 2000 年起，海尔就开始通过自建网站对大量的设备、产品零部件进行电子采购，并对企业管理进行流程改造，将海尔的电子商务平台扩展到包含客户和供应商在内的整个供应链管理。

采购方自建网站采购的优势：单位可以与供应商建立直接的联系，供应商集中于单位需求提供产品或服务信息，双方可以就合作进行深层次的洽谈，有利于建立起稳定的合作伙伴关系；同时，单一采购方对应众多供应商，有利于提高采购方的议价能力，从而降低采购成本。

采购方自建网站采购的劣势：维护和管理网站的成本较高，单位可能没有足够的资金实力和技术支持来完善内部网站或自建交易网站。

（2）采购联盟网站模式

采购联盟网站模式是指众多有共同需求的采购方结成联盟，由一方建立多方加盟或几方共同出资建立联盟网站，采购方在联盟网站上发布需求信息，供应商登录联盟网站根据需求信息与采购方进行洽谈。采购联盟一般集中于同一行业领域内，聚集众多企业，将分散的采购信息集中到一起，以达到一定数量的总需求，从而吸引更多的供应商参与。在这种模式中，网站连接采购联盟需求方与众多供应商，如图 4–4 所示。

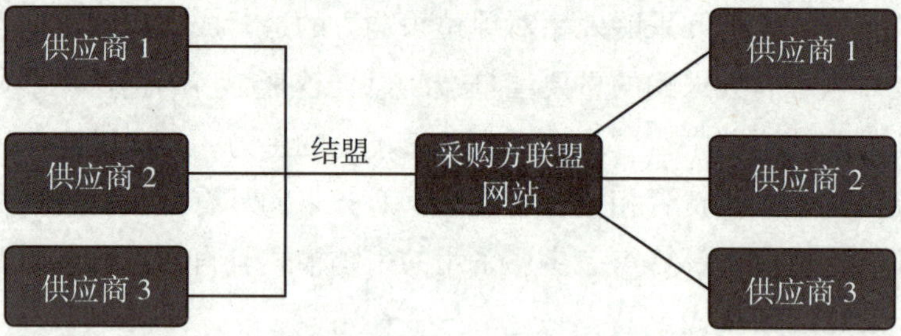

图 4–4　采购方联盟网站模式

（3）中介采购网站模式

中介采购网站模式是指由独立的第三方建立采购网站，为需求方和供应商提供信息发布、产品展示、沟通洽谈、议价竞价、合同管理，甚至在线支付、物流服务等增值性、多样化的服务。一般采用会员制，登录平台的采购方和供应商均需进行会员注册与资质认证。中介采购网站是连接采购方和供应商的桥梁，一方面采购平台要聚集足够多的采购方发布需求信息来吸引供应商；另一方面又要吸引足够多的供应商发布各具特色、种类繁多的产品或服务信息来吸引更多的采购方的关注。在中介采购网站模式下，网站连接的是众多的采购方和供应商，如图 4–5 所示。

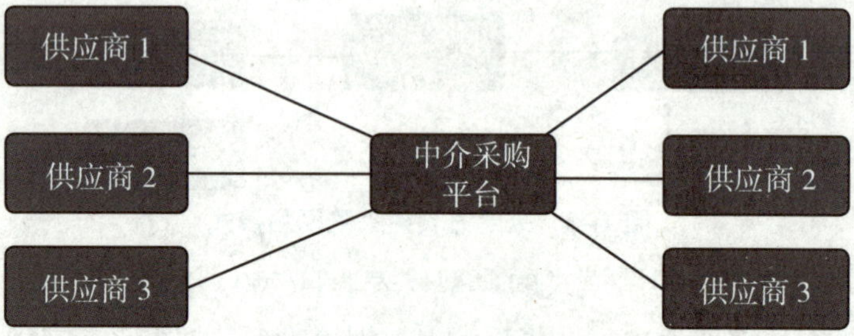

图 4–5　中介采购网站模式

阿里巴巴 1688 网站是典型的中介采购网站，为阿里巴巴集团旗下品牌网站，致力于为千万中小企业服务，做全球领先的采购批发平台。网站通过专业化的运营，聚集广大用户，为各行各业的采购方与供应商提供信息发布平台、交易场所、支付结算、物流等一系列服务，如图 4–6 所示。

图 4-6 阿里巴巴 1688 网站页面信息

案 例

2021 年 5 月 13 日，阿里巴巴集团公布截至 2021 年 3 月 31 日止季度及 2021 财年业绩。本财年内，阿里巴巴集团生态体系合计服务全球超 10 亿年度活跃消费者，商品交易额（GMV）达 8.119 万亿元（1.239 万亿美元）。

截至 2021 年 3 月 31 日止的 12 个月内，阿里巴巴集团中国零售市场年度活跃消费者达 8.11 亿；2021 年 3 月，移动月活跃用户达 9.25 亿；同年内，约 70% 的新增年活跃消费者来自欠发达地区。平台的商品和服务供给不断扩大，数字生活从城市进一步延展到小镇和乡村。与上一财年 7.053 万亿元的 GMV 相比，阿里巴巴集团 2021 财年的 GMV 增长了 1.066 万亿元。这既是消费增量，也是中小企业创造的生意增量。

在这不寻常的一年里，淘宝小店、零售品牌、餐饮店、超市、外贸工厂迎难而上。这个过程中，数字化成了生意复苏和增长的新选择，而平台提供的销售、营销、履约、技术、组织协同等能力，成为商家和生态合作伙伴进行数字化经营的重要组件。例如，除了人们熟悉的各类生活消费品，春耕生产期间，经营农资的淘宝商家，把种苗、化肥、农用机械、大棚农膜等卖往全国的乡村市场，还有人通过直播、问答和买家秀互动科普农业知识。

在截至 2021 年 3 月 31 日的季度内，阿里巴巴集团中国零售市场整体线上实物 GMV 同比增长 33%；随着中小企业从疫情影响中恢复，淘宝线上实物 GMV（剔除未支付订单）同比增长提速。商家通过淘宝直播、短视频、图文和互动游戏等与消费者互动，其中，淘宝直播 2021 财年 GMV 超过 5 000 亿元。线下的餐饮、零售企业也积极开拓数字化经营的新阵地。

财报显示，截至 2021 年 3 月 31 日，除了高鑫零售，42 家零售连锁店利用淘鲜达拓展线上服务，覆盖了中国 145 个城市的用户，超 168 家零售连锁店、超市和市场也通过淘鲜达进行数字化营销。饿了么着力提升运营效率，商家数量逐渐增加。依托数字化的商业平台、云计算和物流骨干网络，跨境贸易逆势增长。

在全球速卖通和天猫国际经营的商家利用菜鸟的服务提升履约时效，节省物流成本。2021 年 3 月，菜鸟全球包裹网络的日均包裹量超 500 万件。

2022 财年，阿里巴巴集团将把所有增量利润及额外资本用于支持平台商家、投资新业务和关键战略领域。

中介采购网站的优势：能够提供专业化的服务，实力较强的中介采购网站能够提供在线支付、物流服务等增值服务，大大简化了采购流程，节省了采购方和供应商的人力、物力等方面的支出；网站聚集了众多的采购方和供应商，交易双方都有了更大的可选择范围；平台更具公开性，价格等方面的竞争更具透明性，减少了暗箱操作的可能。

中介采购网站的劣势：对平台有很高的要求，一是平台要有足够的信誉和实力吸引众多的采购方与供应商；二是平台的信息要实时更新，对数据管理方面要求较高。

第二节　电子商务采购方式

一、联合采购

1. 联合采购的含义

联合采购又称共同采购，是由一组独立的零售商汇聚在一起向供应商大批量地采购相同的商品，目的是可以获得数量折扣。它是多个企业之间的联盟采购行为，是集中采购在外延上的进一步拓展。集中采购是企业或集团企业内部的集中化采购管理。

2. 联合采购产生的原因

现代企业在进行竞争时，考虑在客户身上赚取应得的利益，已经不是件容易的事。提高产品的质量及加强服务的力度，以获得微薄的利润，为保住企业的生命而忙忙碌碌终将不是长久之计。如果从企业外部来分析我国企业的现行采购机制，其外部特征是各企业的采购基本上仍是各自为战，各企业之间缺乏在采购及相关环节的联合与沟通，重复采购、采购效率低下等现象突出，很难实现经济有效的采购目标，由此导致的主要问题有以下几方面。

（1）多头对外，分散采购。对于通用和相似商品无法统一归口与合并采购，无法获得大批量采购带来的价格优惠，使各企业的采购成本居高不下。采购管理政策完全由企业自行制定，其依据为企业自身的采购需求和采购环境条件，与其他企业基本没有横向的联系，不了解其他企业的采购状况和需求。

（2）各企业自备库存，又缺乏企业间的库存资源、信息交流和统一协调，使通用材料的储备重复，造成各企业的库存量增大，沉淀和积压的物资日益增多。

（3）采购环节的质量控制和技术管理工作重复进行，管理费用居高不下。以转包生产行业为例，各企业在质量保证系统的建立和控制、供应商审核和管理、器材技术标准和验收规范等各类相关文件的编制与管理上未实现一致化及标准化。

（4）采购应变能力差。由于市场原料、生产厂家、运输等原因造成的商品供应不足不可避免，采购周期比较长，紧急需求难以满足。

3. 联合采购的意义

（1）联合采购，降低价格

联合采购的优势是将中小企业的商品采购汇总起来，形成强大的集团采购，如同批发和零售的价格差距一样，采购的单价与采购的数量成反比，即采购的数量越大，采购的价格越低，从而具备和厂家谈判的资格。企业间联合采购，合并采购数量，通过统一采购使采购单价大幅度降低，使各企业的采购成本降低。

（2）联合运输，降低运费

商品的单位质量运费率与单次运输总量成反比，特别是在国际运输中更为明显。企业在运输环节的联合，可通过合并小质量的货物运输，使单次运量加大，从而可以较低的运费率计费，减少运输费用支出。

（3）联合资源，库存共享

通过实施各企业库存资源的共享和统一调拨，大幅度减少备用商品的积压和资金占用，提高各企业的紧急需求满足率，减少因商品供应短缺造成的生产停顿损失。

（4）透明报价，堵住漏洞

联合采购提倡透明、公开的报价，实现供需双方最直接的沟通。联盟将每件产品的价格公开，公司管理者可以监督，采购人员可以监督，甚至公司的每个员工也可以监督，阳光地采购，杜绝“回扣”。

（5）共建平台，管理服务

联盟的最终目标是通过建立每个企业的信息平台，最终实现联盟内每个采购企业与供应商的直接对话。联盟的优势就是规模上的优势，上万家中小企业的采购量足以建立一支规范、专业的服务队伍。这支队伍只为联盟的会员单位服务，因此可以更专业、更快捷。

4. 联合采购模式

（1）“联席会议”式

“联席会议”式是当多家企业遇到重大的采购行动时，各方代表坐下来集体协商，签订一个多方协议，又称战略联盟式。多家企业出于对整个世界市场的预期目标和企业自身总体经营目标的考虑，采取的一种长期联合与合作的采购方式。这种联合是自发的、非强制性的，联合各方仍保持各个公司采购的独立性和自主权，彼此依靠相互间达成的协议及经济利益的考虑联结成松散的整体。国际上一些跨国公司为充分利用规模效益，降低采购成本，提高企业的经济效益，正在向采购战略联盟发展。

（2）股份公司制

各零售商出资成立采购股份公司，负责会员的采购工作。例如，2003 年由湖南步步高、山东家家悦、广西佳用、宁波三江 4 家区域性连锁超市共同投资组建的上海家联联盈采购有限公司。

（3）报账式

报账式是各零售商将要采购的单子“凑份子”，可多可少，能合并“同类项”的就合并，不能合并的就各自为政。

二、电子招标采购

1. 招标采购的含义

所谓标，就是标书，是任务计划书、任务目标的意思。招标采购，是通过在一定范围内公开购买信息，说明拟采购物品或项目的交易条件，邀请供应商或承包商在规定的期限内提出报价，经过比较分析后，按既定标准确定最优惠条件的投标人并与其签订采购合同的一种高度组织化采购方式。

电子招标是以数据电文形式完成的招标活动。通俗地说，就是部分或者全部抛弃纸质文件，借助计算机和网络完成招标活动。

2. 招标采购的特点

（1）招标程序的公开性

招标程序的公开性有时也指透明性，是指整个采购程序都在公开的情况下进行。公开发布投标邀请，公开开标，公布中标结果。投标商资格审查标准和最佳投标商评选标准要事先公布，采购法律也要公开。美国采购学者亨瑞芝将招标程序的公开性比喻为“如在金鱼缸中”，人人都可洞察一切。

（2）招标程序的竞争性

招标就是一种引发竞争的采购程序，是竞争的一种具体方式。招标的竞争性充分体现了现代竞争的平等、信誉、正当和合法等基本原则。招标作为一种规范的、有约束的竞争，有一套严格的程序和实施方法。政府采购机关通过招标程序，可以最大限度地吸引和扩大投标人的竞争，从而使招标方有可能以更低的价格采购到所需的物资或服务，更充分地获得市场利益，有利于政府采购经济效益目标的实现。

（3）招标程序的公平性

所有感兴趣的供应商、承包商和服务提供者都可以进行投标，并且地位一律平等，不允许对任何投标商有歧视；评选中标商应按事先公布的标准进行；投标是一次性的，并且不准同投标商进行谈判。所有这些措施既保证了招标程序的完整，又可以吸引优秀的供应商来竞争投标。

（4）招标程序的公正性

在对所有表述进行审查和评比的过程中，保持统一的评判标准。不带任何的偏袒、任何的遮掩，保持整个采购程序在具体操作时都是公开进行的，非常透明，并最终确保和维护供应商和采购实体双方的利益。

3. 招标采购的方式

（1）公开招标

公开招标又称竞争性招标，由招标人在报纸杂志、电子网络或其他媒体上发布招标公告，吸引众多企业参加投标竞争，招标人从中择优选择中标单位的招标方式。公开招标是一种主要的采购方式，也是一种无限制的竞争方式，优点在于投标不受地域限制，招标人有较大的选择余地，可在众多的投标人中选定报价合理、信誉良好的供应商，有助于打破垄断，实行公平竞争；其缺点在于招标周期长，工作复杂，投入资金太多。公开招标方式又可分为国际竞争性招标和国内竞争性招标。

（2）邀请招标

邀请招标又称有限竞争性招标或选择性招标。由招标单位选择一定数目的企业，向其发出投标邀请书，邀请他们参加招标竞争。一般选择 3 ~ 10 家企业参加较为适宜，当然也要视具体招标项目的规模大小而定。由于被邀请参加的投标竞争者有限，不仅可以节约招标费用，而且提高了每个投标者的中标机会。然而，由于邀请招标限制了充分的竞争，因此招投标法规一般都规定招标人应尽量采用公开招标方式。

4. 招标采购工作流程

（1）策划

①组建项目招标委员会。招标委员会由采购主管部门组织，聘请工程、商务、外汇、法律等各有关方面的专家组成，负责解释项目招标中遇到的各种问题，并指导招标工作。

②制作招标采购文件。招标采购文件主要有招标通告、投标人须知、合同条款、技术规格、投标书的编制要求、投标保证金等。

③制定标底。招标委员会应通过项目预算，确定合同的价格水平，也称“标底”，是招标委员会掌握的底牌，是绝对保密的。

④确定招标方式。采购方与招标代理机构办理委托手续，确定招标方式。招标方式分为公开招标、邀请招标、议标三种。

⑤投标人资格审查。作为招标人的连锁企业可以根据招标项目本身的要求，在招标公告或者投标邀请书中，要求潜在投标人提供有关资质证明文件和业绩情况，对于愿意承担招标项目的投标人进行财务状况、技术能力、资信等方面的预先审查，目的是选择确有能力的投标人。

（2）招标

在招标方案得到公司的同意和支持以后，就要进入实际操作阶段。招标的第一个阶段就是招标阶段。招标阶段的工作主要包括以下几个方面。

①形成招标书。招标书是招标活动的核心文件，要认真起草招标内容。

②对招标书的标底进行仔细研究确定。有些要召开专家会议，甚至邀请一些咨询公司代理。

③招标书发送。要采用适当的方式，将招标书传送到所希望的投标人手中。例如，对于公开招标，可以在媒体上发布；对于选择性招标，可以用挂号或特快专递直接送交到所选择的投标人。有些标书规定是要交一定的保证金，那么这些则要交钱以后才能得到招标书。出售招标文件对潜在投标人进行资格审查。

（3）投标

投标，是指投标人应招标人的邀请或投标人满足招标人最低资质要求而主动申请，按照招标的要求和条件，在规定的时间内向招标人递价，争取中标的行为。投标人在收到招标书以后，如果愿意投标，就要进入投标程序。

投标书、投标报价需要特别认真地研究，仔细地论证完成。这些内容是要和许多供应商竞争评比的，既要先进，又要合理，还要有利可图。

（4）开标

开标，是指招标委员会依据招标公告或邀请函中规定的时间、地点，将截止日期前收到的全部投标文件，在所有投标人或代表在场的情况下，当场开封、当众宣读供应商名称、有无撤标情况、提交投标保证金的方式是否符合要求（在有保证金的前提下）、投标项目的主要内容、投标价格及其他有价值的内容。

（5）评标

评标，是指开封后，投标人可以当着全体评标小组陈述自己的投标书并接受全体评委的质询，甚至参加投标辩论。

招标委员会将投标文件的标价以及其他条件汇总，选取其中报价最低的四、五份投标文件，进行深度审查、鉴别、比较，直至决定中标单位。这一阶段，是在秘密条件下进行的。

（6）决标

决标是以评标报告及其推荐意见为依据，由招标委员会决定中标人，同时向中标人发出中标通知书的环节，对未中标的人一般可不通知，或明确通知，并表示感谢。

（7）签订合同

签订合同是中标人在接到正式的“中标通知书”后，即应在规定的时间内与采购方签订承包合同。合同先由一方起草，并在草稿的基础上进行磋商，达成一致意见后签署正式合同。

三、供应链采购

1. 供应链采购的含义

20 世纪 90 年代后期，人们发现，仅抓好各个企业自身的优化还不够，因为在经济越来越市场化、全球化、一体化，各个企业是互相联系、互相依靠的。供应链是围绕核心企业。通过对信息流、物流、资金流的控制，从采购原材料开始，制成中间产品以及最终产品。最后由销售网络把产品送到消费者手中的，将供应商、制造商、分销商、零售商直到最终用户连成一个整体的功能网链结构模式。

供应链采购的目标是将客户所需的正确的产品在正确的时间，以正确的数量、正确的质量、正确的状态和正确的价格送到正确的地点，实现总成本最小。

在供应链采购中，供应链各节点企业之间的采购，在供应链机制下，不再由采购者操作，而改由供应商进行操作。采购者只需要把自己的需求规律信息即库存信息向供应商连续及时地传递，供应商即可根据自己产品的消耗情况不断及时地连续地小批量补充库存，保证采购者既满足需要又使总库存量最小。供应链采购对信息系统、供应商操作的要求都比较高。

2. 供应链采购的特点

（1）从库存采购到订单采购的转变

在传统采购模式中，采购的目的就是为了补充库存，即为库存而采购，采购过程缺乏主动性，采购计划较难适应需求的变化。在供应链管理模式下，采购活动紧紧围绕用户需求而发出订单，因而不仅可及时满足用户需求，而且还可以减少采购费用，降低采购成本。

（2）从内部资源管理向外部资源管理转变

在传统的采购模式中，采购管理注重对内部资源的管理，追求采购流程的优化、采购环节的监控和与供应商的谈判技巧，缺乏与供应商之间的合作。在供应链管理模式下，转向对外部资源及对供应商和市场的管理，增加了与供应商的信息沟通和市场分析，加强了与供应商在产品设计、产品质量控制等方面的合作，实现了超前控制、供需双方合作双赢的局面。

（3）从一般买卖关系向战略协作伙伴关系的转变

在传统的采购模式中，与供应商的关系是一般短期买卖关系，采购理念停留在压榨供应商、频繁更换供应商上，无法共享各种信息。在供应链模式下，与供应商建立长期合作伙伴关系甚至战略协作伙伴关系，共享库存和需求信息，共同抵御市场风险，共同研究制定降低成本的策略，把相互合作和双赢关系提高到全局性、战略性的高度。

四、集中采购

1. 集中采购的概念

集中采购是同一企业内部、同一企业集团内部或连锁企业在企业核心管理层建立采购机构，集中采购数量，统一组织所需物品的采购，形成规模效应，得到供应商的最大数量折扣，从而降低采购成本。

2. 集中采购的优点

（1）有利于采购资源整合

在管理体制保证的前提下，通过集中采购，公司总部将分散在各分公司的采购资源加以整合，可以使采购规模增大，吸引更多的供应商加入公司的队伍。集中采购为资源整合提供了便利、提供了舞台。资源整合不是采购数量的简单加总，而是从战略上或更高的层面上调整供应商结构，谋求从更广泛的市场范围内调控资源渠道，提高资源的保障度，利于总公司对采购活动进行有效的控制，在物料紧缺时，企业内可以相互调拨。

（2）有利于供应链管理

供应链是上、下游企业之间一种基于协作协调、良性互动的经营战略，它以彼此的主要产品为纽带，把跨企业的业务运作联合起来，以共同降低经营成本、经营风险，提高竞争力。采购管理是供应链管理的关键环节，集中采购又使供应链管理在更广、更大、更深的空间内实施。通过集中采购产生的跨地区、跨行业之间的合作以及产品互供更加频繁和易于达成，供应链更加顺畅、更加高效。

（3）有利于物流优化

物流是指物品从供应地向接收地的实体流动，是根据实际需要，将运输、储存、装卸、搬运、包装、流通加工、配送、信息处理等功能进行有机结合。物流服务能将传统的仓储、运输、装卸、包装等物流活动信息化、系统化、专业化，克服一体化供应链存在的效益背反思想，赋之以新的增值服务内容，实现在较大范围内降低产品在流通领域的整体成本，以达到满足客户需求、优化资源配置的目的。集中采购的推行，使得采购资源得到了调配统一、分拨有序，货物的流向与流量得到了有效控制，方便了企业组织生产，实现了物流优化。

（4）有利于降低交易费用和节约采购成本

集中采购的一个特点是把大量分散的重复劳动集中在一起，通过向供应商询价、供应商报价、汇总，对供应商提供商品的质量、价格、服务、保障度、美誉度、应对突发事件的能力等方面做出评估，结合总部和各分公司所做的市场调研，做出季度采购草案，提交集中采购领导小组讨论通过，整个过程主要依靠电话和传真交流沟通，日程安排紧凑，占用时间较短，能够大大降低交易费用。由于集中采购遵循了市场经济的规律，具有招标采购的部分特点。一方面，能够在供应商之间挑起“背靠背”竞价，各供应商为了达到其竞争目标，存在竞相以优惠的价格出卖产品的客观事实；另一方面，由于集中采购的规则由买方制定，买方可以更加方便地采用有利于己方的方案确定交易，实现最佳资源配置的目标，从而大大节约采购费用。

（5）有利于规范采购行为，提高采购过程的透明度

集中采购从制度上解决了计划权、采购权、使用权的三权分离问题，健全了规章制度，明确了各部门的分工，合理解决了部门之间的接口，规范了采购行为；采购的全过程分别

由不同部门协作完成，分别接受法律事务、质量检查、财务、纪检等部门的监督和检查，提高了采购过程的透明度，能够有效地防止腐败滋生。

五、全球采购

1. 全球采购的概念

全球采购又称国外采购、国际采购，主要是指国内采购企业直接向国外厂商采购所需要物资的一种行为。全球采购是利用全球的资源，基于电子商务交易平台，整合互联网技术与传统工业资源，在全世界范围内寻找供应商和质量最好、价格合理的产品。全球采购在地理位置上更加拓展了采购的范围，也是大型企业全球化战略的必然趋势。

2. 全球化采购的优点

（1）全球化采购可以扩大供应商价格比较范围，提高采购效率，降低采购成本

通过全球化采购，在全球范围内对有兴趣交易的供应商进行比较，可以降低价格以获得更好的产品和服务。由于地理位置、自然环境以及经济差异，各个国家和地区的资源优势是不同的，全球化采购突破了传统采购模式的局限，从货比三家到货比百家、千家，有助于企业大幅度降低采购费用、降低采购成本，大大提高采购工作效率。

（2）全球化采购可以利用汇率变动进一步降低商品的采购成本

在签订国际快递间商品买卖合同时，应考虑到汇率变动对购买成本的影响。因为贸易合同从签订到实施有一定的时间间隔，而汇率又是在不断变化的，因此在选择以何种货币作为支付工具时，应考虑在该时段内金融市场汇率的变动趋势，以便从中获得收益。

（3）全球化采购可以实现生产企业从库存采购到订单采购

在全球电子商务模式下，采购互动是以订单驱动方式进行的。制造订单是在用户需求订单的驱动下产生，然后制造订单驱动采购订单，采购订单再驱动供应商。这种准时化的订单驱动模式可以准时响应用户需求，从而降低库存成本，提高速度和库存周转率。

（4）全球化采购可以实现采购管理向外部资源管理的转变

由于全球化采购下供需双方建立起了一种长期的、互利的合作关系，所以采购方可以及时把质量、服务、交易期的信息传送给对方，使供方严格按要求来提高产品质量与服务，并根据生产需求协调供应商计划，实现准时化采购。特别是采用电子商务采购，为采购提供了全天候超时空的采购环境，降低了采购费用，简化了采购过程，大大降低了企业的库存，使采购交易双方形成战略伙伴的关系。

（5）全球化采购可以实现采购过程的公开化和程序化

通过全球化采购可以实现采购业务操作程序化，有利于进一步公开采购过程，实现实时监控，使采购更透明、更规范。企业在进行全球化采购时，必须按软件规定流程进行，大大减少了采购过程的随意性。通过全球化采购还可以促进采购管理定量化、科学化，实现信息化的大容量与快速传递，为决策提供更多、更准确、更及时的信息，使得决策依据

更充分。

六、智慧采购

采购行业变革历经了线下传统采购、线上采购、电子商务化采购的商业模式，迎来了智慧采购的全新模式。

1. 智慧采购兴起的背景

智慧采购兴起有以下几个因素。一是经济增速放缓，企业间竞争加剧，成本控制必不可少；二是人口红利消失，劳动力越来越贵，直接提高了企业用工成本，又转嫁到各行各业，导致企业上游合作成本提升，企业要么话语权强行转嫁给下游，要么以效率提升来化解难题。正是在这样的背景下，企业服务市场兴起，而采购作为企业的成本中心，越来越受到重视，由此产生了企业级电子商务的需求，它是面向企业采购人员提供的电子商务服务平台；三是随着物联网、云计算、大数据、人工智能等技术的发展，先使得消费互联网变得更智慧化，再传递到企业互联网市场。新技术让“按需采购”成为可能，智能化仓库管理让履约效率提升，种种变革带来的“智慧采购”形式，让企业采购更人性化、更有温度，服务体验也更好了。

2. 智慧采购的概念

智慧采购是基于互联网电子商务平台系统内已有的订单，将订单按照不同的供应链自动生成采购订单。相对于手动新增采购订单，智慧采购可解决的业务问题包括：确定哪些商品该下订单，采购量如何确定；利用现有数据，如库存量、订单量、历史销量等数据来科学进行订货；减少人为订货带来的一系列效率问题。

智慧采购让下游客户的订单一键转化为上游供应商手里的采购订单，简化了采购链条上的环节，拉近了供需双方的距离。不仅节约时间和资源，更重要的是给采购提供了人为操作所不具备的技术和数据支撑，让科学采购变成现实，让采购变得智能，让采购更懂市场。

智慧采购使企业供应链业务内容包括线上线下全渠道需求预测、销售计划、库存优化、全渠道流量计划、仓配网络计划等关键节点，业务领域全面覆盖，采购平台从消费分析、供应商选择、补货到货物调拨、仓储配送等各个环节，以科技变革驱动行业变革，为智慧采购的战略布局奠定了坚实的基础。通过对跨领域数据和算法的融合，产生了乘法效应，为各采购业务流程提供了全方位智能解决方案，实现商业价值最大化。

3. 智慧采购的特征

（1）连接

智慧采购连接的是电子商务资源，通过连接电子商务资源实现以下价值。

①对标准化物资实现目录化管理和超市化采购，通过超市化采购简化相关的采购流程，减少甚至消除相关的事务性工作；通过目录化采购实现非生产性物资的规范化、集约化采购。

②在寻源过程中，通过连接微盟等大型撮合交易平台，可快速发现大量新供应商，提高寻源的效率和质量，优化企业供应商的结构。

（2）融合

智慧采购将优秀互联网服务融合在采购云平台上，通过融合为企业提效赋能。例如，智慧采购服务可以融合同行业内其他 App 价格行情，实现商品招标、评标过程中价格规则的自动化处理，实现商品到货时基于当日最新现货价确定结算价的自动化处理。通过融合，充分利用高质量的互联网资源，为供需双方节约大量的劳动力与时间成本。

（3）联想

联想具体体现为智慧采购过程中的各种自动推荐，其背后是基于大数据的感知和推荐技术。例如，在招标邀请供应商时，向买家推荐优质供应商，展现供应商的业绩及历史上的不良行为；在发布公开招标公告时，将采购公告作为商机推荐给合适的供应商；在发布定标时，方便查看供应商全方位的表现；搜索商品时，向买家推荐优质商品，买家也可以看到同行更多人的选择。以“品类经理”的视角向买家提供各采购品类的内外部洞察；智慧采购基于大数据的感知和推荐技术而提供的联想特性，能为采购工作主动赋能。

（4）自动

为采购需求自动分配采购员；为采购需求自动匹配框架协议，实现协议直采；通过评标模板和规则实现自动评标、自动定标；通过价格规则实现自动比价，自动推荐入围供应商；基于自动化的标签技术实现对供应商的邀请选择自动化；采购自动化程度越高，采购违规的风险就越低，甚至不存在。

（5）判断与决定

自动只是一种行为，自动行为的背后是判断与决定，借助人工智能技术、机器学习技术、自动化的标签技术。实现智慧采购的判断与决定发挥作用有基于场景的供应商的入围或筛选；采购合规控制；供应商评价和绩效等。

（6）数据洞察

智慧采购是数据驱动的采购，平台通过强大的数据计算和分析能力，引领企业从传统的流程建设型向数据洞察型转变。洞察特性对于智慧采购而言是金字塔之巅，洞察特性依赖于“连接”“融合”“联想”“自动”“判断与决定”的支撑。智慧采购使采购更具前瞻性、可预见性，如通过大宗物资的采购价格数量、在库情况、现期货价格波动情况，洞察大宗物资潜在的机会与风险；融合第三方征信平台 + 自有采购行为数据，洞察供应商的潜在风险。此外，智慧采购还通过“采购驾驶舱”向高层管理者提供采购业务推进、采购节约、采购合规、采购效率、供应商动态等方面的全面洞察，使得采购工作从传统的流程管控向数据洞察转变。

4. 智慧采购应用

（1）基于场景化的一站式采购

企业采购需求复杂，简单的商品呈现、展示、搜索很难满足需求。因此，依托大数据管理平台将企业采购需求进行收集，并对千万级的 SKU 商品进行场景化分类，满足个人生活消费、企业生产、企业办公、员工福利、营销礼品等多场景的一站式采购需求，降低了采购的选品难度，并整合了金融、云服务等领域的资源，提升采购的体验。

（2）以科技智能化实现智慧采购，提升供需两端的体验

对需求方而言，智能化的技术可以精准的描绘需求画像，识别采购需求，进行商品推荐；对供给方来说，反向驱动供应链管理模式优化，以数据牵引，发展逆向供管，精准匹配供需关系，从而实现按需生产，避免产品滞销。

（3）推动个性化采购，可以让每个用户享受良好的采购体验

过去为了成本和效率，采购容易落入俗套、毫无新意。随着移动电子商务化采购的发展，个性化需求得以满足，通过不同场景的智能化技术支持，市场风向稍有变动就能让买方迅速做出采购反应，在兼顾采购成本、服务效率的同时，也提升了用户体验。

第三节 电子商务采购成本管理

一、电子商务采购成本构成

电子商务采购的成本可以分为订购成本、购置成本、仓储成本、缺货成本、其他管理成本。

1. 订购成本

订购成本是指向供应商发出采购订单或者合约的过程中所产生的一系列费用，主要包括制订采购计划、筛选供应商等办公费用、电话电报费用、邮寄费用等。

2. 购置成本

购置成本是指采购物品所支出的费用，主要包括购货款、运输费用，以及采购货物所需缴纳的手续费、税金等，购置成本公式如下。

购置成本 = 物品单价 × 采购数量 + 运输费用 + 手续费 + 税金

3. 仓储成本

仓储成本是指对采购物品进行储存所产生的费用，主要包括仓库建设费用或者租金、仓库管理人员的工资和福利费用、装卸搬运费用、物品的养护及保管费用等。

4. 缺货成本

缺货成本是机会成本，指因采购物资未能满足用户需求而产生的损失，主要包括因预防产生缺货成本而设置保险存货所产生的成本；为处理缺货问题而产生的额外费用，如临

时采购费用、加急运输费用；因缺货而造成延期交货所产生的成本，如违约金、未能产生的收益；失去客户的机会成本等。

5. 其他管理成本

其他管理成本是指在电子商务采购模式下，对自营或者联盟采购网站进行维护、管理的费用，中介平台网站的会员注册费用，以及在线交易管理过程中产生的各类费用。

二、电子商务采购成本影响因素

1. 采购平台的选择

电子商务采购平台的选择决定着采购方初期投入成本的大小。电子商务采购平台有自建采购平台、联盟采购平台以及第三方采购平台 3 种主要模式。自建采购平台与联盟采购平台需要采购方投入较多的人力、物力、财力等资源，所耗费的成本较大，但相对而言所获取的信息资源也较为集中，在议价方面存在一定的优势。选取第三方采购平台，采购方的投入成本少，但资源相对分散，议价方面也没有突出优势。

因此，采购方应综合考量自身实力，对成本投入和收益进行科学核算，选择适合的采购平台。一般而言，资金实力雄厚、科技投入较多的采购方可以自建采购平台；中小企业宜选择联盟共建采购平台，科技能力不足以支撑平台建设的采购方可以选择第3方采购平台。

2. 供应商的筛选

供应商品质的优劣对采购方购置成本、仓储成本和缺货成本有着直接的影响。供应商的供货质量、供货价格、账期、供货时限、响应时间等变化都会引起采购方成本的波动。选择正确的供应商可以有效降低采购方的采购成本，供应商管理也就显得尤为重要。

采购方要建立动态化的考核评价机制，加强对供应商的管理，充分利用信息技术，建立对供应商的综合评价体系，以科学合理的数据为支撑来筛选合适的供应商，指标设置应综合反映供应商的资质认证、信誉情况、货物质量、供货时限等。同时，应加强对供应商的风险管理，主要包括信用风险、履约风险、交易安全风险等，建立相应的风险应急机制，在发生风险时将损失降到最低。

3. 采购计划的合理性

采购计划是采购活动的开端，采购计划是否科学合理，直接影响着采购成本以及采购活动能否顺利进行。经过充分论证、有科学数据支撑的采购计划能够将库存维持在一个经济合理的水平，使采购方能够在正确的时间采购到正确的物资来开展生产经营活动，从而有效降低成本，同时又能确保收益的最优化。

在电子商务采购模式下，采购方应转变采购理念，借助于信息技术，综合考量物资需求时间、供货时限、库存状况、日常损耗等因素。对所需数据进行动态化跟踪管理，并结合内外部环境因素，如政策环境、经济环境等，制订出科学合理的采购计划，并根据实际情况，适时调整，充分借助电子商务采购的优势，节约采购成本。

三、电子商务采购成本控制策略

可提高采购方议价能力的电子商务采购成本控制策略有以下几种。

1. 集中采购

集中采购主要适用于大型企业或政府部门，由企业总部或政府采购部门统一收集整理具有同类需求的物资采购需求信息，对采购物资进行标准化集中统一采购。集中采购一方面通过聚合需求形成集中的数量优势，从而提升议价能力，减少运输成本；另一方面可以减少重复劳动，节省分散采购所需耗费的大量人力、物力资源；同时大规模的集中采购，有利于建立稳定的供应商合作关系，利于供需双方的深度合作。

案例

2018年2月5日，阳泉煤业有限责任公司（以下简称阳煤集团）联手京东集团搭建"慧采平台"签约仪式在阳泉宾馆举行。这一举措，是阳煤集团公司践行"与能人携手、与巨人同行"合作理念的具体行动，是实施"互联网+"战略的积极探索，也是挖掘物流经济这一"第三利润源"的有效手段。阳煤集团以电子商务形式进行集中采购，在全国煤炭行业尚属首家。

阳煤集团作为世界500强企业之一，近年来，在发展中注重运用现代物联网大数据，尤其在采购和销售两端。据不完全统计，仅该集团原煤生产单位一年的物资采购金额就接近32.5亿元，仅部分单位办公用品类物资采购金额就达2 257万元。这样的采购规模，如果用传统方式，回货周期长、采购流程多，且结算方式复杂；而以电子商务的方式，不仅商品种类丰富、物流快捷，且结算简单，更重要的是可实现直采直送。

为此，阳煤集团决定，携手京东集团搭建"慧采平台"，以物资采购的网络化、电子化和信息化，实现集中采购规模优势向成本管控手段的转化。

京东集团作为中国最大的自营式电子商务企业之一，在电子商务领域具有丰富的产品品种、强大的物流覆盖优势，可实现物资采购的方便快捷、公开透明、直采直送、质优价廉，具有很强的竞争力。

阳煤集团与京东集团的合作，率先在办公用品类物资采购上开展，涉及品种14类，均执行大客户较低实时价，直采直送，提升物资采购水平，提高物资供应效率，降低采购成本，实现合作共赢。

2. 联合采购

联合采购是指汇集同一行业内的相同采购需求，多方联合向供应商采购物资。联合采购汇集了分散的采购需求，集中后的采购数量相对庞大，可以提升采购方的议价能力，获得批量优惠价格，有效降低采购成本。行业内的采购联合，也使各单位间建立起战略合作关系，利于搭建信息、资源共享平台、互惠互利、合作共赢，提高采购效率。

3. 第三方采购

第三方采购是指单位将采购业务外包给第三方专业采购公司，由第三方采购公司代为开展采购活动。第三方采购公司凭借专业化的服务、科学的采购流程，以及对市场的掌握和把控能力，为企业降低采购成本。在电子商务背景下，采购方可以借助专业化的第三方采购平台，通过第三方采购平台所提供的涵盖供应商寻源、企业自有供应商管理、采购全流程管理、采购资金融通、企业内部系统协同管理等方面的一站式专业化服务，提高采购的科学性，有效降低采购成本。

4. 供应链整合

基于采购成本控制的供应链整合，一方面是指采购方与供应商达成战略合作协议，实现上下游供应链的整合，实现信息、资源的共享，以及组织内外相关部门的协调合作，供应商可以参与到采购方的采购计划制订甚至生产计划制订中，双方谋求深度合作，共同进行成本控制；另一方面是指专业化的采购交易平台所进行的整个采购链条中的信息流、资金流、物流的整合，从搭建信息沟通平台、采集需求方与供应商的信息，到采购全流程的跟踪控制、交易过程的在线存储、提供便利的仓储物流服务以及多样化的资金通融、担保等金融服务，实现采购链条内各项资源的整合，致力于从采购流程的各环节降低成本，节约资源。

第四节　智慧采购业务流程与管理

一、智能化分析采购需求，确定采购计划

1. 需求分析的内容

（1）分析商品市场的销售量、潜在需求量，分析企业的市场占有率及变化

例如，网络自动分析市场规模有多大？潜在顾客有多少？客户分布在哪些地区？市场内各顾客群体目前购买各项产品／服务所消费的金额／数量是多少？目前市场的产品趋势是怎样的？现在位于产品生命周期的哪一个发展阶段？

（2）分析消费者的爱好变化，根据消费者需求开发产品，细分并确定新的目标市场

例如，购买产品的是怎样的消费者（主要对象消费群及次要消费群）？不同收入水平消费者的商品需求结构有何不同，都有哪些消费心理的变化？这些顾客聚居在哪里？他们的背景、习惯是什么？哪些因素会影响他们消费的取舍？消费购买的决定，有哪些人参与拿主意？顾客隔多久会再购买？他们到何处购买？有特别的节日或时间吗？他们会花费多少钱呢？这些顾客消费时有何取舍？他们有何需求？顾客对品牌忠心吗？可以建立一批长期忠心顾客群吗？

（3）引起市场商品销售变化的客观因素

例如，市场内正面临哪些演变？包括社会、环保或经济环境方面的演变。这些演变将如何影响营销状况？城乡市场需求变化（特点及其变化规律）有哪些？

（4）竞争对手分析

例如，市场上哪几个企业是主要竞争对手？它们目前占据多少市场份额？这些对手的强弱（如品质、价格、服务水平、结账期、地点、商誉等）分别是什么？当打入市场，他们将如何反应？分析竞争对手的产品或服务，并研判顾客心中将如何拿你的产品/服务和竞争对手做比照，孰优孰劣？在市场竞争的成败中，关键涉及哪些因素？

2. 确定采购计划

采购计划是指根据网络市场要求、移动网络经营企业销售和采购环境容量等数据，确定采购时间、采购数量以及采购作业活动。建立在信息化、数字化、网络化、集成化、智能化、柔性化、敏捷化、可视化、自动化等先进技术基础上进行的特征数据分析，实现采购计划合理设定。

（1）消费导向

智慧采购计划属市场消费导向，企业智慧供应链管理平台的搭建实现消费数据供、产环节实时共享，市场消费导向属性明显。

（2）企业年度生产计划

企业年度生产计划中规定生产什么、生产多少直接影响企业采购物料品种的数量。

（3）库存数量

由于应购数量必须扣除库存数量，因此对库存状况的分析，可根据配送中心或仓管部门提供的数据来进行综合，在根据销售部门“进、销、存”自动管理系统进行初步分析的基础上确定。

（4）生产效率

物料生产效率降低，会导致物料的存量提高，而使采购计划中的数据偏多。生产效率有降低趋势时，智慧采购计划要将商品存量实时计算进去，才不会使物料过于堆积。

3. 打造智慧供应链

供应链是生产流通过程中，围绕“将产品或服务送达到最终用户”这一过程的上下游企业形成的网链结构，其中其中离不开商流、物流、信息流和资金流这些资源。为使这些资源运转通畅，供应链管理需要达成七个目标：以顾客为核心，以市场需求为原动力；强调企业核心业务在供应链上的定位，避免所有环节一把抓；传统供应链管理系统中，商务伙伴之间时常关系恶劣，应改为建立紧密合作、共担风险、共享利益关系；利用信息系统优化运作效率；缩短产品完成时间，使生产尽量贴近实时需求；对工作、实物、信息和资金流程进行合理设计、执行、检讨和改进；减少环节之间的成本。

电子商务和快时尚的出现使得消费品供应链管理的形态出现很大的差别。传统模式是商家生产产品，通过营销、广告等手段推给消费者；电子商务依靠平台和数据的供应链管理则是拉式的，即先了解消费者真正需要的东西，再做产品设计和开发，让生产与开发过程紧密连接，在最短的时间内将消费者最喜欢的产品提供给他们，传统模式与 DT 模式的区别见表 4–2。

表 4–2　传统模式与 DT 模式的区别

项目	传统模式	DT 模式
生产	做了再卖（推式供应链）	卖了再做（拉式供应链）
产品	同质化，一款万人用	人性化，人人设计
价位	渠道费用高，零售价为成本的 5 ~ 10 倍	中介平台化，客户对接工厂，零售价是成本的 2 倍左右
库存	高库存，资金周转慢	零库存，没有资金压力
投资	投资高、成本高、备货压力大，回报低	投资低，收款后再生产，无备货压力
客户	黏性低、忠诚度低、维护成本高	黏性高、复购率高，维护成本低
成本	成本导向，严控成本	投入产出导向，突破瓶颈

注：DT 是数据处理技术（data technology），IT 是信息技术（information technology）。人类正从 IT 时代走向 DT 时代，IT 时代是以自我控制、自我管理为主，而 DT 时代是以服务大众、激发生产力为主。

在智慧供应链的改造实践中，企业管理者和员工的意识往往比技术层面的问题更加关键。要达成这些目标，企业经营思路应有以下转变。

转变一：变成本控制导向为投入产出导向

面对电子商务冲击时，传统供应链管理暴露出的最大问题往往是库存，因此企业应该用新的视角审视其投资和运营成本。传统模式下的成本导向思路是计算“我每花一块钱，要赚回多少块钱”；而互联网化的运营思路不应把成本作为核心考量，而更多的是一种投入产出的视角，要看投资是否可以提升供应链效率，防止缺货，减少库存，最终提高收益。

转变二：抛弃全知全能的心态

供应链管理讲求企业重新思考自己的核心竞争力，把薄弱的、非核心的环节通过外包或与生态伙伴合作的方式解决。完全一体化的组织形式不能让供应链效率最大化，但如果完全开放和市场化，中间也会产生沟通和对接成本。要抛弃过往什么都要自己做的心态，核心就是搞清楚你在产业链里面的位置，用数据来连接上下游的伙伴，形成新的商业关系。与此同时，企业也要注意防范风险，与上下游合作伙伴形成良好的利益分配格局，健全监督机制，规范产品与服务的标准。

二、利用大数据分析，选择供应商

供应商选择包括开发、选择，大数据环境下的供应商开发利用互联网作为主要工具，以信息收集作为关键的途径；以采购需求作为主要动力，寻求能够适应动态变化的市场需要的交期短、质量高、成本低、服务好的制造供应商和贸易供应商。不同的企业在选择供应商时，所采用的步骤会有差别，但基本的步骤应包含下列几个方面。

1. 建立评价小组

企业必须建立一个小组以控制和实施供应商评价。组员来自采购、生产、财务、技术、市场等部门，组员必须有团队合作精神、具有一定的专业技能。评价小组必须同时得到制造商企业和供应商企业最高领导层的支持。

2. 通过数据挖掘建立供应商数据库

通过互联网等途径建立供应商信息主数据库，通过采购人员、销售人员或行业杂志、网站等媒介渠道了解市场上能提供所需物品的供应商。

3. 列出评估指标并确定权重

据调查统计数据显示，企业在选择供应商时，首要标准是产品质量，这与国际上重视质量的趋势一致；其次是价格，92.4% 的企业考虑了这个标准；69.7% 的企业考虑了交货提前期；网络买家好评率、批量柔性、品种多样性等指标也是企业考虑的因素。每个评估指标的重要性对不同的企业是不一样的。因此，对于不同的企业，在进行评估指标权重设计时也应不同。

三、进行网络谈判，签订电子合同

1. 采购谈判

采购谈判是指买卖双方就共同关心的问题互相磋商，交换意见，寻求解决的途径和达成协议的过程。

（1）确定谈判的目标

谈判目标指谈判人员为满足自身的需要而确定的指标或指标体系。既是谈判的起点，也是谈判的归宿和核心问题。应根据谈判情形选择不同层次的目标。

①最低限度目标。谈判者期待通过谈判所要达成的下限目标，它对一方的利益具有实质性作用，是谈判的底线，是不能妥协的。否则，就失去谈判的意义，只好放弃谈判。

②可接受目标。指谈判一方根据主客观因素，考虑到各方面情况，经过认真分析后纳入谈判计划的目标。这种目标能使谈判一方获得实际需要的利益，是一方希望达到的目标，谈判人员应努力争取实现。但它也具有一定的弹性，当争取该目标的谈判陷入僵局时也可以放弃。

③最优期望目标。谈判者希望通过谈判达成的上限目标，是对谈判一方最有利的理想目标，它能在满足一方的实际需求之外，还能获得额外的利益。这种目标带有很大的策略性，在谈判中一般很难实现，因为谈判是各方利益分配的过程，没有哪个谈判方甘愿将利益全部让给他人。

（2）对谈判环境因素的调查与分析

对谈判环境因素的调查与分析是指在进行谈判之前，对可能影响谈判的主客观因素，进行调查研究，预测成败得失，以确定其是否可行，为谈判选择方案奠定基础。谈判准备阶段的可行性研究主要包括以下几个方面。

①政治法律方面的信息。如国家对企业的管理程度，涉及企业自主权的大小；经济的运行机制。如是计划体制，要看企业之间的交易买卖有多少列入国家计划，有没有争取到计划指标。在市场经济条件下，企业自主权较多，可以全权决定交易的取舍；对方当局政府的稳定性；政府与买卖双方之间的政治关系。谈判人员还必须具有很强的法制观念，明晰法律制度、法律的执行程度、法院受理案件的时间长短等。对有关的法规和细则都必须有很充分的了解，利用法律来维护自己的权益。

②经济环境的信息。这主要是指市场经济的形势和市场行情方面的信息。每一个谈判人员都要了解整个社会的生产力总体发展水平、社会分工状况、消费收入水平、市场需求及市场竞争状况，这些都将影响商品品质标准、价格高低等诸多方面。

③自然环境的信息。社会的主体要从事交易、谈判等经济活动，都离不开一定的自然环境。由于自然环境的不同，就决定了产品的原材料供应、运输方式、储存条件及商品的包装、装饰等多方面的差异，所以谈判人员应该对经济活动的自然环境方面的信息做一个充分的了解。

④文化环境的信息。这是指一个国家、地区的民族文化传统，如风俗习惯、伦理道德观念、价值观念等方面的文化背景方面的信息。由于人们在不同的社会文化背景下成长和生活，各有其不同的基本观念、信仰和生活习惯，这是在不知不觉中自然形成的，成为人们的一种行为规范。所以，谈判人员应该充分了解各国、各地区或各民族的文化背景，以便于研究对方的性格爱好，尊重对方的风俗习惯，这对于维持良好的谈判气氛是十分有益的。

（3）了解谈判对象

成功的谈判，不仅在于能够充分地认识自己，也在于准确地预测对方。那么，就要对对方有一个清楚的了解，才能更好地进行谈判工作。

①要调查了解供应商情况。应了解企业的性质、了解企业的所在地区、了解企业的资本属性、了解企业的历史、产品的市场声誉，了解供应商企业财务状况、商业信誉及履约能力的审查等。

②要调查了解谈判对手的情况。在了解对方谈判人员的权限和对方谈判时限的同时，还要从多方面搜集对方信息，以便全面掌握谈判对手。例如，谈判对手谈判班子的组成情况，即主谈人背景、谈判班子内部的相互关系、谈判班子成员的个人情况，包括谈判成员

的资历、能力、信念、性格、心理类型、个人作风、爱好与禁忌等；谈判对手的谈判目标，所追求的中心利益和特殊利益；谈判对手对己方的信任程度，包括对己方经营与财务状况、付款能力、谈判能力等多种因素的评价和信任程度等。

（4）拟定谈判议程

谈判议程是指对有关谈判的议题和工作计划事项的程序安排。在谈判实践中，一般以东道主为先，经协商后确定，或双方共同商议。谈判者在谈判的准备阶段中，应根据情况，争取主动、率先提出谈判议程，其好处在于谈判起来轻车熟路，在谈判心理上占有优势，便于己方提前安排工作。如计划出席人员、做好后勤服务等，同时也可以为己方在谈判准备阶段中的假设预习提供依据。

（5）谈判预演

为提高谈判工作的效率，使谈判方案、计划等各项准备工作更加周密，更有针对性，在谈判准备工作基本完成后，应对此项工作进行检查。在实践中行之有效的方法就是谈判预演。谈判双方可以由己方谈判人员与己方非谈判人员组成，也可以将己方谈判小组内部成员分为两方进行。通过这样的预演可以预先暴露己方谈判方案、计划的不足之处及薄弱环节，检验己方谈判人员的总体素质，提高他们的应变能力，达到减少失误、实现谈判目标的目的。进行实战演习，会使谈判者进一步了解并熟悉对方，尽可能地把可能出现的问题预料在先，做到胸中有数，避免谈判时出现失误。

（6）网上谈判

网上谈判是指借助于互联网电子商务平台，买卖双方进行协商、对话的一种特殊的书面谈判。基于电子商务的出现和迅猛发展，网上谈判方式也被企业所重视。网上谈判的特点如下。

①加强信息交流。过去商务谈判函件要几天才能收到，并且有可能迟到、遗失，现在通过互联网几分钟甚至几秒钟就能收到，准确无误。而且，网上谈判兼具电话谈判快速、联系广泛的特点，又有函电内容全面丰富、可以备查的特点，可使企业、客户掌握他们需要的最新信息，同时有利于增加贸易机会，开拓新市场。

②有利于慎重决策。网上谈判以书面形式提供议事日程和谈判内容，又能几秒钟抵达，使得谈判双方既能仔细考虑本企业所提出的要点，特别是那些谈判双方可能不清楚的条件能书面传递，事先说明；又能使谈判双方有时间同自己的助手或企业领导及决策机构进行充分的讨论和分析，甚至可以在必要时向那些不参加谈判的专家请教，有利于慎重地做出决策。

③降低成本。采用网上谈判方式，谈判者无须四处奔走，就可向国内外许多企业发出

E-mail，分析比较不同客户的回函，从中选出自己最有利的协议条件，从而大大降低了企业的人员开销、差旅费、招待费以及管理费等，甚至比一般通信费用还要省得多，降低了谈判成本。

④改善服务质量。网上谈判所提供的是一年365天、每天24小时的全天候沟通方式。可以改善与客户的关系，获取丰厚的回报。

⑤增强企业竞争力。任何企业，无论大小，在网站上都是一个页面，面对相同的市场，都处于平等的竞争条件下。互联网有助于消除中小企业在信息化程度方面的弱势，从而提高中小企业的竞争力。

⑥提高谈判效率。网上谈判，由于具体的谈判人员不见面，他们互相代表的是本企业，双方可以不考虑谈判人员的身份，揣摩对方的性格，而把主要精力集中在己方条件的洽谈上，从而避免因谈判者的级别、身份不对等而影响谈判的开展和交易的达成。

（7）采购谈判的原则

①自愿原则。自愿是指有独立行为能力的交易各方能够按照自己的意愿来进行谈判并做出决定。自愿是交易各方顺利进行合作的基础。因为，只有自愿，谈判的双方才能有合作的诚意，才会进行平等的竞争，才会互谅互让，做出某些让步，取得双方满意的成果。自愿原则是采购谈判各方进行合作的前提和保证。

②平等的原则。参与采购谈判的各方无论其经济力量上是强还是弱，他们对合作交易的项目都具有一定的“否决权”。从合作项目的角度来看，交易双方所拥有的这种“否决权”是同质的。因为，交易中的任何一方如果不同意合作，那么，交易就无法达成。这种同质的否决权在客观上赋予了谈判各方相对平等的地位，谈判当事人必须充分认识并尊重这种地位，否则采购谈判很难取得一致。

③合作原则。谈判应使得双方都得到商务发展的机会，即实现双赢。为此，应满足以下3个标准：谈判要达成一个明智的协议；谈判的方式必须有效率；谈判应该可以改进或至少不会伤害谈判各方的关系。谈判的结果是要取得利益，然而，利益的取得却不能以破坏或伤害谈判各方的关系为代价。从发展的眼光看，商务上的合作关系会带来更多的商业机会。

④合法原则。合法原则是采购谈判中的重要原则。所谓合法，包括两个方面：一是谈判各方所从事的交易项目必须合法；二是谈判各方在谈判过程中的行为必须合法。

⑤利益共享原则。利益共享原则是指在采购谈判过程中，要使参与谈判的各方都能获得一定的经济利益，并且获得的经济利益要大于其付出的支出成本。利益共享原则在采购谈判中非常重要，它告诫人们在采购谈判中，谈判的任何一方都要让出一定的、合理的利益给合作伙伴，而不能独自占用过多的经济利益；要学会妥协，通过自己的妥协、让步换

取更多的经济利益。任何以一方认胜利而告终的谈判都是不存在的。

⑥社会效益原则。社会效益原则是指在进行采购谈判时，谈判各方一定要从社会的角度出发，综合考虑谈判的合作项目对全社会的影响。商务谈判中的社会效益原则与社会市场营销观点有相似之处，都强调经济活动主体的社会角色和社会责任，强调经济活动主体要力求从社会角度而非只从企业角度思考并处理问题。采购谈判中的社会效益原则将谈判双方的谈判哲学上升到一个新的高度。

2. 签订电子采购合同

（1）电子采购合同的概念

电子采购合同是双方或多方当事人之间通过电子信息网络以电子的形式达成的设立、变更、终止财产性民事权利义务关系的协议。可以看出电子合同是以电子的方式订立的合同，其主要是指在网络条件下当事人为了实现一定的目的，通过数据电文、电子邮件等形式签订的明确双方权利与义务关系的一种电子协议。

（2）电子合同法律效力

尽管电子合同与传统合同有着许多差别，但是在形式方面不能阻挡新科技转化为生产力的步伐，法律对数据电子合同应给予书面合同的地位，无论其表现形式是采用电子的、光学的还是未来可能出现的其他新形式，一旦满足了功能上的要求，就应等同于法律上的“书面合同”文件，承认其效力。

（3）采购合同的必备条款

采购合同的内容由首部、正文、结尾、附件 4 部分组成。

①采购合同首部。合同首部包括合同名称、合同号码（订约日期、订约地点）、买卖双方的名称和签约的地点，以及序言等内容。

序言主要是写明双方订立合同的意义和执行合同的保证，对双方都有约束力等。

买卖双方的名称是指采购合同的主体，即指买受人与出卖人，或买方与卖方，是合同的当事人，是合同权利、义务的具体承担者。企业名称和地址应当使用全称，不能用简称，保证与营业执照上的名称一致，可以将营业执照作为合同附件。如果是自然人，姓名应当与其身份证上的姓名一致，同时写上身份证号码。

签约的地点要详细列明，因涉及法律管辖权问题，所以不能随便填写。在我国出口业务中，除在国外签订的合同外，一般都是以我国企业所在地为签约地址。

②采购合同正文。正文部分是采购合同的基本条款，是合同的主体部分，规定了双方的权利和义务，包括合同的各项交易条款，如商品名称、品质规格、数量包装、单价和总值、交货期限、支付条款、保险、检验、索赔、不可抗力和仲裁条款等；以及根据不同商品和

不同的交易情况加列的其他条款，如保值条款、溢短装条款和合同适用的法律等。具体如下。

质量条款。质量是指物料所具有的内在质量与外观形态的综合，包括各种性能指标和外观造型。条款的主要内容有技术规范、质量标准、规格、品牌名。在采购合同中一般以如下方式表示标的物品质：以样品确定质量；以规格、等级或标准确定质量；凭品牌、商标确定质量；凭商品说明书确定质量；以良好平均品质作为确定质量标准。

价格条款。价格是指交易物料每一计量单位的货币数值。价格条款的主要内容有价格术语的选用、结算币种、单价、总价等。具体包括计量单位的价格金额、货币类型、交料地点、国际贸易术语、物料定价方式等。

数量条款。数量是指采用一定的度量制度对物料进行量化，以表示出物料的质量、个数、长度、面积、容积等。数量条款的主要内容包括交料数量、单位、计量方式，必要时还应清楚说明误差范围。

包装条款。包装是为了有效地保护物料在运输存放过程中的质量和数量要求，并利于分拣和环保，把物料装进适当容器的操作。包装条款的主要内容有包装材料、包装方式、包装费用和运输标志等，具体包括标识、包装方式、材料要求、环保要求、规格、成本、分拣运输标志等。

装运条款。装运是指把物料装上运载工具并运送到交料地点。装运条款的主要内容有运输方式、装运时间、装运地与目的地、装运方式（分批、转运）、装运通知等。在船上交货价（FOB）、成本加保险费加运费（CIF）和成本加运费（CFR）合同中，供应商只要按合同规定把物料装上船或其他运载工具，并取得提单就算履行了合同中的交料义务，提单签发的时间和地点即为交料时间和地点。

检验条款。在一般的买卖交易过程中，物品的检验是指按照合同条件对交货进行检查并验收。检验条款主要包括检验时间、检验机构、检验工具、检验标准及方法等。商品检验的内容主要是对采购商品的品质、规格、数量、质量以及包装等实施检验，对某些商品通过检验以确定其是否符合安全、卫生的要求；对动植物及其产品实施病虫害检疫；对进口商品的残损状况和装运某些商品的运输工具等也需进行检验。

支付条款。支付是指采用一定的手段，在指定的时间、地点，使用确定的方式支付货款。支付条款中应说明以下内容：说明支付手段、付款方式、支付时间、支付地点。

保险条款。在国际贸易中，一笔交易的货物从卖方交到买方的手中，要经过许多环节和长途运输，遭到自然灾害和意外事故的可能性很大。这种风险所造成的损失不是买卖双方自身力量所能控制的，而一旦发生损失，将会影响贸易的正常进行。有鉴于此，货主为了在遭受损失之后取得一定的经济补偿，使其经营得以继续，所以有对保险的要求；而保险公司则通过办理各项保险业务，承担了损失补偿工作。在国际贸易中，保险同运输一样已经成为交易中不可缺少的组成部分。保险是企业向保险公司投保，并缴纳保险费的过程，是一种以合同为依据而建立起来的经济补偿制度。被保险人根据合同以交纳保费的方式将风险转移给保险人；保险人根据合同收取保险费，建立保险基金，履行损失补偿或给付保险金，实现由多数被保险人分担少数被保险人损失的目标。保险条款的主要内容包括确定保险类别及其保险金额，指明投保人并支付保险费。依据国际惯例，凡是按 CIF 和 CIP（carriage and insurance paid to，运费、保险费付至（……指定目的地））条件成交的出口物料，一般由供应商投保；按 FOB 和 CPT（carriage paid to，运费付至（…… 指定目的地））条件成交的进口物料由采购方办理保险。

不可抗力条款。不可抗力又称人力不可抗拒，是指买卖合同签订后，不是由于合同当事人的过失或疏忽，而是由于发生了合同当事人无法预见、无法预防、无法避免和无法控制的事件；以致不能履行或不能如期履行合同，发生意外事故的一方可以免除履行合同的责任或推迟履行合同，对方无权要求赔偿。因此，不可抗力是一项免责条款。引起不可抗力事故的原因通常包括以下两种：一是自然力量，如水灾、旱灾、冰灾、雪灾、雷电、火灾、暴风雨、洪水、飓风、地震、海啸等；二是社会力量，如政府颁布禁令、封锁，调整政策制度、罢工、暴动、骚乱、战争等。

违约责任条款。违约责任是促使采购合同当事人履行合同义务，使对方免受或少受损失的法律措施，也是保证合同履行的主要条款，应在采购合同中做出较为详尽的规定，如约定定金、违约金以及赔偿金的计算方法等。大量的采购合同中只是概括地约定了违约责任，如任何一方违约，则应当赔偿因此给对方造成的经济损失，这种约定等同于没有约定，没有实质意义。违约责任条款应当明确约定一方不履行合同具体条款或者不在约定的时间内履行的，对方应承担多少违约金或约定一定的违约金计算方式。例如，每迟延一天，支付总价款万分之一的违约金；货物质量不符合约定的，买方有权退货，卖方支付多少违金，如果买方因为使用质量不合格的产品造成的其他财产、人身损害的，还应当予以赔偿。这样，一旦一方违约，违约的责任将比较容易确定，要追究一方的违约责任也比较容易。

争议解决条款。争议解决条款涉及的是当事人在履行采购合同过程中一旦产生纠纷，经协商不成时可以选择的解决方式，主要有仲裁和诉讼两种。

第一，仲裁又称公断，是指买卖双方在争议发生之前或发生之后签订书面协议，自愿将争议提交双方所同意的第三者予以裁决，以解决争议的一种方式。仲裁机构通常是民间团体的性质，其受理案件的管辖权来自双方协议，没有协议就无权受理，所以买卖双方如果有争议想通过仲裁途径来解决就需要在合同中写明。由于仲裁是依照法律所允许的仲裁程序裁定争端，因而仲裁裁决是最终裁决，具有法律约束力，当事双方必须遵照执行。如果要约定仲裁，仲裁条款应包括以下内容：请求仲裁的意思表示，仲裁事项，选定的仲裁委员会。合同中必须明确约定由哪一个仲裁机构仲裁，仲裁机构名称一个字都不能写错。例如，北京仲裁委员会仲裁写成了“北京市仲裁委员会”，将无法提交仲裁机构仲裁，只能向法院起诉。

第二，诉讼是最常见的纠纷解决方式，即任何一方向有管辖权的人民法院提起诉讼。合同没有争议解决条款，自动适用诉讼方式解决。根据《中华人民共和国民事诉讼法》第 25 条的规定，合同当事人可以在书面合同中协议选择被告住所地、合同履行地、合同签订地、原告住所地、标的物所在地人民法院管辖合同纠纷。合同争议由不同的法院管辖，直接影响当事人的诉讼成本，影响当事人的人力、财力，物力支出。因此，采购方可以根据上述法律规定，选择对自己有利的法院管辖合同争议。一般来说，选择当地法院较为有利。

③采购合同的结尾部分。合同的结尾部分包括合同文字的效力、份数、订约的时间和地点、生效的时间、附件的效力以及双方签字等，这也是合同不可缺少的重要组成部分。合同的订约地点往往涉及合同依据法的问题，因此要慎重对待。我国的出口合同的订约地点一般都写在我国。有时有的合同将订约的时间和地点在开头订明。

④采购合同的附件部分。附件是指与合同有关的文书、电报、图表和其他资料。为了提高履约率，力求使合同的条款明确、具体、严密和相互衔接，且与磋商的内容要一致，以利合同的履行。

案　例

“拼便宜”成立于 2017 年 3 月，是一家借助 AI 搭建的中小型便利店智慧采购平台，希望从供应链介入进去，通过算法建立一个便利店智能化的采购平台，从而优化便利店的库存挤压、采购成本高昂、商品过期耗损等问题，给线下店提供发展空间。

在互联网生态圈，链接产、仓、配各个链条，做到一体化，并实现信息流、商流、物流的即时交互处理，并不容易。有 650 多万家非品牌夫妻便利店，10 多万亿元的市场，然而长期以来，分销层级太长、信息化程度低、渠道单一、资金压力巨大、商品流转效率低、数据分析能力低等问题，都给这些便利店的发展带来了或多或少的阻碍。正是致力于解决这样的痛点，“拼便宜”面向非品牌便利店 C2B（按需供应）智能集采平台，具体是通过对门店的采购需求进行拼单深度分析为其计算出最优的一条采购路径，连接优质供应商，形成快速决策，实现交易智能优化。

“拼便宜”通过人工智能技术来帮助夫妻便利店及非品牌的社区便利店进行集中采购，并基于用户的采购需求，找到最优的供应路径，降低其采购成本，进而提升采购效率及店面的运营效率。

对于便利店面临的单次采购量少、采购品类复杂，以至于难以形成规模效应，不能满足及时性的要求。“拼便宜”采用智能匹配的形式，基于采购价格，获得最低成本的物流，并通过算法匹配来挑选供应商，降低其采购成本。

本章小结

电子商务采购也称网上采购，是指在计算机网络平台上，按照一定的标准开展的各项商务活动，包括广告、交易、支付、服务等。通过本章的学习，帮助读者了解电子商务采购平台的模式，电子商务环境下联合采购、招标采购、供应链采购、集中采购、分散采购、智慧采购等采购方式的特点及实施步骤；学会利用大数据选择供应商，掌握网络采购谈判技巧，学会签订合同；具有基本的电子商务物环境下采购与供应物流实际应用的现实感知能力；具有设计电子商务企业采购方案的能力；具有电子商务采购与供应物流运作的能力。

本章习题

1. 采购与供应管理的目标是什么?
2. 电子商务采购的概念和优势有哪些?
3. 电子商务采购方式有哪些?
4. 可提高采购方议价能力的电子商务采购成本控制策略有哪些?

第五章

电子商务物流仓储管理与库存控制

本章导读

物流仓储是利用自建或租赁库房、场地、储存、保管、装卸搬运、配送货物，改变"物"的时间状态，是商品流通的重要环节之一，也是物流活动三大支柱之一。库存是指某段时间内持有的存货（可看见、可称量和可计算的有形资产），库存里的物资叫存货，是储存作为将来目的而暂时闲置的资源。

本章对仓储管理的目标和作业流程进行了详细介绍，对仓储管理系统和库存管理方法进行阐述，介绍了库存及其作用、库存控制方法和影响库存水平的因素。

本章重点

仓库　仓储　仓储管理　仓储管理合理化　仓储管理系统　库存　ABC重点管理法　安全库存　供应商管理库存　联合库存管理

案例导入

六大要素创造"京东速度"

北京京东世纪贸易有限公司（以下简称"京东"）从2010年开始的限时"当日达""次日达"，到以预约精准时段至30分钟的"京准达"、可以在下班后进行配送的"夜间配"、专为高端配送需求的消费者推出的"京尊达"、可以预约40天内送货上门的"长约达"，再加上如今极速送达的"闪电送"，京东物流的配送时效多次刷新业内水平。

京东之所以如此"狂热"地追求速度，是因为像京东这样的B2C企业，既要进货还要销售，一定会遇上库存积压，货压得越多，现金流就越阻塞。如果"下订单—出仓—配送—完成交易"这一流程可以迅速完成，一方面能提升用户体验；另一方面能提高资金周转率。京东物流配送速度如此之快，主要得益于以下几点。

1. 分仓体系的建立

京东的自采模式不同于其他开放平台，这些平台只要将货放在某一个仓库里就可以发往全国。京东自采的商品一般批量非常大，多仓运营解决的正是商品规模化、品牌优势的批量化的问题。多地备货可以降低缺货风险，同时配送的时间和成本都大幅下降。京东最初建立分仓体系实际上是为自采模式服务的，而随着其他开放平台大力发展企业端的品牌商家，分仓体系便成了电子商务履约体验的新标准，各大物流企业开始惊叹京东物流的有远见和谋略，纷纷效仿。

2. 线上线下多渠道全供应链的建立

从2013年开始，在分仓体系的建立下，京东渠道下沉，当时京东拥有7大物流中心，在50座城市运营着213个大型仓库，即便是商家自建的销售平台，他们的货都可以进入到京东的物流系统中。同时，京东还通过大数据挖掘帮助商家分析现有销量和数据，提出库存布局建议等。

3. C2B定制化

C2B定制化实际上是京东正在努力的部分，也是京东物流创新的部分。利用京东的大数据信息挖掘，绘制出精准的商品和用户画像，精准预测用户的购买倾向。也就是说，在用户消费之前，京东早就已经将商品放到了附近的移动仓和配送店里。

4. 青龙系统

在每一个用户的订单处理背后，如何实现看似简单的发货与收货？实际上在这背后隐藏着一套复杂的物流系统，京东称之为“青龙”。“青龙”系统的核心要素包括仓库、分拣中心、配送站、配送员。实现的流程包括以下几个方面。

（1）仓库负责根据客户订单安排生产，包括免单打印、拣货、发票打印、打包等。它是订单包裹生成的地方。

（2）仓库生产完毕后，将订单包裹交接给分拣中心，分拣中心收到订单包裹后进行分拣、装箱、发货、发车，最终将包裹发往对应的配送站。

（3）配送站进行收货、验货交接后，将包裹分配给不同的配送员，再由配送员负责配送到客户手中。

在整个配送网络中，物流、信息流与资金流进行快速流转，实现了货物的及时送达、货款的及时收回、信息的准确传递。

5. 智慧物流体系的建设

相关资料显示，目前京东是全球唯一1个拥有中小件、大件、冷藏和冷冻仓配一体化物流设施的电子商务企业，截至2021年12月31日，京东物流在全国共运营着43座“亚洲一号”大型智能仓库。截至2022年3月31日，京东物流运营约1 400个仓库，包含京东物流管理的云仓面积在内，京东物流仓储总面积约2 500万平方米。

除了这些基础设施建设外，如今京东物流还着力发展智慧物流体系的建设。京东无人仓、无人机（车）、智能送货机器人等也逐一落地运营。此外，据京东物流研发部总经理介绍，京东智慧物流在供应链的各个环节进行算法和人工智能技术的引入，使整个物流全流程履约交付效率得到大幅提升。

6. 京东快递员

京东快递员的服务就让京东品牌形象提升不少。相信很多消费者都有类似经历，京东快递员都会将快递送到家门口，消费者足不出户即可接收到快递。

京东能够多次刷新货物送达速度记录，得益于它的多仓运营和大数据分析出的库存布局，体现出京东对货物的高效存储与库存合理控制。

第一节　仓储管理的定义与流程

仓储的定义

一、仓库的定义

仓库是保管、存储物品的建筑物和场所的总称，是随着物资储备的产生而产生的。现代仓库作为物流服务的据点，在物流作业中发挥着重要作用。仓库不仅具有储存、保管等传统功能，还可进行拣选、配货、检验、分类等作业，并具有多品种小批量、多批次小批量等配送功能，及附加标签、重新包装等流通加工功能。

例如，对于京东集团而言，位于上海嘉定区的“亚洲一号”仓库有着特殊的意义。

京东“亚洲一号”于2014年10月投入使用，建筑面积接近10万平方米，仓储高度达24米，如图5–1所示。它不仅是当时国内最大的单体物流中心之一，同时也是京东物流建设的一个里程碑，如图5–2所示。

图5–1　京东“亚洲一号”上海现代化物流中心

图5–2　京东“亚洲一号”立体仓库内景

二、仓储的定义

仓储是指利用仓库存放、储存物品，并根据需要交付使用的行为，是通过仓库对暂时不用的物品进行储存和保管的行为。“仓”即仓库，是指存放物品的建筑物和场地，可以是房屋建筑、大型容器或特定场地等，具有存放和保护物品的功能。“储”即储存、储备，表示收存以备使用，具有保管、交付的含义。

处于储存状态的物品，即库存。广义的库存还包括处于制造加工状态和运输状态的物品。仓储就是要实现对库存的合理管理。仓储传统上就是在物流的各个阶段存储产品（存货），有两种基本类型的存货可以存储，即原材料；零部件（实物供应），最终产品（实物配送）。在仓储中，半成品存货和物料也有可能被处理和循环利用，但在大多数公司中仅占总存货很少的比例。

仓储是每一个物流系统不可缺少的部分。仓储在用尽可能利用低的总成本提供理想的客户服务水平方面起着重要的作用，是生产者和消费者之间的重要纽带。近年来，仓储已经从公司物流系统中相对次要的方面发展成为最重要的方面之一。

1. 现代物流仓储的必要性

现代物流仓储对于物流系统的必要性主要体现在以下几个方面。

（1）降低运输成本、提高运输效率。

（2）进行产品整合。

（3）调节供应和需求。

（4）营销的需要。

2. 仓储在物流管理中的作用

仓储在物流管理中的作用主要体现在以下几个方面。

（1）仓储在物流中具有重要作用。

（2）仓储在物流成本管理中具有重要作用。

（3）仓储是实现物流增值服务功能的重要环节。

3. 仓储的反作用

仓储问题处理不当，会对企业产生反作用，主要体现在以下方面。

（1）固定费用和可变费用支出，增加企业成本支出。

（2）陈旧损失与跌价损失。

三、仓储管理的内容与目标

1. 仓储管理的内容

仓储管理是指服务于一切库存物资的经济技术方法与活动。仓储管理的对象是一切库存物资，管理的手段既有经济的，又有技术的，具体包括以下几个方面的内容。

（1）仓库的选址与建设问题。例如，仓库的选址原则、仓库建筑面积的确定、库内运输道路与作业的布置等。

（2）仓库机械作业的选择与配置问题。例如，如何根据仓库作业特点和所储存物资的种类及其理化特性，选择机械装备以及应配备的数量，如何对这些机械进行管理等。

（3）仓库的业务管理问题。例如，如何组织物资入库前的验收，存放入库物资，如何对在库物资进行保管保养、发放出库等。

（4）仓库的库存管理问题。例如，如何根据企业生产需求状况，储存合理数量的物资，既不会因为储存过少引起生产中断造成损失，又不会储存过多占用过多流动资金等。

2. 仓储管理的目标

仓储管理可以提高企业的仓储效率、降低储运成本、减少仓储损耗。仓储管理的目标具体体现在以下几个方面。

（1）合理组织收发，保证收发作业准确、迅速、及时，使供货单位及用户满意。

（2）采取科学的保管方法，创造适宜的保管环境，提供良好的保管条件，确保在库物品数量准确、质量完好。

（3）合理规划并有效利用各种仓储设施，进行革新、改造，不断扩大储存能力，提高作业效率。

（4）积极采取有效措施，保证仓储设施、库存物品和仓库职工的人身安全。

（5）做好经营管理，开源节流，提高经济效益。

四、仓储作业流程

仓储作业流程可以分为 3 个阶段，即入库作业、在库作业和出库作业。

1. 入库作业

入库作业过程的第一个步骤就是验货收货、物品入库，它是物品在整个物流供应链上的短暂停留，而准确的验货与及时的收货能够加强此环节的效率。一般来讲，在仓库的具体作业过程中，入库作业主要包括以下几个具体步骤。

（1）核对入库凭证

根据物品运输部门开具的入库单核对收货仓库的名称、印章是否有误，商品的名称、代号、规格和数量等是否一致，有无更改的痕迹等，只有经过仔细核对后才能确定是否收货。

（2）入库验收

入库验收包括对物品规格、数量、质量和包装方面的验收。对物品规格的验收主要是对物品品名、代号、花色等方面进行验收；对物品数量的验收主要是对散装物品进行称量；对整件物品进行数目清点；对贵重物品进行仔细的查收等；对物品质量的验收主要有物品是否符合仓库质量管理的要求，产品的质量是否达到规定标准等；对物品包装方面的验收主要有核对物品的包装是否完好无损，包装标志是否达到规定要求等。

（3）记账登录

记账登录是指如果物品的验收准确无误，则入库负责人员应该在入库单上签字，确定收货，安排物品存放的库位和编号，并登记仓库保管账日；如果发现物品有问题，则应另行做好记录，交付有关部门处理。

2. 在库作业

在库作业过程的第二个步骤是存货保管。物品进入仓库进行保管，需要安全、经济地保持好物品原有的质量水平和使用价值，防止由于不合理的保管措施而引起的物品磨损、变质或流失等现象。在库作业的具体步骤如下。

（1）堆码

由于仓库一般实行按区分类的库位管理制度，因此仓库管理员应当按照物品的存贮特性和入库单上指定的货区和库位进行综合的考虑和堆码，做到既能够充分利用仓库的库位空间，又能够满足物品保管的要求。物品堆码的原则如下所示。

①尽量利用库位空间，较多采取立体储存的方式。

②仓库通道下椎垛之间的宽度和距离适当，以提高物品装卸的效率。

③根据物品的不同收发批量、包装、性质和盘点方法的要求，利用不同的堆码工具，采取不同的堆码形式。例如，危险品和非危险品的堆码，性质相互抵触的物品应该区分开来，不得混淆。

④不要轻易改变物品的存贮位置，应按照先进先出的原则。

⑤在库位不紧张的情况下，尽量避免物品堆码的覆盖和拥挤。

（2）养护

仓库管理员应当经常或定期对仓储物品进行检查和养护，对于易变质或存储环境比较特殊的物品，应该经常进行检查和养护。检查工作的主要目的是尽早发现潜在的问题。养护工作主要是以预防为主。在仓库管理过程中，应采取适当的温度、湿度控制和防护措施，避免破损、腐烂或失窃等情况发生，保证存储物品的安全。

（3）盘点

对仓库中贵重和易变质的物品，盘点的次数越多越好；其余的物品应当定期进行盘点（可以每年盘点一次或两次）。盘点时应当做好记录，仔细核对仓库账目，如果出现问题，应当尽快查出原因，及时处理。

3. 出库作业

仓库作业过程的最后一个步骤是发货出库。仓库管理员根据提货清单，在保证物品原先的质量和价值的情况下，进行物品的搬运和简易包装，然后发货。出库作业的具体操作步骤如下。

（1）核对出库凭证

仓库管理员核对提货单，确认无误后才能发货，除了保证出库物品的品名、规格和编号与提货单一致外，还必须在提货单上注明物品所处的货区和库位编号，便于找出所需物品。

（2）配货出库

在提货单上，凡是涉及数目、品种等较多的物品，仓库管理员应该认真复核，交与提货人。凡是需要发运的物品，仓库管理员应当在物品的包装上做好标记，而且可以对出库物品进行简易的包装，在填写有关的出库单据、办理好出库手续之后放行。

（3）记账清点

每次发货完毕之后，仓库管理员都应做好仓库发货的详细记录，并与仓库的盘点工作结合在一起，方便以后的仓库管理工作。

第二节　仓储管理的合理化方法

仓储管理合理化在物流系统中占据着核心地位。无论是在企业内部，还是在整个供应链上，仓储系统都是物流各环节的关键结合点。

一、仓储管理合理化的含义

仓储管理合理化是指在保证储存功能实现的前提下，用各种办法实现商品储存的经济性。很多学者认为，仓储管理合理化应有两个层次的含义，库存数量的合理化和存放位置的合理化。

（1）库存数量的合理化侧重于库存控制，即在满足生产或销售需要的前提下，尽量减少库存数量、缩短库存时间、优化库存结构，提高物品的周转率。

（2）存放位置的合理化重在储位管理，即在保证物品保管质量的前提下，尽量合理设置存放位置，提高物品存取的效率，降低物品仓储费用。

二、仓储管理合理化的方法

1. 实行 ABC 分类管理

ABC 分类管理是指将库存货物按重要程度细分为特别重要的库存（A 类货物）、一般重要的库存（B 类货物）和不重要的库存（C 类货物）3 个等级，针对不同类型级别的货物进行分别管理和控制的方法。

2. 适度集中库存

适度集中库存是指利用储存规模优势，以适度集中储存代替分散的小规模储存来实现合理化。如果仓储过于分散，储存点与用户之间距离过长，即便储存总量降低，运输距离也会拉长，运费支出增加，在途时间长也会迫使周转储备增加。但如果储存过于集中，每一处的储存对象有限，互相之间难以调度调剂。而适度集中库存是在这两方面取得最优集中程度。

3. 加速总周转

加速总周转是指将静态储存变为动态储存，周转速度一快，会带来一系列的合理化好处，如资金周转快、资本效益高、货损小、仓库吞吐能力增加、成本下降等。

4. 采用有效的“先进先出”方式

要保证每个物品的储存期不致过长，“先进先出”是一种有效的方式，也成为仓储管理的准则之一。按入库的日期，先入库的就是先进，出库时把先入库的优先消化，即先出。这样可以避免产生某些产品超过保质期的现象。

5. 提高仓库容积的利用率

（1）采取高垛的方法。

（2）缩小库内通道宽度以增加储存有效面积。

（3）减少库内通道数量以增加储存有效面积。

（4）采用有效的储存定位系统。

储存定位是指被储物位置的确定。如果定位系统有效，能大大节约寻找、存放、取出的时间，节约大量的劳动，而且能防止差错，便于清点及实行订货点的管理等。

6. 采用有效的监测清点方式

监测清点的有效方式主要有“五五化”堆码、光电识别系统、电子计算机监控系统。

（1）“五五化”堆码。这是我国手工管理中采用的一种科学方法。储存物堆垛时，以“五”为基本计数单位，堆成总量为“五”的倍数的垛形，如“梅花五”等，堆码后，有经验的仓库管理员可过目成数，加快人工点数的速度，且少差错。

（2）光电识别系统。在货位上设置光电识别装置，该装置可对被存物进行扫描，并将准确数目自动显示出来。这种方式无须人工清点即可准确掌握库存的实有数量。

（3）电子计算机监控系统。用电子计算机指示存取，可以防止人工存取易于出现的差错，如果在被存物上采用条形码认寻技术，使识别计数和计算机联结，每存、取一件物品时，识别装置自动将条形码识别并将其输入计算机，计算机会自动做出存取记录。这样只需向计算机查询，就可了解所存物品的准确情况。

第三节　基于互联网的智能仓储管理系统

目前，国内很多中小企业的仓储管理还是依靠人工将货物信息通过扫码存入计算机内进行统计整理。但是随着仓库内货物种类的逐渐增加，出入库的频率越来越高，尤其是生鲜食物，对仓储管理的效率要求非常高，如果仅依靠人工进行管理，会严重影响食物的保鲜度。随着信息技术的应用，仓储管理系统应运而生，并且随着自动化技术、计算机应用技术以及信息处理技术的飞速发展，从普通的仓储管理系统发展到智能化仓库管理系统，仓储水平有了很大的提高，能够对物品实现更有效的控制和管理。

仓储管理系统（WMS）是一个实时的计算机软件系统，它能够按照运作的业务规则和运算法则，对信息、资源、行为、存货和分销运作进行科学管理，使其最大化满足有效产出和精确性的要求。

一、基于物联网的智能仓储管理系统

物联网是集 RFID 技术、传感技术、嵌入式系统技术等于一身的物物相连的互联网，其核心技术之一就是 RFID 技术。射频识别，可以对物品进行非接触式识别。RFID 具有标签体积小、容量大、寿命长、可重复使用等特点，支持快速读写、多目标识读、非可视识别、移动识别、定位及长期跟踪管理。RFID 技术利用 RFID 阅读器和 RFID 电子标签之间的无线电信号实现双向数据通信，进而实现目标识别和信息采集。

二、基于 AGV 与 RFID 的智能仓储管理系统

随着机械技术和电子技术日益紧密地结合，仓储物流设备逐渐实现了自动化和智能化。自动导引运输车就是典型代表。自动导引运输车（AGV），是指装备有电磁或光学等自动导引装置，能够沿规定的导引路径行驶，具有安全保护以及各种移载功能的运输车。AGV 以轮式移动为特征，与步行、爬行或其他非轮式的移动机器人相比，在仓储领域的应用具有行动快捷、工作效率高、结构简单、可控性强、安全性好等优势。图 5-3 为基于 AGV 与 RFID 的智能仓储管理系统整体结构图。

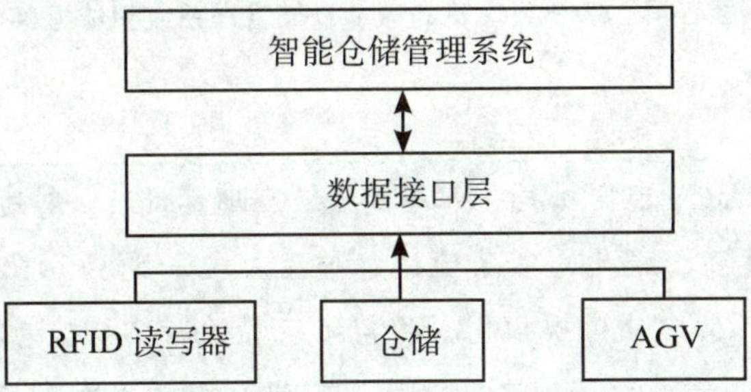

图 5-3　基于 AGV 与 RFID 的智能仓储管理系统整体结构图

三、基于云计算技术的智能仓储管理系统

基于云计算技术的智能仓储管理系统采用云计算技术、物联网技术等对不同地域且与仓储相关的资源进行整合和统一管理，以此形成一种以分布式仓储云，是以管理系统为处理手段的智能企业仓储管理平台。

（1）基于云计算技术的智能仓储管理系统改变了单一仓储单独管理的模式，将企业内部的仓储资源进行有效整合，其中整合的内容主要包括仓储的基本管理信息、仓储的物品信息以及运转的物品信息等。拥有最高权限的系统管理人员可以随时查看和管理仓储物品的储备和出入库情况，而拥有部分权限的系统管理人员只能在特定范围内查看和管理物品的具体信息。

（2）基于云计算技术的智能仓储管理系统将多个仓储整合成一个仓储体系，采用 GPS 技术和 RFID 技术等实时采集信息资源，集中相关的仓储信息资源，并利用互联网技术为用户提供相应的服务，如图 5-4 所示。

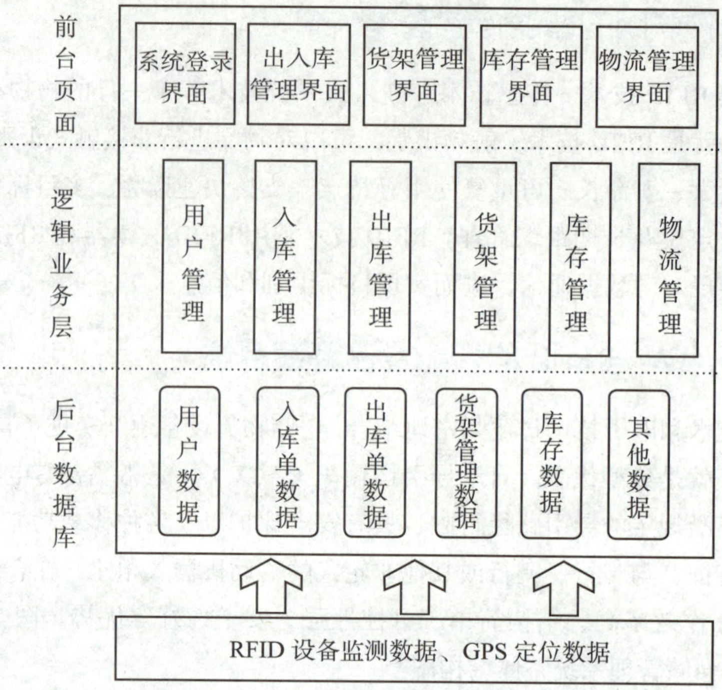

图 5–4　基于云计算的智能仓储管理系统整体框架

案　例

上海圆通速递（物流）有限公司（以下简称“圆通速递”）创建于 2000 年 5 月 28 日，经过 20 多余年的发展，已成为一家集速递、航空、电子商务等业务为一体的大型企业集团，形成了集团化、网络化、规模化、品牌化经营的新格局，为客户提供一站式服务。2010 年年底，上海圆通蛟龙投资发展（集团）有限公司的成立，标志着圆通向集团化迈出了坚实的一步。公司在网络覆盖、运营能力、业务总量、公众满意度及服务质量、信息化水平、标准化等方面均走在行业前列，品牌价值和综合实力名列中国快递行业前列。

图 5–5　圆通航空

圆通速递作为海外仓市场新势力，在国内拥有良好口碑，拥有完善的服务基础。其在美国有 2 个仓库，分别位于加利福尼亚州和芝加哥。圆通速递使用易仓仓储管理系统更好地管理海外仓库，完善仓储流程，助力扩展海外仓业务，如图 5–5 所示。

2021 年圆通速递快递业务完成量 165.43 亿件，同比增长 30.79%，占全国快递服务企业业务量的 15.28%，市场占有率为 15.28%，市场份额持续提升。

第四节　库存管理与控制方法

库存管理与控制方法是在保障供应的前提下，对库存物品的数量进行有效管理的技术经济措施。库存控制既要防止缺货、避免库存不足，又要防止库存过量，避免产生大量不必要的库存费用。库存控制在物流过程中具有举足轻重的地位，国外有些物流学者甚至把物流管理定义为对静止或运动的库存管理。

一、库存及相关概念

1. 库存的分类

库存从生产过程的角度可分为原材料库存、零部件与半成品库存以及成品库存 3 类。

库存从库存物品所处状态可分为静态库存和动态库存。静态库存指长期或暂时处于储存状态的库存，这是一般意义上认知的库存概念。实际上，广义的库存还包括处于制造加工状态或运输状态的库存，即动态库存，指处于加工状态以及为了生产、需要暂时处于储存状态的零部件、半成品或成品。运输过程的库存指处于运输状态或为了运输的目的而暂时处于储存状态的物品。

库存从是否盈利可分为经营性库存和非经营性库存。非经营性库存又叫国家储备，主要是为了自然灾害和战争提供保障，如国家粮食储备库。

库存从经营过程的角度可分为以下 6 种类型。

（1）经常库存

经常库存指在正常的经营环境下，企业为满足日常需要而建立的库存。这种库存随着每日的需要而不断减少，当库存降低到某一水平时（如订货点），就要进行订货来补充库存。这种库存补充是按一定的规则反复进行的。

（2）安全库存

安全库存指为了防止由于不确定因素（如大量突发性订货、交货期突然延期等）而准备的缓冲库存。

（3）季节性库存

季节性库存指为了满足特定季节中出现的特定需要（如夏天对空调机的需要）而建立的库存，或在生产的季节大量收购季节性出产的原材料（如大米、棉花、水果等农产品）所建立的库存。

（4）促销库存

促销库存指为了对应企业的促销活动产生的预期销售增加而建立的库存。

（5）投机库存

投机库存指为了避免因货物价格上涨造成损失或为了从商品价格上涨中获利而建立的库存。

（6）积压库存

积压库存指因物品品质变坏不再有效用的库存或因没有市场销路而卖不出去的商品库存。

2. 库存的作用

（1）平衡供求关系

在市场供求关系中，由于原材料的数量、货物价格，以及市场政策的变化会导致供求在时间和空间上的不平衡，这要求企业能够保持适当库存数量，以预防市场供需波动带来的变化。在某一时期内，如季节、节假日，市场供求关系也可能失去平衡，这主要是由于市场需求量骤然上升，生产供给能力一时跟不上，需要缓冲库存数量或减少市场需求对生产的压力，因而同样要求企业有充足的货源迅速满足市场需要。

（2）稳定生产

对于生产企业来说，外部需求的不稳定性和内部生产的均衡性是矛盾的，为了解决这一矛盾，拥有适当的库存是十分必要的，可以防止生产中断。同时，适量的库存可以实现规模经济，降低生产成本、提高市场竞争能力，有助于树立企业信誉和品牌。

（3）帮助物流系统合理化

企业在建立库存时，考虑到货物在物流系统中的各项费用，应尽力合理选择有利地址，减少原材料至仓库、成品从仓库至客户的运输费用。

（4）平衡优化供应链

在供应链管理环境下，库存不再作为维持生产和销售的措施，而是作为一种供应链的平衡机制。通过简化供应链和经济控制等方法来寻找总体平衡。准时制物流要求供应链上的所有要素同步，减少无效作业，做到采购、运输、库存、生产、销售以及供应商与用户的供应系统一体化，促进物料与产品的有效流动，追求物流通过每个配送渠道的最高效率，以杜绝生产与流通过程的各种消耗。

库存的作用显而易见，因此，库存控制的目的就是在满足顾客服务要求的前提下通过对企业的库存水平进行控制；尽可能降低库存水平、提高物流系统的效率、增强企业的竞争力。

3. 库存成本分析

库存控制的目标之一就是对库存成本进行控制，因此，库存成本是决策的主要考虑因素之一。

（1）库存保管费用是指为保管存储物资而发生的费用，包括存储设施的成本、搬运费、保险费、折旧费、税金以及资金成本等。每次订货量越大，库存量就越大，保管费用也就越多。显然，这些费用随库存量的增加而增加。

（2）订货成本是指每进行一次订货时所发生的费用，主要包括差旅费、通信费、运输费以及有关跟踪订单系统的成本。订货成本与每次订货量的多少无关，在需求量一定的情况下，订货次数越多，则每次订货量就越少，而全年订货成本则越大，每次分摊订货费也就越多。

（3）缺货成本是指由于缺货不能为顾客服务所发生的费用，或由于紧急订货等而支付的特别费用，或由于丢失了对顾客的销售而没有得到预定的利益，以及由于一些难以把握的因素而造成信誉丢失所产生的不良后果等。增大库存量，可减少缺货，但储存保管费用会大大增加。

确定向供应商订货的数量或要求生产部门生产的批量时，应该尽量由以上 3 种成本综合引起的总成本达到最小。

二、库存管理的方法

库存是指某段时间内持有的存货（可看见、可称量和可计算的有形资产），库存里的物资叫存货，是储存作为将来目的而暂时闲置的资源，闲置的资源可以是在仓库里、生产线上或货架上，也可以是在运输中。

从理论上讲，库存属于闲置的资源，不但不会创造价值，反而还会因占用资源而增加企业的成本，本身是一种浪费。从现实看，库存不可避免，因为不具备彻底消除库存的条件，所以又要求保持合理水平的库存，以保证生产经营的正常进行。

1. ABC 分类管理法

ABC 分类管理方法又称帕累托分析法，就是将库存物资按重要程度分为特别重要的库存（A 类库存）、一般重要的库存（B 类库存）和不重要的库存（C 类库存）3 个等级，然后针对不同的级别分别进行管理和控制。

（1）ABC 分类方法

ABC 分类标准见表 5–1。分层的 ABC 分析表见表 5–2。

表 5–1　ABC 分类标准表

库存类型	产品品种占存货总数的比例 /%	库存成本占总库存成本数的比例 /%	管理方法
A	15	70 ~ 80	重点管理
B	30	15 ~ 25	次重点管理
C	55	5	一般管理

表 5–2　分层的 ABC 分析表

按销售额分层范围 / 千元	品目数	累计品目数	累计品目百分数 / %	销售额 / 千元	累计销售额 / 千元	累计销售额百分数 / %	分类结果
>6	260	260	7.6	5 800	5 800	69	A
>5 ~ 6	86	346	10.1	500	6 300	75	A
>4 ~ 5	55	401	11.7	250	6 550	78	B
>3 ~ 4	95	496	14.4	340	6 890	82	B

（续表）

按销售额分层范围／千元	品目数	累计品目数	累计品目百分数／%	销售额／千元	累计销售额／千元	累计销售额百分数／%	分类结果
>2 ~ 3	170	666	19.4	420	7 310	87	B
>1 ~ 2	352	1 018	29.6	410	7 720	92	B
≤1	2 421	3 439	100	670	8 390	100	C

（2）ABC 分类管理策略

ABC 分类管理策略见表 5-3。

表 5-3　ABC 分类管理策略

库存类型	A	B	C
管理要点	投入较大力量精心管理，将库存压缩到最低水平	按经营方针调节库存水平	集中大量订货，以较高的库存来减少订货费用
订货方式	计算每种商品的订货量，按最优批量订货，采用定期订货的方式	采用定量订货方式，当库存降到最低点时发出订货，订货量为经济批量	采用双堆法，用两个库位储存，一个库位货发完了，用另一个库位发，并补充第一个库位的存货
定额水平	按品种甚至规格控制	按大类品种控制	按总金额控制
检查方式	经常检查	一般检查	按年度或季度检查
统计方法	详细统计，按品种、规格规定统计项目	一般统计，按大类规定统计项目	按金额统计

2. 关键因素分析法（CVA）

有些企业发现，ABC 分类并不令人满意，因为 C 类物资往往得不到重视。例如，经销鞋的企业会把鞋带列入 C 类物资，但是如果鞋带短缺将会严重影响到鞋的销售；一家汽车制造厂商会把螺钉列为 C 类物资，但缺少一个螺钉往往会导致整个生产链的停工。因此有些企业采用关键因素分析法（CVA），CVA 的基本思想是把存货按照其关键性分为 3 ~ 5 类。

（1）最高优先级。是经营的关键性物资，不允许缺货。

（2）较高优先级。是指经营活动中的基础物资，但允许偶尔缺货。

（3）中等优先级。多属于比较重要的物资，允许合理范围内缺货。

（4）较低优先级。经营中需用这些物资，但可替代性高，允许缺货。

CVA 管理法比 ABC 分类法有着更强的目的性，但人们通常倾向于制定高的优先级，结果高优先级物资种类过多，从而哪种物资都无法得到应有的重视。

通常将 CVA 管理法和 ABC 分类法结合使用，这样就能对库存进行有效的管理和控制，首先能对存货进行处理，其次还可以分清主次、抓住关键。

3. 供应商管理库存

（1）供应商管理库存的含义

供应商管理库存（VMI）是通过供应商共享客户的库存数据，并维持客户所需要的库存水平的一种优化供应链的方法。供应商与用户企业按一定方式共享企业的库存与耗用数据（对于制造企业：一般指生产领用；对于商业企业：一般指销售出货），自主决定供货计划，对于用户企业进行快速有效的补货。

① VMI 是一种供应链集成化运作的决策代理模式，它把用户的库存决策权代理给供应商，由供应商代理分销商或批发商行使库存决策的权力。

② VMI 是用户和供应商之间的合作性策略，以对双方来说都是最低的成本优化产品的可获性，在一个相互同意的目标框架下由供应商管理库存，这样的目标框架被经常性地监督和修正，以产生一种连续改进的环境。

（2）供应商管理库存的特点

供应链管理中供应商管理库存的意义是供应商共享用户企业的库存及耗用量；供应商代替客户维持库存水平；供应商自行对客户的库存进行有效补货；供应商管理库存的所有权根据双方合同来约定；供应商管理库存缓和了需求方对物料的不确定性，减少了需求方的库存，缩减了成本；使得需求方在仓库、配送、运输等环节提高了顾客的服务质量。

（3）供应商管理存货的方式

供应商管理存货的方式主要有 4 种。

①供应商提供包括所有产品的软件进行存货决策，用户使用软件执行存货决策，用户拥有存货所有权，管理存货。

②供应商在用户的所在地，代表用户执行存货决策，管理存货，但是存货的所有权归用户。

③供应商在用户的所在地，代表用户执行存货决策，管理存货，拥有存货所有权。

④供应商不在用户的所在地，但是定期派人代表用户执行存货决策，管理存货，供应商拥有存货的所有权。

通过 VMI，供应商可以客观评论放在供应商处的存货，供应商可以决定产品的标准，决定订货点，补充存货、交货的流程，建立多种库存优化模型并进行人员培训。

（4）VMI 的实施方法

供应商管理库存的策略实施可以分为如下几个步骤。

①建立顾客情报信息系统。供应商要有效地管理销售库存，供应商必须能够获得顾客的有关信息。通过建立顾客的信息库，供应商能够掌握需求变化的有关情况，把由批发商（分销商）进行的需求预测与分析功能集成到供应商的系统中来。

②建立销售网络管理系统。供应商要很好地管理库存，必须建立起完善的销售网络管理系统，保证自己的产品需求信息和物流畅通。为此必须保证自己产品条形码的可读性和

唯一性；解决产品分类、编码的标准化问题；解决商品存储运输过程中的识别问题。

③建立供应商与分销商（批发商）的合作框架协议。供应商和销售商（批发商）一起通过协商，确定订单处理的业务流程以及库存控制的有关参数，如再订货点、最低库存水平等；库存信息的传递方式，如 EDI 或 Internet 等。

④组织机构的变革。这一点也很重要，因为 VMI 策略改变了供应商的组织模式。传统的模式中，由会计经理处理与用户有关的事情；引入 VMI 策略后，在订货部门产生了一个新的职能负责控制用户的库存、库存补给和服务水平。

4. 联合库存管理（JMI）

（1）联合库存管理的含义

联合库存管理（JMI）是供应链系统管理进一步集成为上游和下游两个协调管理中心，从而部分消除了由于供应链环节之间的不确定性和需求信息扭曲现象导致的供应链库存波动。通过协调管理中心，供需双方共享需求信息，因而起到了提高供应链运作稳定性的作用。联合库存管理则是一种风险分担的库存管理模式。

在供应链企业之间的合作关系中，更加强调双方的互利合作关系，联合库存管理就体现了战略供应商联盟的新型企业合作关系。

联合库存管理是解决供应链系统中由于各节点企业的相互独立库存运作模式而导致的需求放大的现象，是提高供应链同步化程度的一种有效方法。联合库存管理和供应商管理用户库存不同，它强调双方同时参与，共同制订库存计划，使供应链过程中的每个库存管理者（供应商、制造商、分销商）都从相互之间的协调性考虑，供应链相邻两个节点之间的库存管理者对需求的预期保持一致，从而消除了需求变异放大现象。任何相邻节点需求的确定都是供需双方协调的结果，库存管理不再是各自为政的独立运作过程，而是变成供需连接的纽带和协调中心。

（2）联合库存管理的优势

①为实现供应链的同步化运作提供了条件和保证。联合库存管理是解决供应链系统中由于各节点企业的相互独立库存运作模式导致的需求放大现象，降低库存的不确定性，提高供应链的稳定性，提高供应链的同步化程度的一种有效方法。

②为实现零库存管理、准时采购以及精细供应链管理创造了条件。联合库存管理和供应商管理用户库存不同，它强调双方同时参与，共同制订库存计划，使供应链过程中的每个库存管理者（供应商、制造商、分销商）都从相互之间的协调性考虑，保持供应链相邻两个节点之间的库存管理者对需求的预期保持一致。

③联合库存成为供需双方信息交流和协调的纽带。任何相邻节点需求的确定都是供需双方协调的结果，库存管理不再是各自为政的独立运作过程，而是供需连接的纽带和协调中心，进一步体现了供应链管理的资源共享和风险分担的原则。

（3）联合库存管理的实施策略

①建立供需协调管理机制。为了发挥联合库存管理的作用，供需双方应从合作的精神出发，建立供需协调管理的机制；通过相互的协调作用，明确各自的目标和责任，建立合作沟通的渠道，为供应链的联合库存管理提供有效的机制。没有一个协调的管理机制，就不可能进行有效的联合库存管理。

②发挥两种资源计划系统的作用。为了发挥联合库存管理的作用，在供应链库存管理中应充分利用目前比较成熟的两种资源管理系统：MRP Ⅱ和 DRP。原材料库存协调管理中心应用制造资源计划系统 MRP Ⅱ，而在产品联合库存协调管理中心则应用物资资源配送计划 DRP。这样便可在供应链系统中把两种资源计划系统很好地结合起来。

③建立快速响应系统。快速响应系统是在 20 世纪 80 年代末由美国服装行业发展起来的一种供应链管理策略，目的在于减少供应链中从原材料到用户的过程时间和库存，最大限度地提高供应链的运作效率。

快速响应系统在美国等西方国家的供应链管理中被认为是一种有效的管理策略，经历了三个发展阶段。第一阶段为商品条形码化，通过对商品的标准化识别处理加快订单的传输速度；第二阶段是内部业务处理的自动化，采用自动补库与 EDI 数据交换系统提高业务自动化水平；第三阶段是采用更有效的企业间合作，消除供应链组织之间的障碍，提高供应链的整体效率，如通过供需双方合作，确定库存水平和销售策略等。

目前在欧美等西方国家，快速响应系统应用已到达第三阶段，通过联合计划、预测与补货等策略进行有效的用户需求反应。美国的 Kurt Salmon 协会调查分析认为，实施快速响应系统后供应链效率大有提高：缺货大大减少，通过供应商与零售商的联合协作保证 24 小时供货；库存周转速度提高 1 ~ 2 倍；通过敏捷制造技术企业的产品中有 20% ~ 30% 是根据用户的需求而制造的。

快速响应系统需要供需双方的密切合作，因此协调库存管理中心的建立为快速响应系统发挥更大的作用创造了有利的条件。

④发挥第三方物流企业的作用。在联合库存管理系统中把供应链系统管理进一步集成为上游和下游两个协调管理中心，让第三方物流企业（3PL）在供应链集成中发挥重大作用；或以 3PL 为供应链核心企业，为用户提供各种服务，如产品运输、订单选择、库存管理等，可以使企业更加集中精力于自己的核心业务，第三方物流系统起到了供应商和用户之间的联系的桥梁的作用。面向协调中心的第三方物流系统使供应与需求双方都取消了各自独立的库存，增加了供应链的敏捷性和协调性，并且大大改善了供应链的用户服务水平和运作效率。

案　例

库存是把双刃剑，一方面能提高供应柔性，另一方面也会占用大量资金。在华为，库存管理的特点主要在于库存规划和日常管理方法。华为在库存的日常管理方面主要有以下措施。

一、华为技术有限公司库存的ABC分类管理法

在华为技术有限公司（以下简称“华为”），主要采用ABC分类法对物料进行管理。ABC管理法是根据事物的经济、技术等方面的主要特征，运用数理统计的方法，进行统计、排列和分析，抓住主要矛盾，分清重点与一般，从而有区别地采取管理方式的一种定量管理方法，又称巴雷托分析法、分类管理法等。

华为根据通用性强弱、价值高低等差异，对不同的物料采取不同的采购、计划与库存控制策略。对战略性物料需要做适当的长单或储备，根据一定的方法（如根据其历史用量和未来6个月需求量，ABC分类管理法等）对各种物料设定安全库存。

二、齐套性管理

齐套性是指完成某个半成品或成品的生产时，其构成的所有物料全部到位，能够进行全部工序的生产。物料的齐套性很重要，物料不齐套将造成生产停产待工，浪费机台和人力及管理成本，影响生产进度。因此，在华为，齐套性管理主要从两个方法入手：①预缺料管理；②风险预警及升级机制。为提高计划的准确性及计划的执行力度，应加强齐套性管理。

此外，华为还十分注意控制物料到货的进度与节奏，维持进出平衡。控制物料的到货主要是加大对例外信息的处理力度，控制不合理到料。具体方法包括把例外信息处理的比例列入采购的考核指标（按金额），每周公布统计排名；或者考虑把这个标准列入供应商考核的指标等。

三、对于低周转物料的处理办法

华为对于低周转物料的处理办法：第一，定期处理，分责任人，提交处理报告。第二，低周转物料产生时，要把责任、原因分析清楚。第三，该报废的报废，该变卖的变卖，决不手软。并且，低采物料在不同情况下对它的周期有一些规定，如电容类、耐用品等的周期是不一样的，不能一刀切。

四、其他措施

除了上述几点，还有一些其他措施，例如，计划提前介入研发IPD进度，严格把关物料的可计划性、物料归一化管理、物料的多家供应等评审；推行分级备料的方式，让整个供应链条一起承担库存风险，也能提高供应柔性；建立计划/采购/核心供应商的定期沟通机制，提高信息透明化。

总之，华为在库存管理方面有不少方法，除了需要不断改进和优化，也需要和供应链其他环节如计划、采购相互配合，力争消除库存负面积压、周转率低等所造成消极影响。

三、库存控制的方法

1. 库存控制原则

（1）保证 2 ～ 3 周的库存水平

对于快速消费品，一般保持 2 ～ 3 周的库存，这是在所有商品销售的基础上定的一个平均数，而食品（生鲜食品除外）因为保质期相对其他商品短，对这样的商品要有一个合理库存。

（2）提高商品流动速度

如果库存管理得好，商品在货架上流通得就快，不仅提高周转率，同时也提高了资金的流动速度，减少资金的占用率。没有大的库存，也减少了清仓降价的可能性，增加毛利，进而增加效益。

（3）采购员按顾客需要采购商品

控制库存的好处就是让采购员根据销售情况采购商品，按顾客的要求把顾客喜欢的商品采购进来。

2. 库存控制的方法

（1）经济订货批量（EOQ）

每次订货量的多少直接关系到库存的水平和库存总成本，为使库存总成本最小，往往需要找到一个合适的订货数量，经济订货批量能满足这一要求。经济订货批量就是通过平衡采购进货成本和仓储保管成本，确定一个最佳的订货数量来实现最低总库存成本的方法。通常，在需要率是已知的和连续的、交货周期是已知的和固定的条件下，年总库存成本的计算公式为：

年总库存成本 = 年购置成本 + 年订货成本 + 年保管成本 + 缺货成本

在不允许缺货的条件下：年总库存成本 = 年购置成本 + 年订货成本 + 年保管成本

即 $TC=DP+\frac{DC}{Q}+\frac{QH}{2}$

式中：TC——年总库存成本；

D——年需求总量；

P——单位商品的购置成本；

C——每次订货成本，元 / 次；

H——单位商品年的保管成本，元 / 年；（$H=PF$，F 为年仓储保管费用率）；

Q——批量或订货量。

假设年采购总量一定，则库存总成本只与订货成本和保管成本相关。订货成本由订货次数的多少决定，订货次数随订购批量的增大而减少，因此订货成本与订购批量成反比关系；保管成本则与订购批量成正比关系。因此，经济订购批量是订货成本与保管成本之和为最小时的订购量，如图 5-6 所示。

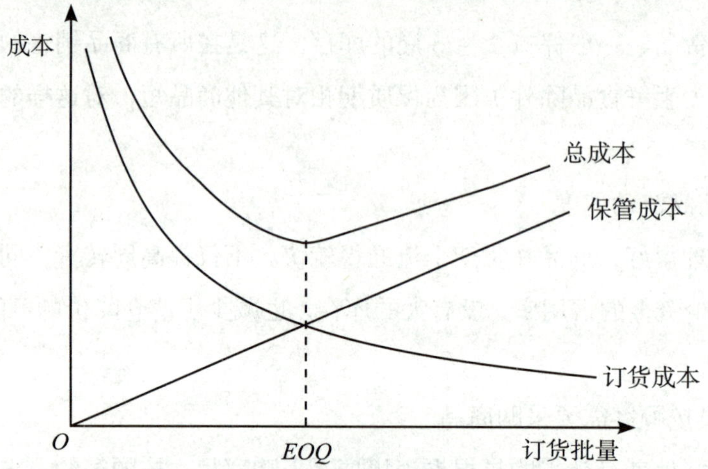

图 5-6 *EOQ* 订货法

通过对上式进行求导，并让求导后的方程为零，解得经济批量，经济订货批量的计算公式为：

$$EOQ=\sqrt{\frac{2CD}{H}}=\sqrt{\frac{2CD}{PF}}$$

此时的最低年总库存成本 $TC=DP+H(EOQ)$

年订货次数

$$N=\frac{D}{EOQ}=\sqrt{\frac{DH}{2C}}$$

平均订货间隔周期 $T=\frac{365}{N}=\frac{365EOQ}{D}$

【例 1】某企业 A 商品的年需求总量为 30 000 个，单位商品的购买价格为 20 元，每次订货成本为 240 元，单位商品的年保管费为 10 元，求该商品的经济订购批量，最低年总库存成本，每年的订货次数及平均订货间隔周期。

解：经济批量

$$EOQ=\sqrt{\frac{2\times 30\,000\times 240}{10}}=1\,200(\text{个})$$

每年总库存成本 $TC=30\,000\times 20+10\times 1\,200=612\,000$（元）

每年的订货次数 $N=\frac{30\,000}{1\,200}=25(\text{次})$

平均订货间隔周期 $T=\frac{365}{25}=14.6(\text{天})$

在现实生活中，为了诱发更大的购买行为，供应商往往在订购数量大于某个数值时提供价格优惠。购买方在争取数量折扣时要进行分析，一次采购量大，价格低，单位运费低，订货次数少；但是，一次采购量大，库存量增大，占用流动资金，资金周转减慢，库存管理费用上升，库存货物可能老化、陈旧，滞销等。问题的关键在于增加订货后是否有净收益，如果接受价格折扣所产生的总费用小于订购 *EOQ* 所产生的总费用，就应该增加订货而接受价格折扣。

【例 2】某商品每年需采购量为 20 000 只，每次订购成本为 100 元，购买单件价格为 30 元，单位储存成本为价格的 50%，为促进销售，若一次购买 520 ~ 799 只，可享受折扣 10%；若一次购买 800 只以上，享受折扣 20%；计算企业的最佳订购批量。

①当价格为 $P=30\times（1-10\%）=27$（元）时，

$$EOQ=\sqrt{\frac{2CD}{H}}=\sqrt{\frac{2\times100\times20\,000}{27\times50\%}}=544（只）$$

EOQ 在 520 ~ 799 只之内，是可行解；

②当价格为 $P=30\times（1-20\%）=24$（元）时，

$$EOQ=\sqrt{\frac{2CD}{H}}=\sqrt{\frac{2\times100\times20\,000}{24\times50\%}}=577（只）$$

EOQ 不到 800 只，不是可行解；这时可比较总成本。

当 $P=27$ 时，

$$\begin{aligned}TC&=DP+\frac{DC}{Q}+\frac{QH}{2}\\&=20\,000\times27+\frac{20\,000\times100}{800}+\frac{800\times24\times50\%}{2}=547\,348.5（元）\end{aligned}$$

当 $P=24$ 时，*EOQ* 为 577，不到 800 只，按 800 只计算，

$$TC=20\,000\times24+\frac{20\,000\times100}{800}+\frac{800\times24\times50\%}{2}=487\,300（元）$$

当购买 800 只时，其总成本是最低的，所以，选择最佳订货批量为 800 只。

①经济订货批量的优点：管理简便，订购时间和订购量不受人为判断的影响，保证库存管理的准确性；由于订购量一定，便于安排库内的作业活动，节约理货费用；便于按经济订货批量订购，节约库存总成本，提高经济效益。

②经济订货批量的缺点：要随时掌握库存动态，严格控制订货点库存，占用了一定的人力和物力；订货时间不能预先确定，对于人员、奖金、工作业务的计划安排不利；受单一品种订货的限制，对于实行多品种联合订货采用此方法时还需灵活掌握处理。

（2）安全库存法

安全库存（SS）又称安全存储量或保险库存，是为防止未来物资供应或需求的不确定

性因素（如大量突发性订货、交货意外中断或突然延期等）而准备的缓冲库存。其大小取决于供应和需求的不确定性、顾客服务水平（或订货满足率），以及缺货成本和库存持有成本。顾客服务水平较高，则安全库存量增加，并导致缺货成本较低，而库存持有成本较高；相反，顾客服务水平较低，则安全库存量减小，并导致缺货成本较高，而库存持有成本较低。那么如何确定安全库存量呢？这主要由企业期望达到的客户服务水平决定，通常用存货周期内不会出现断货的概率来表示服务水平。例如，95% 的客户服务水平，意味着在订货至交货这段前置期内有 5% 的概率需求大于安全库存。顾客服务水平公式如下：

顾客服务水平 =1– 断货率

假设需求变化满足正态分布，安全库存的计算方法为：

$$SS = z\sqrt{\sigma_d^2\left(\overline{L}\right)+\sigma_L^2\left(\overline{d}\right)^2}$$

式中：SS——安全库存。

$\overline{L}$——提前期平均值。

$\overline{d}$——日平均需求量。

z——一定顾客服务水平需求化的安全系数，见表 5–4。

σ_d——需求量 d 的标准差。

σ_L——提前期 L 的标准差。

表 5–4　顾客服务水平及安全系数表

顾客服务水平 /%	安全系数 z	顾客服务水平 /%	安全系数 z
100	3.09	96	1.75
99.99	3.08	95	1.65
99.87	3	90	1.8
99.2	2.4	85	1.04
99	2.33	84	1
98	2.05	80	0.84
97.7	2	75	0.68
97	1.88	—	—

①在日需求量和订货提前期都是随机变化的情况下计算安全库存量。

【例 3】某货代公司是某连锁企业的仓储服务供应商，为其提供某种水果的库存管理服务：根据历史记录，客户对某种水果的日需求量和订货提前期都不稳定，记录见表 5–5。合同约定允许缺货率控制在 5%，请计算安全库存量和确定订货点库存量。

表 5-5　日需求量和订货提前期

日期 / 天	1	2	3	4	5	6	7	8	9	10
日需求量 / 箱 d	7	12	13	11	9	8	8	9	11	12
批次序号	1	2	3	4	5	6	7	8	9	10
订货提前期 / 天 L	4	6.5	6	5.5	5	8	6	7.5	6.5	5

日平均需求量：

$$\overline{d}=\frac{\sum d}{n}=\frac{7+12+\cdots+12}{10}=10\text{（箱）}$$

需求量 d 的标准差：

$$\sigma_d=\sqrt{\frac{\sum\left(d-\overline{d}\right)^2}{n}}$$

$$=\sqrt{\frac{(7-10)^2+(12-10)^2+\cdots+(12-10)^2}{10}}=2\text{（箱）}$$

平均订货提前期：

$$\overline{L}=\frac{\sum L}{n}=\frac{4+6.5+\cdots+5}{10}=6\text{（天）}$$

提前期标准差：

$$\sigma_L=\sqrt{\frac{\sum(L-\overline{L})^2}{n}}$$

$$\sqrt{\frac{(4-6)^2+(6.5-6)^2+\cdots+(5-6)^2}{10}}=1\text{（天）}$$

合同约定允许缺货率控制在 5%，即顾客服务水平为 95%，查表 5–4 安全系数 z=1.65。安全库存量：

$$SS=z\sqrt{\sigma_d^2\left(\overline{L}\right)+\sigma_L^2\left(\overline{d}\right)^2}$$

$$=1.65\times\sqrt{2^2\times6+1^2\times10^2}$$

$$\approx19\text{（箱）}$$

订货点库存量：

R= 提前期库存量 + 安全库存量

= 日平均需求量 × 平均提前期天数 + 安全库存量

=10 × 6+19=79（箱）

②需求量是随机变化的，提前期为不变的常数。

提前期 L 是常量，即每次订货的提前期都是一样的时间，如都是 6 天，则提前期标准差为$\sigma_L=0$这时安全库存量的公式简化为：

$$SS = z\sigma_d\sqrt{L}$$

【例 4】某企业的 A 材料平均日需求量为 200 件，并且服从正态分布，日需求量的标准差是 15 件，如果提前期是固定的常数 6 天，试问满足 95% 的顾客满意度的安全库存存量是多少？

解：由题意可知提前期是常量，即每次订货的提前期都是一样的时间，即 6 天，则提前期标准差为 0，安全库存量：

$$\begin{aligned} SS &= z\sigma_d\sqrt{L} \\ &= 1.65\times 15\sqrt{6} \\ &= 61\text{（件）} \end{aligned}$$

③需求量固定不变为常数，提前期随机变化。需求量为固定常数，即需求量的标准差为 0，则公式简化为：

$$SS = z\sigma_L d$$

【例 5】某企业零部件的日需求量为固定的常数 2 000 件，订货提前期是随机变化的，且服从正态分布，平均订货提前期为 10 天，提前期标准差为 2 天，试确定 95% 的顾客满意度下的安全库存量。

解：安全库存量：

$$SS = z\sigma_L d = 1.65\times 2\times 2\,000 = 6\,000\text{（件）}$$

案 例

海外仓储是指在除本国各地区之外的其他国家设立海外仓库，通常用于电子商务。商品从本国出口，运用空运、海运、货运的形式存放到目的地的仓库，买家在网上购买所需物品直接下单。卖家收到订单后，直接对海外仓库的服务人员在网上下达指令，根据指令完成订单任务。商品在买家所在地包装递送，极大地缩短了从本国发货物流所需的时间。

一、海外仓成本

海外仓储在跨境电子商务行业中的运用已经非常普遍，也形成了一套标准化的成本模式，大体上包含头程费用、本地配送费用、仓储及处理费。

（1）头程费用是指货物从国内到海外仓库所需的运费。

（2）本地配送费用是指在海外的本土地区给客户配送商品时所花费的本地快速费用。

（3）仓储及处理费是指客户的商品存放在海外仓库与处理当地配送时所需的

费用。

二、海外仓的特点优势

（1）传统国际快递代理四大国际快递、专线、小包，从盈利到微利的变化；海外仓是全新的物流模式。时代的发展离不开不断地创新，若墨守成规，止步不前，终究会被行业所淘汰。

（2）提供多元化的服务，买家在购买商品时，有更多的选择；利润低，但有多个盈利点，综合起来利润高，提升市场竞争力，满足客户的购物体验。

（3）降低物流成本、灵活的本地配送、仓库管理、实现多元化等功能，对于物流企业来说，这是发展中必备的良药。

三、海外仓的内容——WMS、TMS 软件

仓库管理系统（WMS）。WMS 有出库、入库、库存调拨、仓库调拨与虚仓管理等功能，是综合型的管理系统。系统功能还包括库存盘点、虚仓、批次管理、物料对应、质检、即时库存等功能，各项功能都可综合使用，完善企业仓储信息管理、仓库运行实况处理，有效地控制和跟踪仓库的成本与物流，在运输的全过程中把握全局实况。WMS 既可以独立完成库存各项操作，也可以与其他系统结合使用，共同完成库存需求，例如单据和凭证等，为企业的业务流程与财务管理提供更完善的信息。

（货代／物流／快递）管理系统软件（TMS）。系统从控制、适用、规范、精确的角度实施，其中包括报价、自动查件、运单、收付款核销对账等功能。其使用简单，易上手，没有繁琐的过程和过多华而不实的功能。其采用收货、分货、出货一站式操作模式，系统计算出收货价的同时，也相应地排好了成本价的顺序，操作人员直接选择出货渠道、出货代理，有效提升客服人员的工作效率。系统记录每一货物的所有操作过程，包括重写目的地、修改质量、金额、其他费用等相关信息，若是在操作中出现失误也可有依据的跟踪完成操作，为其规范业务管理、精确财务管理、提升效率、扩大利润。

本章小结

物流仓储是利用自建或租赁库房、场地，储存、保管、装卸搬运、配送货物，改变“物”的时间状态。库存是指某段时间内持有的存货（可看见、可称量和可计算的有形资产），库存里的物资叫存货，是储存作为将来目的而暂时闲置的资源。通过本章的学习，使读者了解仓储管理的定义与流程，熟悉仓储管理的合理化方法，掌握基于互联网的智能仓储管理系统以及库存管理与控制方法。

本章习题

1. 概括仓储管理的内容。
2. 简述出库作业的流程。
3. 仓储管理合理化的方法有哪些?
4. 基于云计算技术的智能仓储管理系统主要功能有哪些?
5. 采用 ABC 分类法进行仓储管理时对 A 类货物的管理一般采用什么措施?

第六章

电子商务流通加工与包装管理

本章导读

流通加工与包装作业是仓储增值服务的主要内容，增值服务是根据客户需要，为客户提供的超出常规服务范围的服务，或者采用超出常规的服务方法提供的服务。传统的仓储业务以保管养护为主，现代仓储注重全方位的增值服务，包括流通加工、包装、货物分拣、配送、现货市场、信息服务、质押监管业务等，它们将是现代仓储业重要的利润增长点。

本章对流通加工作业管理、货物的分拣作业、包装的功能及材料选择、常见包装技术及选择、包装合理化等内容做了详细的介绍。

本章重点

流通加工　拣货作业　人工拣货　电子标签拣选系统　自动分拣系统　包装　包装标准化　商标权　专利权

案例导入

惠普通过流通加工实现对供应链的重新构建

一、惠普（HP）打印机存在的问题

惠普（HP）公司成立于1939年，HP打印机的生产、研发节点分布在16个国家，销售服务部门节点分布在110个国家，而其总产品类型超过22 000种。欧洲和亚洲地区对于台式打印机电源供应（电压110伏和220伏的区别，以及插件的不同）、语言（操作手册）等有不同的要求。以前这些均由温哥华的公司完成，北美、欧洲和亚太地区是它的3个分销中心。这样一种生产组织策略，称之为“工厂本地化”（factory localization）。需要用大约一个月的时间将产品海运到欧洲和亚太分销中心，这么长的提前期导致分销中心没有足够的时间去对快速变化的市场需求做出响应，因而欧洲和

亚太地区只能以大量的安全库存来保证对用户需求的满足，占用了大量的流动资金。若某一地区产品缺货，为了应急，可能会将原来为其他地区准备的产品拆开重新包装，造成更大的浪费，提高产品需求预测的准确性也是一个主要难点。

二、解决方案

重新设计供应链，在新供应链中，主要的市场制造过程由在温哥华的HP公司完成，包括印刷电路板组装与测试和总机装配。在PCAT过程中，电子组件（如ASICs、ROM和粗印电路板）组装成打印头驱动板，并进行相关的测试；在FAT过程中，电动机、电缆、塑料底盘和外壳、齿轮、印刷电路板总装成打印机，并进行测试。其中的各种零部件原材料由惠普（HP）的子公司或分布在世界各地的供应商供应。

在温哥华生产通用打印机，在通用型打印机运输到欧洲和亚洲后，再由当地分销中心或代理商加上与地区需求一致的变压器、电源插头和用当地语言写成的说明书，完成整机包装后由当地经销商送到消费者手中，通过将客户化工作推迟到分销中心进行（或“延迟”策略），实现了根据不同的用户需求生产不同型号的产品。这样一种生产组织策略，称为“分销中心本地化”。产品设计上也有了一定变化，电源等客户化需求的部件设计成了即插即用的组件。

这大大改变了以前由温哥华的总机装配厂生产不同型号的产品，保持大量的库存以满足不同需求的情况，并且大大缩小了库存量。原来需要7周的成品库存量以满足98%的订货服务目标，现在只需要5周的库存量以满足生产需求，一年大约可以节约3 000万美元，电路板组装与总装厂之间也基本实现无库存生产。同时，打印机总装厂对分销中心实施JIT供应，以使分销中心保持目标库存量（预测销售量+安全库存量）。

通过供应链管理，惠普（HP）公司实现了降低打印机库存量的目标。同时，通过实施供应链管理还改善了惠普（HP）公司的服务水平，减少了因原材料供应而导致的生产不确定性和停工等待时间。由于通用打印机的价值低于同等数量的客户化产品，因而又进一步节省了运输、关税等项费用。除了降低成本，客户化延迟使得产品在企业内的生命周期缩短，从而对需求预测不准确性或是外界的需求变化都具有很好的适应性。一旦发现决策错误，可以在不影响顾客利益的情况下以更小的损失更快地得以纠正。

第一节　流通加工作业管理

一、流通加工概念

流通加工概念

流通加工是指在流通过程中对流通商品所做的辅助性加工活动，即商品在从生产地到使用地的过程中，根据需要施加包装、分割、计量、分拣、刷标志、拴标签、组装等简单作业的总称。流通加工是不改变商品的基本形态和功能，只是完善商品的使用功能，提高商品的附加价值，同时提高物流系统的效率，如表 6–1 所示。

表 6–1　流通加工和生产加工的区别

类别	流通加工	生产加工
加工对象不同	加工对象是进入流通过程的商品	生产加工对象不是最终产品，是原材料、零配件、半成品
加工程度不同	流通加工程度大多是简单加工，而不是复杂加工，流通加工对生产是一种辅助及补充，如板材的裁剪、玻璃的开片等	复杂加工应专设生产加工过程，完成大部分加工活动，流通加工对生产是一种辅助及补充。流通加工绝不是对生产加工的取消或代替
加工目的不同	是直接为消费进行的加工，流通加工的目的则在于完善物品的使用价值，并在这种完善中形成产品的附加价值	在于创造价值及使用价值
加工主体不同	流通加工主体是流通领域中商业或从事物流活动的物流经营组织	是生产领域中从事生产活动的企业

二、流通加工的类型

1. 为弥补生产领域加工不足的深加工

有许多产品在生产领域的加工只能到一定程度，这是由于许多限制因素的存在限制了生产领域不能完全实现终极加工。这种流通加工实际是生产的延续，是生产加工的深化，对弥补生产领域加工不足有重要意义。例如，木材如果在产地完成成材加工或制成木制品的话，就会给运输带来极大的困难。所以，在生产领域只能加工到圆木、板、方材这个程度，进一步的下料、切裁、处理等加工则由流通加工完成。

2. 为满足需求多样化进行的服务性加工

从需求角度来看，需求存在多样化和变化两个特点，为满足这种需求，经常是用户自己设置加工环节，如物品的分割、分拣、分装、冷冻。例如，把原木制作成板材、方材；平板玻璃按客户需要的规格进行开片加工；给 T 恤印上客户要求的个性化的图案、标志；将整鸡分割成翅、脖、腿等。

3. 为保护产品所进行的加工

在物流过程中，为了保护商品的使用价值，延长商品在生产和使用期间的寿命，防止商品在运输、储存、装卸搬运、包装等过程中遭受损失，可以采取稳固、改装、保鲜、冷冻、涂油等方式。例如，水产品、肉类、蛋类的保鲜、保持冷冻加工、防腐加工等；丝、麻、棉织品的防虫、防霉加工等，金属材料的防锈蚀喷漆、涂防锈油等。

4. 为提高物流效率，方便物流的加工

有一些产品本身的形态使之难以进行物流操作。如鲜鱼的装卸、储存操作困难；设备搬运、装卸困难；气体物运输、装卸困难等。进行流通加工可以使物流各环节易于操作，如鲜鱼冷冻、设备解体、气体液化等。

这种加工往往改变“物”的物理状态，但并不改变其化学特征，并最终仍能恢复原物流状态，如造纸用的木材磨成木屑的流通加工。

5. 为促进销售的流通加工

流通加工可以从若干方面起到促进销售的作用，如将过大包装或散装物分装成适合一次销售的小包装的分装加工；将原以保护产品为主的运输包装改换成以促进销售为主的装潢性包装；将零配件组装，以便于直接销售；将蔬菜、肉类洗净切块以满足消费者的直接使用要求等。

6. 为提高加工效率的流通加工

许多生产企业的初级加工由于数量有限，加工效率不高，也难以投入先进科学技术。流通加工以集中加工形式，解决了单个企业加工效率不高的问题。以一家流通加工企业代替了若干生产企业的初级加工工序，促使生产水平有一个发展。例如，电脑组装、自行车和电视等的组装，以及稻谷去壳、面粉加工等。

7. 为提高原材料利用率的流通加工

一些生产企业的初级加工由于数量有限，原材料加工利用率不高。流通加工利用其综合性强、用户多的特点，可以实现合理规划、合理套裁、集中下料的办法，这就能有效提高原材料的利用率，减少损失浪费。例如，将鱼类的内脏加工成某些药物或饲料、将鱼鳞加工成高级黏合剂等。

8. 衔接不同运输方式，使物流合理化的流通加工

在干线运输及支线运输的节点，设置流通加工环节，可以有效解决大批量、低成本、长距离干线运输与多品种、少批量、多批次末端运输和集货运输之间的衔接问题。在流通加工点与大生产企业间形成大批量、定点运输的渠道，又以流通加工中心为核心，组织对多用户的配送。也可在流通加工点将运输包装转换为销售包装，从而有效衔接不同目的的运输方式。例如，食用油的分装及玻璃的运输和切割。

9. 以提高经济效益、追求企业利润为目的的流通加工

流通加工是一种低投入、高产出的加工方式，往往经简单加工就能获得更大的收益。流通加工提供的利润并不亚于从运输和保管中挖掘的利润，因此，流通加工也是物流业的重要利润来源。例如，改变商品包装，使商品档次升级而充分实现其价值。

10. 生产—流通加工一体化的流通加工形式

依靠生产企业与流通企业的联合，或者生产企业涉足流通，或者流通企业涉足生产，形成对生产与流通加工进行合理分工、合理规划、合理组织，统筹进行生产与流通加工的安排，这就是生产—流通加工一体化的流通加工形式。

三、流通加工合理化的途径

1. 加工和配送结合

这是将流通加工设置在配送点中，一方面按配送的需要进行加工；另一方面加工又是配送业务流程中分货、拣货、配货中的一环，加工后的产品直接投入配货作业。这就无需单独设置一个加工的中间环节，使流通加工有别于独立的生产，而使流通加工与中转流通巧妙结合在一起。同时，由于配送之前有加工，可使配送服务水平大大提高。这是当前对流通加工做合理选择的重要形式，在煤炭、水泥等产品的流通中已表现出较大的优势。

2. 加工和配套结合

在对配套要求较高的流通中，配套的主体来自各个生产单位。但是，完全配套有时无法全部依靠现有的生产单位进行适当的流通加工，可以有效促成配套，大大提高流通的桥梁与纽带能力，如汽车零部件配送。

3. 加工和合理运输结合

流通加工能有效衔接干线运输与支线运输，促进两种运输形式的合理化。利用流通加工，在支线运输转干线运输或干线运输转支线运输这个本来必须停顿的环节不进行一般的支转干或干转支，而是按干线或支线运输合理的要求进行适当加工，从而大大提高运输及运输转载水平。

4. 加工和合理商流相结合

通过加工有效促进销售，使商流合理化，也是流通加工合理化的考虑方向之一。加工和配送结合，通过加工，提高配送水平，强化销售，是加工与合理商流相结合的一个成功的例证。此外，通过简单地改变包装加工，形成方便的购买量，通过组装加工解决用户使用前组装、调试的难题，都是有效促进商流的例子。

5. 加工和节约相结合

节约能源、节约设备、节约人力、节约耗费是流通加工合理化的重要考虑因素，也是目前我国设置流通加工、考虑其合理化的较普遍形式。对于流通加工合理化的最终判断，要看其是否能实现社会和企业本身两方面的效益，而且是否取得了最优效益。对流通加工企业而言，与一般生产企业的重要不同之处是，流通加工企业更应树立社会效益第一的观念，只有在补充完善为己任的前提下才有生存的价值。如果只是追求企业的微观效益，不适当地进行加工，甚至与生产企业争利，这就有违于流通加工的初衷，或者其本身已不属于流通加工范畴了。

第二节 货物的分拣作业

一、拣货作业的概念与意义

1. 拣货作业的概念

拣货作业是按照客户订单的要求或出库单的要求将商品挑选出来，并放在指定位置的物流作业活动。商品的入库是批量到货，并且相同的品种存放在一起，而客户的订单包含多种不同商品品种。

2. 拣货作业的意义

在物流中心内部所涵盖的作业范围里，拣货作业是其中十分重要的一环，它不但消耗大量的人力、物力，而且其所涉及的作业技术含量也是最高的。拣货信息来源于客户的订单，拣货作业的目的也就在于正确且迅速地挑选出顾客所订购的商品。

从人力需求的角度来看，目前大多数的物流中心仍属于劳力密集型企业，在配送中心搬运成本中，分拣作业搬运成本约占 90%；在劳动密集型配送中心，与分拣作业直接相关的人力占 50%；分拣作业时间约占整个配送中心作业时间的 30% ~ 40%。由此可见，规划合理的拣货作业方式，对物流中心的运作效率具有决定性的影响。

二、拣货作业方式

拣货作业的基本方式有 3 种，分别是按订单拣货、按批量拣货和复合拣取。

1. 按订单拣货

这种作业方式是按照每一张订单的品种和数量的要求，依次将客户所需求的商品由存放位置挑选出来的方式，是较传统的拣货方式，如图 6–1 所示。

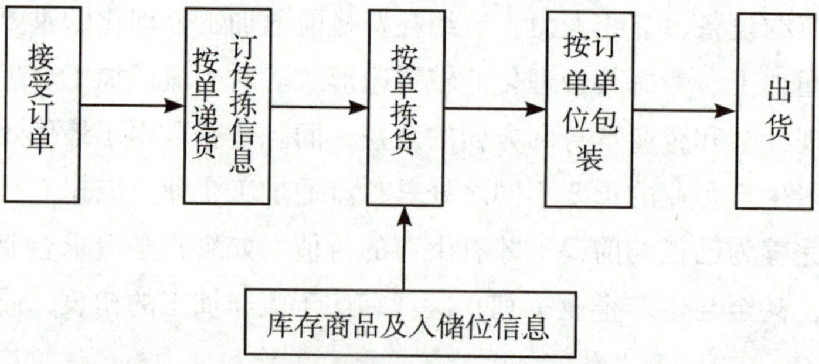

图 6–1 按订单拣货作业流程

以下是按订单拣货的优点和缺点。

（1）按订单拣货的优点

按订单拣货作业方法简单，实施容易且弹性大；拣货后不用再进行分类作业，适用于大量订单的处理；作业人员责任明确；相关文件准备时间较短。

（2）按订单拣货的缺点

拣货区域大时，补货及搬运的系统设计困难；商品品种多时，拣货行走路径加长，拣货效率降低。

2. 按批量拣货

把多张订单汇集成一批，按商品类别及品种将数量相加后先进行初次拣货，然后再按照单一订单的要求将货品分配至每一张订单，如图 6–2 所示。

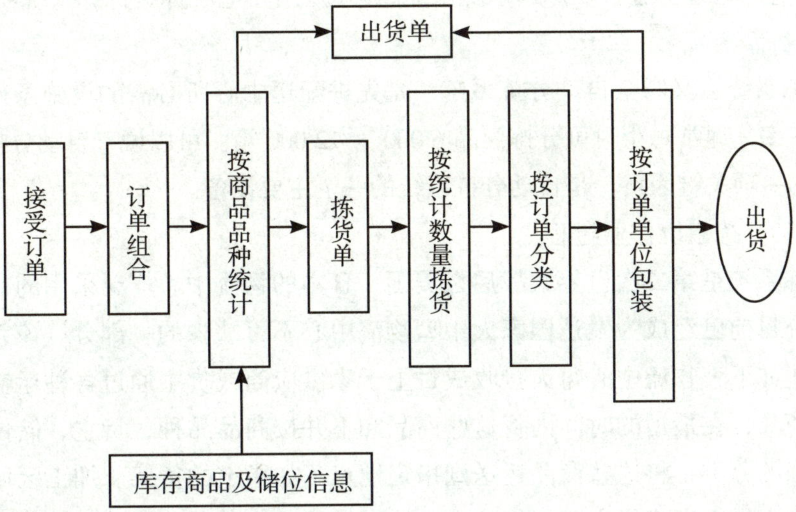

图 6–2　批量拣货作业流程

按批量拣货作业方式的特点如下。

（1）按批量拣货的优点

按批量拣货可以缩短拣货时行走搬运的距离，增加单位时间的拣货量；适用于订单数量庞大的系统。

（2）按批量拣货的缺点

按批量拣货对订单无法快速反应，必须等订单累积到一定数量时才做一次性处理，因此容易出现停滞现象。只有根据订单到达的情况做等候时间分析，并决定适当的批量大小，才能将停滞时间减到最少。批量拣货后还要进行再分配，增加人工搬运次数。

3. 复合拣取

（1）复合拣取的概念

为克服订单拣取和批量拣取方式的缺点，配送中心也可以采取将订单拣取和批量拣取组合起来的复合拣取方式。

（2）复合拣取方式适用场合

复合拣取即根据订单的品种、数量及出库频率，确定哪些订单适应于订单拣取，哪些适应于批量拣取，分别采取不同的拣货方式。

三、拣货技术

1. 人工拣货

人工拣货是指所有拣货作业过程全部由人工根据单证或其他传递过来的信息进行拣取商品。拣货作业完成后由人工将各客户订购的商品放入已标示好的各区域或容器中。

2. 电子标签拣选系统

电子标签拣选系统又称半自动签拣，是计算机辅助拣选工具之一。为了提高拣选作业的效率，很多仓库通过引进自动拣选系统来提高拣选效率，电子标签拣选系统就是其中之一。

3. 自动分拣系统

自动分拣系统，又叫全自动分拣系统，是先进配送中心所必需的设施条件之一，具有很高的分拣效率，通常每小时可分拣商品 6 000 ~ 12 000 箱。可以说，自动分拣机是提高物流配送效率的一项关键因素，是自动分拣系统的一个主要设备。

（1）自动分拣系统作业过程

自动分拣系统是第二次世界大战后在美国、日本的物流中心广泛采用的一种自动分拣系统，该系统目前已经成为发达国家大中型物流中心不可缺少的一部分。该系统的作业过程可简单描述如下：物流中心每天接收成百上千家供应商或货主通过各种运输工具送来的成千上万种商品，在最短的时间内将这些商品卸下并按商品品种、货主、储位或发送地点进行快速准确的分类，将这些商品运送到指定地点（如指定的货架、加工区域、出货站台等）。同时，当供应商或货主通知物流中心按配送指示发货时，自动分拣系统在最短的时间内从庞大的高层货架存储系统中准确找到要出库的商品所在位置，并按所需数量出库。将从不同储位上取出的不同数量的商品按配送地点的不同运送到不同的理货区域或配送站台集中，以便装车配送。图 6–3 和图 6–4 为滑块式分拣机和斜轮分拣机。

图 6–3　滑块式分拣机

图 6–4　斜轮分拣机

（2）自动分拣系统的主要特点

能连续、大批量地分拣货物；分拣误差率极低；分拣作业基本实现无人化。

（3）自动分拣系统的组成控制装置、分类装置、输送装置、分拣道口，以上 4 部分装置通过计算机网络连结在一起，配合人工控制及相应的人工处理环节构成一个完整的自动分拣系统。图 6–5 和图 6–6 为交叉带分拣机，滚珠式分拣机。

图 6-5 交叉带分拣机

图 6-6 滚珠式分拣机

四、输出拣货清单

拣货清单是配送中心将客户订单资料进行计算机处理，生成并打印出拣货单，如表6-2所示。拣货单上标明储位，并按储位顺序来排列货物编号，作业人员据此拣货可以缩短拣货路径，提高拣货作业效率。

表 6-2 拣货单

<table>
<tr><td colspan="4">拣货单号码</td><td colspan="5">拣货时间</td></tr>
<tr><td colspan="4" rowspan="3">顾客名称</td><td colspan="5">拣货人员</td></tr>
<tr><td colspan="5">审核人员</td></tr>
<tr><td colspan="5">出货日期　　年　　月　　日</td></tr>
<tr><td rowspan="2">序号</td><td rowspan="2">储位号码</td><td rowspan="2">商品名称</td><td rowspan="2">商品编码</td><td colspan="3">包装单位</td><td rowspan="2">拣取数量</td><td rowspan="2">备注</td></tr>
<tr><td>整托盘</td><td>箱</td><td>单件</td></tr>
<tr><td></td><td></td><td></td><td></td><td></td><td></td><td></td><td></td><td></td></tr>
<tr><td></td><td></td><td></td><td></td><td></td><td></td><td></td><td></td><td></td></tr>
</table>

案 例

三只松鼠股份有限公司（以下简称“三只松鼠”）上线于2012年，是中国率先定位于纯互联网食品品牌的企业，也是当前中国销售规模最大的食品电子商务企业之一。公司的核心竞争力定位为独创90FS用户体验：取料原产地、全程最新鲜、极致优服务。企业将其对优质服务的追求鲜明体现在包装箱的设计上。

三只松鼠的外包装箱是自己品牌的松鼠头像，有个可爱的名字——鼠小箱。外包装箱的设计简洁大方，突出“松鼠”设计元素。箱上贴着一个给快递员的便条，提醒轻拿轻放，爱护箱子。

这个设计既人性化又富有创意，给消费者一种受到重视的感觉。除此之外，外包装箱还有一个塑料开箱器，叫“鼠小器”，贴附在外箱的一角，用来戳开箱子外面的透明胶，避免客户因收到快递用钥匙、圆珠笔等开箱带来的不便和尴尬。人性化的包装设计，将细节做到极致。

根据不同口味，坚果的包装有不同的设计风格，但基本元素都是松鼠大头。更贴心的是双层食品包装设计，外包是防水牛皮纸，内包是真空铝塑袋子，保证在物流运输过程中食品不受潮、保持新鲜度，让消费者从视觉到味觉都身心愉悦，实现产品销售的快速增长。

通过以上案例，不难看出，一方面，企业选用优质的材料包装产品，可以实现在运输、存储等物流环节保护商品的功能；另一方面，企业在外包装上融入卡通形象、加入贴心的设计，让消费者体验到品牌的用心专业，能提升消费者认同感，促进产品销售。

第三节　包装的功能及材料选择

中国包装行业用 20 多年的时间走了西方国家近 40 年的发展路程，基本上改变了“一流产品，二流包装，三流价格”的局面。包装行业已从一个分散落后的行业，发展成一个拥有一定现代技术装备、分类比较齐全的完整工业体系。当今包装工业发展的显著特点是包装市场的国际化、包装业发展的全球化，各国包装业发展的相互关联及依存程度也越来越高。包装不仅成为物流的重要环节，而且逐步成为一个重要的产业部门。

一、包装的定义

包装的定义是为在流通过程中保护产品、方便储运、促进销售，按一定技术方法而采用的容器、材料及辅助物等的总体名称。也指为了达到上述目的而采用容器、材料和辅助物的过程中施加一定技术方法等的操作活动。

具体来讲，包装包含了两层含义：一是静态的含义，指能合理容纳商品、抵抗外力、保护宣传商品、促进商品销售的物体，如包装容器等；二是动态的含义，指包裹、捆扎商品的操作过程。

人们对包装的认识，是随着社会生产的发展不断变化的。早期人们对商品进行包装，主要是为了保护商品；随着科学技术的不断进步和商品经济的发展，人们对包装的认识不断深化，赋予其新的内容，即它是商品在生产领域的一种延续，可以方便商品运输、装卸和保管。现代包装还向消费领域延伸，成为“无声的推销员”。从物流的角度来看，包装是生产的终点，却是物流的起点。

二、包装的三大功能要素

1. 保护功能

保护功能是包装最基本的功能，即保护被包装的商品，使商品不受各种外力的损坏。一件商品，要经过多次流通，才能走进商场或其他销售场所，最终到达消费者手中，这期间需要经过装卸、运输、库存、陈列、销售等环节。产品从生产出来到使用之前的这段时间，保护措施是很重要的，在储运过程中，很多外因都会威胁到商品的安全，保护商品不出现渗漏、浪费、偷盗、损耗、散落、收缩和变色等至关重要。

2. 便利功能

便利功能要从方便物流和消费者两方面体现，即商品的包装是否方便使用、携带、存放等；一个好的包装作品，应该以“人”为本，站在消费者的角度考虑，这样会拉近商品与消费者之间的关系，增加消费者的购买欲及对商品的信任度，同时促进消费者与企业之间沟通。

（1）方便物流

例如，制造者及营销者要把产品从一个地方搬到另一个地方，牙膏或钉子放在纸盒内可以很容易在库房里搬动，酱菜和洗衣粉不方便包装，可以采用小包装的形式进行包装，这使制造者及营销者运送起来非常方便。

（2）方便消费者

为了辨别商品，包装上必须注明产品型号、数量、品牌以及制造厂家或零售商的名称。包装能帮助库房管理人员准确地找到产品，也可帮助消费者找到想买的商品。商品包装作为商品设计的延续，已经成为商品营销的一个基础元素。富有创意的商品包装，已经成为企业提升品牌价值最简单、最有效的方法。

3. 促销功能

包装可以促进某种品牌的销售，特别是在自选商店里更是如此。在商店里，包装可以吸引消费者的注意力，并能把他们的注意力转化为购买欲。每个包装箱都是一个广告牌，良好的包装能够提高新产品的吸引力，包装本身的价值也能成为消费者购买某个产品的动机。此外，提高包装的吸引力要比提高产品单位售价的代价要小。

人们常说“酒香不怕巷子深”，只要产品质量好，就不愁卖不出去。然而在市场竞争日益激烈的今天“酒香也怕巷子深”，包装的重要性也越来越得到商家的重视。如何让产品得以畅销，从琳琅满目的货架中“跳出”，只靠产品自身的质量与媒体的宣传是不够的，还需要商品的包装。好的包装设计能够吸引消费者目光，提升产品品牌形象，扩大销售量，提高市场占有率。

案 例

可口可乐公司的玻璃瓶，至今仍为人们所称道。1898 年，鲁特玻璃公司一位年轻的工人亚历山大·山姆森在同女友的约会中，发现女友穿着一套筒型连衣裙，曲线非常好看。约会结束后，他突发灵感，根据女友穿着这套裙子的形象设计出一个玻璃瓶。经过反复修改，亚历山大·山姆森不仅将瓶子设计得非常美观，像一位亭亭玉立的少女，还把瓶子的容量设计成刚好一杯水大小。瓶子试制出来之后，获得大家的一致称赞。有经营意识的亚历山大·山姆森立即到专利局申请了专利。

当时，可口可乐的决策者坎德勒在市场上看到了亚历山大·山姆森设计的玻璃瓶后，认为非常适合作为可口可乐的包装。于是，他主动向亚历山大·山姆森提出购买瓶子专利。经过一番讨价还价，可口可乐公司最后以600万美元的天价买下此专利。要知道在100多年前，600万美元可是一项巨大的投资。然而实践证明，可口可乐公司这一决策是非常成功的。

亚历山大·山姆森设计的瓶子不仅美观，而且使用非常安全，易握不滑落。此外，由于瓶子的结构是中大下小，当它盛装可口可乐时，给人的感觉是分量很足。采用亚历山大山·姆森设计的玻璃瓶作为可口可乐的包装以后，可口可乐的销量飞速增长，在两年的时间内，销量翻了一倍。从此，采用玻璃瓶作为包装的可口可乐开始畅销美国，并迅速风靡世界。600万美元的投入，为可口可乐公司带来了数以亿美元计的回报。

三、常见包装材料

包装材料是指制作各种包装容器和满足产品包装要求所使用的材料，是商品包装的物质基础。了解和掌握包装材料的种类、性能和用途，并合理地选择包装材料是进行包装设计的重要条件之一。

包装材料的种类繁多，常用的有纸质材料、塑料、金属、玻璃、陶瓷、天然材料、纤维织品材料、复合材料以及易降解的新型环保材料等。

1. 纸质包装材料

在整个包装设计发展进程中，纸质包装材料作为一种普遍的包装材料，被广泛运用到生产、生活实践中，大到工业产品、电器包装；小到手提袋、礼品盒等，从一般包装用纸到复合包装用纸，无不显示出纸质包装材料的魅力。

纸质包装材料加工方便、成本低廉，适合大批量机械化生产，成型性和折叠性好，可以精美印刷，并具有可回收再利用、经济环保等优点。

（1）牛皮纸

牛皮纸质地坚韧且价格低廉，具有良好的耐折性、抗水性。牛皮纸通常呈黄褐色，经漂白处理后呈淡褐色、米白色或白色，多用于制作购物袋、信封、水泥袋等，也用作食品的包装用纸，如图6–7所示。

（2）铜版纸

铜版纸主要采用木、棉纤维等高级原料精制而成，分为单铜和双铜两种。其纸面洁白、平滑度高、黏着力大、防水性强，适用于多色套版印刷，印后色彩鲜艳，层次变化丰富，如图6–8所示。

（3）白板纸

白板纸是正面呈白色且光滑、背面多为灰色的纸板，其质地坚硬厚实，具有较好的挺立强度、表面强度、耐折性和印刷适应性，适用于制作包装盒、衬板等，如图6–9所示。

图 6–7　牛皮纸

图 6–8　铜版纸

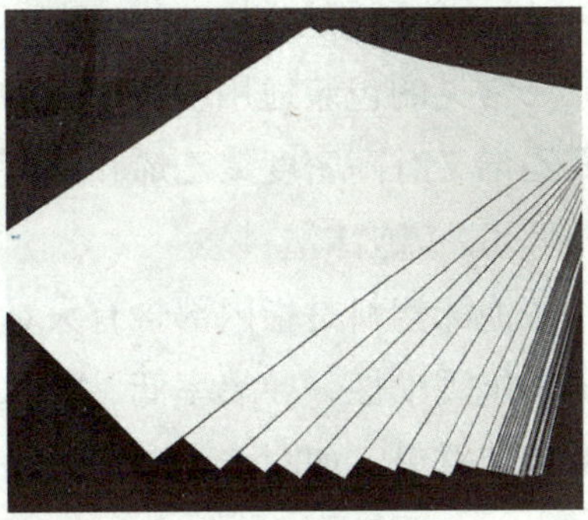
图 6–9　白板纸

（4）白卡纸

白卡纸是采用双面涂料，并经亚光处理的多层双面厚白纸板。其质地坚挺，洁白平滑，多用于制作礼品盒、吊牌、吸塑包装的底衬等，如图 6–10 所示。

（5）瓦楞纸

瓦楞纸因其被加工成波形瓦楞形状而得名。瓦楞纸是由面纸、里纸、芯纸和瓦楞纸黏合而成，具有轻便坚固、载重和耐压性强、防震、防潮等优点，且成本较低，如图 6–11 所示。

瓦楞纸分为单面、三层、五层、七层、十一层瓦楞纸等。单面瓦楞纸一般用作商品包装的贴衬保护层或制作轻便的卡格、垫板，保护商品在贮存的运输过程中免受震动或冲撞；三层或五层瓦楞纸用于制作商品的销售包装；七层或十一层瓦楞纸主要用于制作机电产品、家具、摩托车、大型家电等的包装箱。

图 6–10　白卡纸

图 6–11　瓦楞纸

2. 塑料包装材料

塑料是一种以合成树脂为基本成分，加入增塑剂、稳定剂、填料、润滑剂、色料等添加剂，经人工合成的高分子材料。塑料具有良好的防水性、防潮性、耐油性、绝缘性，而且质量轻、可着色、易生产，可塑造多种形状并适应印刷，其原料来源丰富、成本低廉、性能优良，已经成为近 40 年来发展最快的包装材料，是现代销售包装中最重要的包装材料之一。但由于废弃塑料带来的“白色污染”日益严重，这种材料越来越受到人们诟病，对塑料改性的研究一直没有停止。用于包装材料的塑料，可分为通用塑料和泡沫塑料两大类。

（1）通用塑料

常见的包装通用塑料成分主要有聚乙烯、聚丙烯、聚氯乙烯，以及聚苯乙烯。其中，聚乙烯又有高密度聚乙烯和低密度聚乙烯之分，如图 6–12 所示。

（2）泡沫塑料

泡沫塑料是指内部含有大量微孔结构的塑料制品，又称多孔塑料，其具有优良的抗冲击和抗震动性，导热率低、吸水率低、吸湿性小，化学性能稳定等特点，常用作产品的缓冲包装材料，如图 6–13 所示。

图 6–12　通用塑料

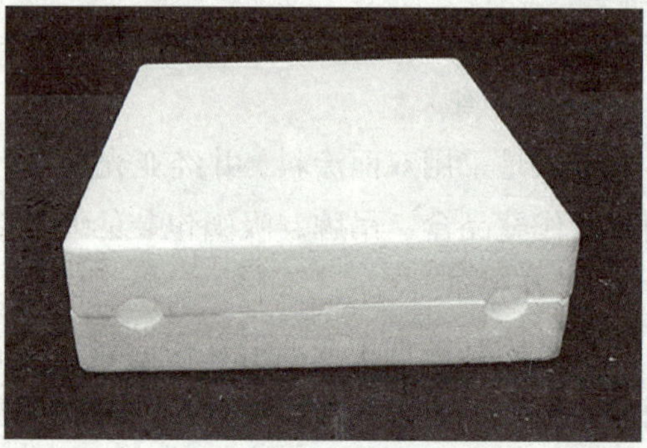

图 6–13　泡沫塑料

3. 金属包装材料

金属是传统的包装材料之一，广泛应用于工业产品包装、运输包装和销售包装，在包装材料中占有重要地位。金属包装材料具有以下特点。

（1）机械性能优良、强度高，可制成薄壁、耐压强度高且不易破损的包装容器。

（2）加工性能优良，加工工艺成熟，能连续化、自动化生产，具有很好的延展性和强度，可制成各种厚度的板材、箔材。

（3）具有优良的综合防护性能，如较强的阻气性、防潮性、遮光性。

（4）具有特殊的金属光泽，易于印刷，如金属箔和镀金属薄膜都是理想的商标材料。

金属包装材料主要分为钢材和铝材两大类，而每一类包含了若干品种，各有其适用范围。

（1）钢材

与其他金属包装材料相比，钢材来源较丰富，能耗和成本也较低，具有良好的可塑性和延展性。常见的钢材包装有薄钢板（黑铁皮）、镀锌薄钢板（白铁皮）、镀锡薄钢板（马口铁）、镀铬薄钢板等，如图 6–14 所示。

（2）铝材

铝材质量轻，具有较好的延展性和耐腐蚀性，不易生锈，光亮度美观持久，易于印刷、加工和回收。铝材的不足之处主要是在酸、碱、盐介质中易被腐蚀，故表面须有涂料或镀层才能用作食品容器。而且其强度比钢材低，成本却比钢材高，主要用于销售包装，如易拉罐等，如图 6–15 所示。

图 6–14　钢材包装

图 6–15　铝材包装

4. 玻璃与陶瓷包装材料

（1）玻璃

玻璃的基本原料是石英砂、烧碱和石灰石。其具有高度的透明性、不渗透性和耐腐蚀性，无毒无味，化学性能稳定，生产成本较低等特点，可制成各种形状和色彩的透明或半透明的容器。另外，在普通玻璃中添加着色剂可形成有色玻璃。有色玻璃能够吸收太阳可见光，减弱太阳光的强度，为需要避光保存的商品提供保护。

玻璃的应用较为广泛，可制作油、酒类、食品、饮料、果酱类、化妆品、调味品、医药产品等的包装，如图 6–16 所示。

（2）陶瓷

陶瓷具有良好的化学稳定性与热稳定性，能耐各种化学药品的侵蚀，耐高温，冷热快速变化也不会对陶瓷产生影响，透气性极低，历经多年不变形、不变质，是理想的食品、化学品的包装容器。许多陶瓷包装本身又是一件精美的工艺品，在传统包装领域有着独特的应用价值，如图 6–17 所示。

图 6–16　玻璃包装

图 6–17　陶瓷包装

5. 天然包装材料

天然包装材料是指动物的皮、毛或植物的叶、茎、杆、纤维等，可直接使用或经过简单加工制成板、片后，用作包装材料。

（1）竹类

常用于包装材料的竹类有毛竹、水竹、苦竹、慈竹、麻竹等。竹子质地坚硬、耐冲击、耐腐蚀、抗摩擦、密度小，具有良好的物理性能和力学性能；易种植，生产速度快，产量高，绿色环保，主要用于编制板材和各种包装容器，如竹筐、竹箱、竹筒等，如图 6–18 所示。

（2）木材

木材作为包装材料具有悠久的历史。木材资源丰富，具有抗冲击、震动，易加工，价格经济等优点，但易受环境和温度湿度的影响而导致变形、开裂，易腐朽、易燃、易受虫害。不过这些缺点通过适当的处理可以消除或减轻。木材常用作易碎及易受碰撞损坏的商品的运输包装，如图 6–19 所示。

图 6–18　竹类材料包装

图 6–19　木材材料包装

（3）藤材类

藤材类包装材料主要有柳条、桑条、槐条、荆条等野生植物藤类。藤材类材料的弹力较大，韧性好，拉力强，耐冲击，耐摩擦，耐气候变化，可用于编织各种筐、篓等包装，给人以自然清新之感，如图 6–20 所示。

（4）草类

草类包装材料主要有水草、蒲草、稻草等，常用于编织席、包、草袋等包装。草类质量轻且柔软，常充当缓冲包装材料，且价格低廉，是较常见的一次性包装材料，如图 6–21 所示。

图 6–20　藤材类材料包装

图 6–21　草类材料包装

6. 纤维织品包装材料

纤维织品包装材料具有柔软、易于印染，具有可反复利用、可再生等优点。但其成本较高，坚固度低，一般适用于产品的内包装，有填充、装饰、防震等作用，如图 6–22 所示。市面上的纤维织品包装材料可分为天然纤维、人造纤维和合成纤维几类。

7. 复合包装材料

复合包装材料是通过一定的方法和技术手段，将两种或两种以上的材料通过一定的方法加工复合而成，具有多种材料的特性，以弥补单一材料的不足，形成具有综合性质的更完美的包装材料。与传统材料相比，复合包装材料具有节省资源、易于回收、降低生产成本、减轻包装质量等优势，因此越来越受到重视和提倡。

常见的复合包装材料有防腐复合材料、耐油复合材料、填充复合材料和防蛀复合材料。

（1）防腐复合材料：可解决某些非铁制品的防腐问题，通常使用多层牛皮纸和蜡或沥青涂料，加入防腐剂制成，如图 6–23 所示。

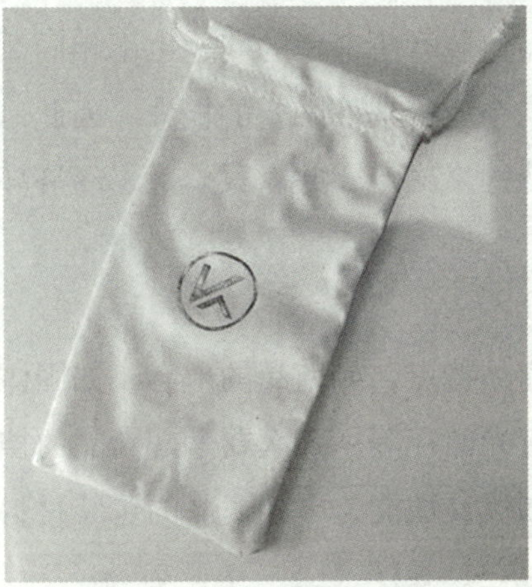

图 6–22　纤维织品材料包装

图 6–23　防腐复合材料包装

（2）耐油复合材料：由双层复合膜组成，外层是高密度聚乙烯薄膜，里层是半透明的塑料，具有薄而坚固的特点。因其不易渗透血和油脂，常用作食品的包装，如图 6–24 所示。

（3）填充复合材料：作为纸和纸板的代用品，通过热成型工艺来压制成各种形状的容器，可以进行折叠和印刷，防潮性能好；还可以热封合，尺寸稳定且易于印刷，具有装饰效果。

（4）防蛀复合材料：在复合材料中加入带有防蛀成分的黏合剂，可使商品长时间不生蛀虫，但因黏合剂有毒，不能直接用在食品包装上。

8. 易降解的新型环保包装材料

新型环保包装材料是为了缓解“白色污染”而开发出来的复合材料，一般是用树木或其他植物混合而成。它可以生物降解，不易造成污染，是今后包装材料的主要发展方向，如图 6–25 所示。

图 6–24　耐油复合材料包装

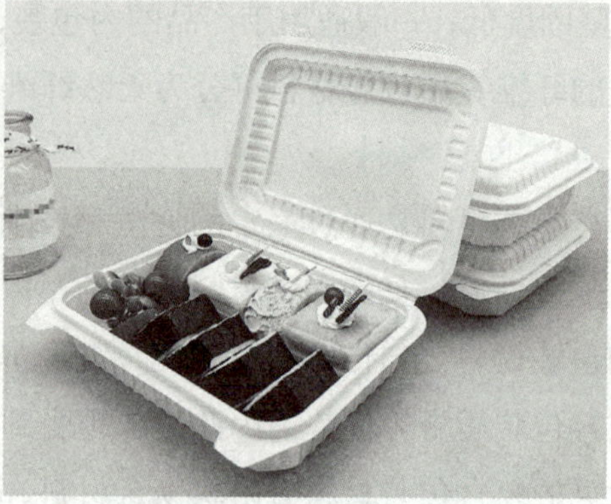

图 6–25　玉米淀粉可降解餐盒

四、包装材料的选择

由于产品的品种繁多，性能不同，在进行产品包装时所考虑的问题也不相同。材料的选择在包装设计中非常重要，如果选材不当，会给企业带来不必要的损失。因此，包装材料的选择要遵循一定的原则，要根据产品自身的特性来决定，并以科学性、经济环保为基本原则，同时考虑被包装产品的性能。

1. 以产品需求为依据

包装材料的选择不是随意的，首先应该结合商品特点，如商品的形态（如固体、液体等），是否具有腐蚀性和挥发性，以及是否需要避光储存等；其次要考虑商品的档次，如高档商品或精密仪器的包装材料应高度注意美观和优良性能，中档商品的包装材料则应美观与实用并重，而低档商品的包装材料则以实用为主。

2. 能有效地保护商品

包装材料应有效地保护商品，具有一定的强度、韧性和弹性等，以适应压力、冲击、震动等外界因素的影响。

3. 经济环保

包装材料应尽量选择来源广泛、取材方便、成本低廉，可回收利用、可降解、可加工、无污染的材料，以免造成环境污染。

4. 被包装产品的性能

被包装产品的性能主要包括产品的物态、外形、强度、质量、结构、价值、危险性等，这是进行包装时首先应考虑的问题。

（1）产品物态。主要有固态、液态、气态、混合等不同的物态，其包装容器也不同。

（2）产品外形。主要有方形、圆柱形、多角形、异形等，其包装要根据产品外形特点进行设计，要求包装体积小、固定良好、存放稳定且符合标准化要求。

（3）产品强度。强度低、易受损伤的产品要充分考虑包装的防护性能，在包装外面应有明显的标记。

（4）产品质量。质量大的产品要特别注意包装的强度，确保其在流通中不受损坏。

（5）产品结构。不同产品，往往结构不同。只有充分地了解产品结构，才能对不同产品进行合适的包装。

（6）产品价值。不同产品，价值差异很大，应重点考虑价值高的产品。

（7）产品危险性。对于易燃、易爆、有毒等具有危险性的产品，要确保安全，包装外面应有注意事项和特定标记。

第四节 常见包装技术及其选择

商品包装技术是针对产品的特殊需要而采用的包装技术和方法。由于产品特性不同，在流通过程中受内外各种因素影响，其物性会发生变化。例如，受潮变质、受振动冲击而损坏。所以，需要采用一些特殊的技术和方法来保护产品免受流通环境各因素的影响。此类技术和方法也称特殊包装技法，其包括的范围极为广泛，如缓冲、保鲜、防潮、防锈、脱氧、充气、灭菌等。

一、常见包装技术

1. 缓冲包装技术（防振包装技术）

防振包装是指为减缓内装物受到的冲击和振动、保护其免受损坏采取的具有一定防护措施的包装。防振包装的作用主要是克服冲击和振动对被包装产品的影响，保护内装物免受损坏。常用的缓冲包装材料有泡沫塑料、木丝、弹簧等。发泡包装是缓冲包装的新方法，它是通过特制的发泡设备，将能生产塑料泡沫的原料直接注入内装物与包装容器之间的空隙处，约经几十秒即引起化学反应，进行 50 ~ 200 倍的发泡，形成紧裹内装物的泡沫体，适用于一些形体复杂或小批量的商品。防振包装主要分为以下两种。

（1）克服冲击所采用的方法通常叫缓冲，所用材料为缓冲材料。

（2）克服振动所采用的方法通常叫防振、隔振，所用材料为防振材料、隔振材料。

防振包装是综合考虑了冲击和振动的影响而采用的方法，所用材料为防振缓冲材料或防振材料、缓冲材料，如图 6-26 所示。

图 6–26　常见的防振缓冲材料

2. 防湿（水）包装技术

防湿包装的目的是隔绝大气中的水分对被包装物品的作用，但由于每种物品吸湿特性不同，因而对水分的敏感程度各异，对防湿性能要求也有所不同。防湿包装设计就是防止水蒸气通过，或将水蒸气的通过减少至最低限度，如图 6–27 所示。

一定厚度和密度的包装材料可以阻隔水蒸气的透入，其中金属和玻璃的阻隔性最佳，防潮性能较好；纸板结构松弛，阻隔性较差，但若在表面涂上防潮材料，也会具有一定的防潮性能；而塑料薄膜有一定的防潮性能，其透湿强弱与塑料材料有关，特别是加工工艺、密度和厚度的不同，差异性较大。

一般的防湿包装方法有两类：防止被包装物品失去水分的防湿包装和防止被包装物品增加水分的防湿包装。为了提高包装的防潮性能，可用涂布法、涂油法、涂蜡法、涂塑法等方法。涂布法就是在容器内壁和外表加涂各种涂料，如在布袋、塑料编织袋内涂树脂涂料，纸袋内涂沥青等；涂油法是指为了增强瓦楞纸的防潮能力，在其表面涂上光油、清漆或虫胶漆等；涂蜡法是在瓦楞纸表面涂蜡或楞芯渗蜡；涂塑法是在纸箱上涂以聚乙烯醇丁醛（PVB）等。此外，还有在包装容器内盛放干燥剂（如硅胶、泡沸石、铝凝胶）等。还有的，对易受潮和透油的包装内衬一层至多层防湿材料（如牛皮纸、柏油纸、邮封纸、上蜡纸、防油纸、铝箔和塑料薄膜等）或用一层至多层防潮材料直接包裹商品。上述方法既可单独使用，又可同时使用。

3. 防锈包装技术

防锈包装是为防止金属制品锈镀蚀而采用一定防护措施的包装。防锈包装可以在金属表面进行处理。例如，镀金属（包括镀锌、镀锡、镀铬等）镀层不但能阻隔钢铁制品表面与大气接触，而且在发生电化学作用时镀层先受到腐蚀，保护了钢铁制品的表面；也可采用氧化处理（俗称发蓝）和磷化处理（俗称发黑）的化学防护法。防锈包装还可采用除油防锈、涂漆防锈和气相防锈等方法。例如，五金制品可在其表面涂一层防锈油，再用塑料薄膜封装；涂漆处理是对钢板桶和一些五金制品先进行喷砂等机械处理后再涂上不同的油漆；气相防锈是采用气相缓蚀剂进行防锈的方法，目前采用的是气相防锈纸，即将涂有缓蚀剂的一面向内包装制品，外层用石蜡纸、金属箔、塑料袋或复合材料密封包装，如图6–28所示。若包装空间过大，则可添加适量防锈纸片或粉末。此外，防锈包装还可采用普通塑料袋封存、收缩或拉伸塑料薄膜封存、可剥性塑料封存和茧式防锈包装、套封式防锈包装以及充氮和干燥空气等封存法防锈。

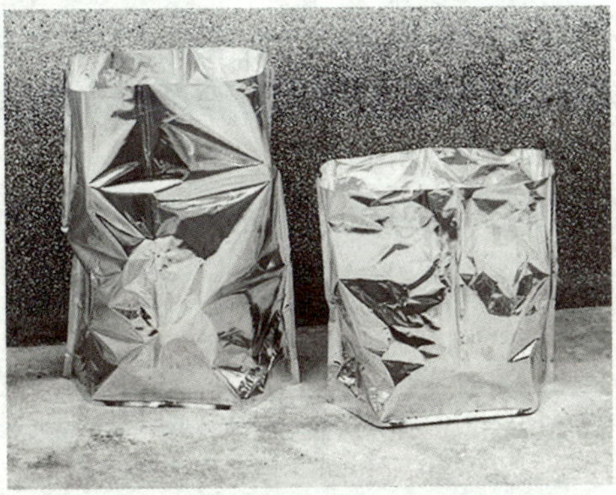

图6–27 常见的防湿（水）包装

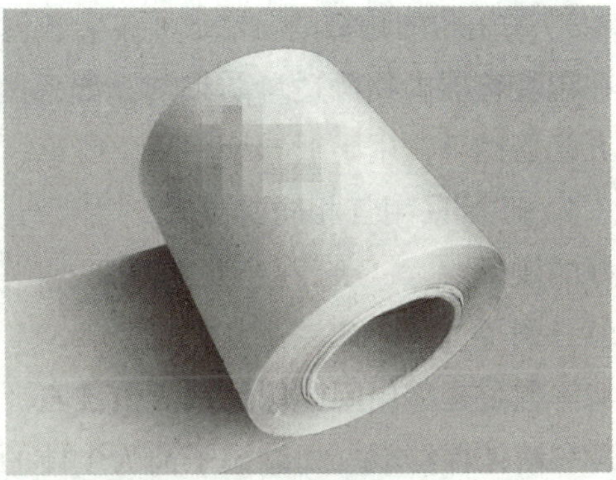

图6–28 防锈包装纸

（1）一般的防锈包装工艺

①防锈包装前，应对金属制品进行清洁和干燥处理。

②防锈封存包装。用防锈材料对金属制品表面进行防锈处理与包封。

（2）常用的防锈包装材料与方法

①防锈油脂封存包装。将防锈油脂涂覆于金属制品表面，然后用石蜡纸或塑料袋封装。

②气相缓蚀剂防锈封存包装。气相缓蚀剂也称挥发性缓蚀剂，在常温下具有一定的蒸气压，在密封包装内能自动挥发到达金属制品表面，对金属起到防止锈蚀的作用。

③可剥性塑料封存包装。可剥性塑料是以塑料为基本成分，加入矿物油、防锈剂、增塑剂、稳定剂、防霉剂等配制而成的防锈材料。

4. 防虫害包装技术

防虫害包装技术是通过各种物理因素（光、热、电、冷冻等）或化学药剂作用于害虫的肌体，破坏害虫的生理机能和肌体结构，劣化害虫的生活条件，促使害虫死亡或抑制害虫繁殖，以达到防虫害的目的。

防虫害包装技术可以分为高温防虫害包装技术、低温防虫害包装技术、电离辐射防虫害包装技术和微波与远红外线防虫害包装技术四类。

5. 防霉包装技术

防霉包装是防止包装和内装物霉变而采取一定防护措施的包装，如图6–29所示。除防潮措施外，它还要对包装材料进行防霉处理。防霉包装必须根据微生物的生理特点，改善生产和控制包装储存等环境条件，达到抑制霉菌生长的目的。

（1）要尽量选用耐霉腐且结构紧密的材料，如铝箔、玻璃和高密度聚乙烯塑料、聚丙烯塑料、聚酯塑料及其复合薄膜等，这些材料具有微生物不易透过的性质，具有较好的防霉效能。

（2）要求容器有较好的密封性，如采用泡罩、真空和充气等严密封闭的包装，既可阻隔外界潮气侵入包装，又可抑制霉菌的生长和繁殖。

（3）采用药剂防霉的方法，可在生产包装材料时添加防霉剂、用防霉剂浸湿包装容器，以及在包装容器内喷洒适量防霉剂，如采用多菌灵（BCM）、百菌清、水杨脱苯胺、菌舀净、五氯酚钠等，用于纸与纸制品、皮革、棉麻织品、木材等包装材料的防霉。

（4）还可采用气相防霉处理，主要使用多聚甲醛、充氮包装、充二氧化碳包装，具有良好的效果。

6. 保鲜包装技术

保鲜包装是采用固体保鲜剂（由沸石、膨润土、活性炭、氢氧化钙等原料按一定比例组成）和液体保鲜剂（如以椰子油为主体的保鲜剂，以碳酸氢钠、过氧乙酸溶液、亚硫酸与酸性亚硫酸钙、复方卵磷脂和中草药提炼的保鲜剂等）进行果实、蔬菜的保鲜，如图 6-30 所示。固体保鲜剂法是将保鲜剂装入透气小袋，封口后再装入内包装，以吸附鲜果、鲜菜散发的气体而延缓其后熟过程。液体保鲜剂法是将鲜果浸涂液，鲜果浸后取出，表面形成一层极薄的可食用保鲜膜，既可堵塞果皮表层呼吸气孔，又可起到防止微生物侵入并起到隔温、保持水分的作用。硅窗转运箱保鲜包装是采用塑料密封箱加盖硅气窗储运鲜果、鲜菜、鲜蛋的保鲜方法。硅气窗又称人造气窗，在塑料箱、袋上开气窗，有良好的调节氧气、二氧化碳浓度，抑制鲜果、鲜菜和鲜蛋的呼吸作用，可延长储存期。

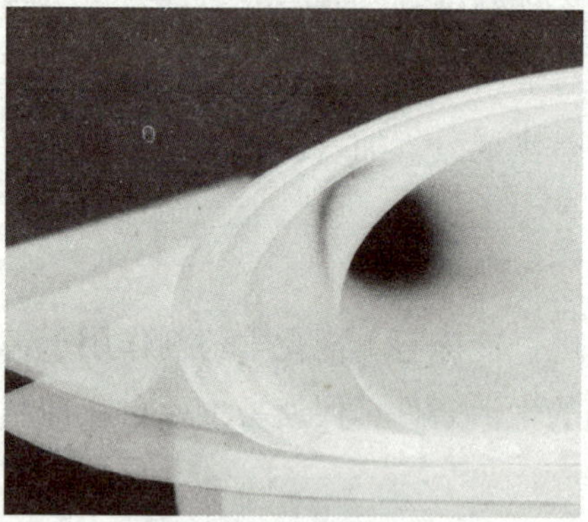

图 6-29　防霉包装纸

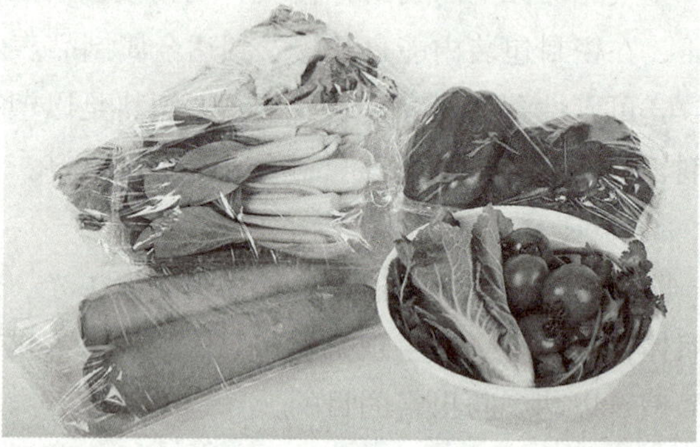

图 6-30　保鲜包装

7. 脱氧包装技术

脱氧包装又称除氧封存剂包装，即利用无机系、有机系、氢系三类脱氧剂，除去密封包装内的游离态氧，降低氧气浓度，从而有效地阻止微生物的生长繁殖，起到防霉、防褐变、防虫蛀和保鲜的目的，如图 6-31 所示。脱氧包装适用于某些对氧气特别敏感的制品。

8. 充气包装和真空包装技术

充气包装是采用二氧化碳气体或氮气等不活泼气体置换包装容器中空气的包装，如图 6–32 所示。它通过改变包装容器中的气体组成成分，降低氧气浓度，达到防霉腐和保鲜的目的。真空包装是将制品装入气密性容器后，将包装容器内的空气全部抽出密封，使密封后的容器内没有氧气的包装，如图 6–33 所示。一些易氧化变质商品可采用此类包装。

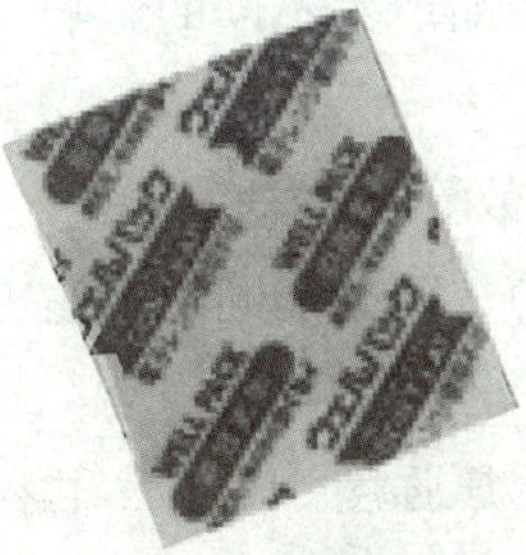

图 6–31　脱氧剂

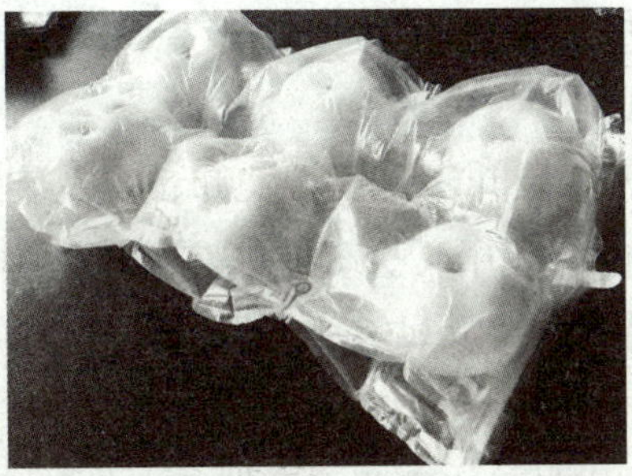

图 6–32　充气包装

图 6–33　真空包装

9. 高温短时间灭菌包装技术

高温短时间灭菌包装是将食品充填并密封于复合材料制成的包装内，使其在短时间内保持 135℃ 左右的高温，以杀灭包装容器内细菌的包装，如图 6–34 所示。这种包装可以较好地保持牛奶、肉、蔬菜等内装食品的鲜味、营养价值以及色调等。

图 6–34　高温短时间灭菌包装

10. 其他包装技术

除了以上包装技术外，还有为防止外部的水进入使用防水包装材料进行密封的防水包装技术；防止包装材料的劣化、剥落、开口等现象发生，保证黏着性的黏着封口包装技术；为使包装物品捆绑、结扎得更为结实而实施的强化捆绑技术，以及为便于物品分拣识别实施的标识技术等。

二、包装技术的选择

包装技术的选择应遵循科学性、经济性、牢固性、美观性和适用性的原则。科学性原则指包装技术的选择要符合客观实际；经济性原则指在选择包装技术时应整体考虑产品的成本，要从有利于产品销售、节约成本的角度选择包装技术；牢固性原则指在选择包装技术时要保证包装稳固，不松散；美观性原则指产品包装技术除了要满足基本的要求外，还要考虑产品的美观度，美观的产品更易吸引顾客的注意力；适用性原则指产品包装技术的选择要适用性强，不应只追求其他因素而忽视最基本的作用。

产品在流通过程中，会遇到不同环境，它们对包装会产生不同影响，应采取相应的包装技术。因此，环境对产品的影响直接决定了产品包装技术的选择。

（1）气象条件。阳光、温度、湿度、雨雪和空气等会对不同产品产生不同的影响，需要针对不同气象条件分别考虑。

（2）装卸条件。应考虑是人工装卸还是机械装卸，以及装卸次数等条件。

（3）运输条件。产品在运输过程中，会受冲击、振动等作用力，而且不同的运输工具对包装的影响也不同，应考虑产品固定与缓冲。

（4）贮存条件。贮存产品多用堆码，在包装技术上应考虑其耐压强度。另外，贮存还分室内贮存和室外贮存，室内贮存要注意防潮、防霉、防水等。包装技术的选择对产品保护甚为重要，只有对产品性能及流通条件做全面了解，制订多种方案，进行经济评估，才能找到最合适的包装方式，如表 6–3 所示。

表 6–3　各种纯牛奶的包装评估

包装名称	包装特点	作用 / 缺点	包装样式图片
无菌枕包装	包装材质：聚乙烯纸 / 铝 保质期：40 ~ 50 天	纸张具有良好的阻隔性、避光性，可在常温下存放； 产品保质期长，适合家庭消费，无须冷藏； 加强包装成型后的挺度和硬度； 成本相对较低	
无菌砖包装	包装材质：聚乙烯 / 纸板 / 铝箔 保质期：6 个月左右	产品保质期长，最大限度地保留营养和风味； 安全性好，常温储存，且便于长途运输； 抗压性能差，容易破损；设备要求较高，成本高	
屋顶盒包装	包装材质：聚乙烯 / 聚乙烯纸板三层保鲜层 保质期：7 ~ 10 天	独特设计可防止氧气、水分进入，有效隔光，保持牛奶的鲜度； 可以放入微波炉直接加热，卫生环保性好； 外观时尚、货架展示效果好； 拧盖设计，方便开启和倒取	
百利包包装	包装材质：高密度聚乙烯 保质期：鲜牛奶 4 天左右 纯牛奶：21 天左右	包装价格低、避光性很好，运输方便、存储空间小； 包装安全卫生，具有一定的保鲜性，但与无菌枕包装相比，保质期稍短； 饮用、携带不方便； 外观不够现代化	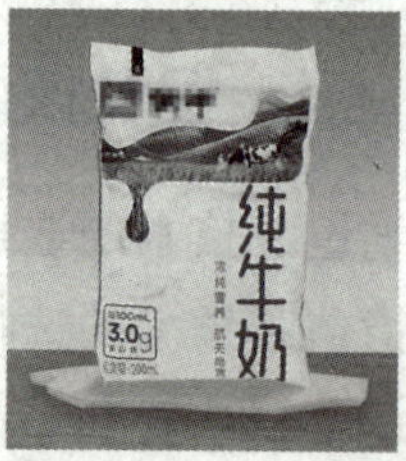

（续表）

包装名称	包装特点	作用 / 缺点	包装样式图片
爱克林立体式包装	包装材质：碳酸钙和聚烯烃混合而成的材料 保质期：21 天左右	二次自动封口，具有更强的抗冲击强度，包装阻隔性能优越，能有效隔光、隔热，防渗透，抵抗微生物渗透； 侧方鼓起处方便手持，不易导致过度挤压造成牛奶涌出	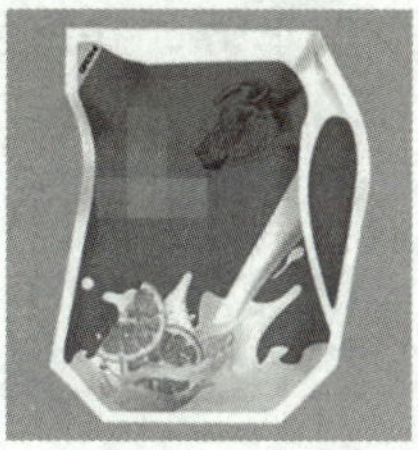
塑料桶包装	包装材质：高密度聚乙烯材料 / 双向拉伸聚丙烯薄膜材料 保质期：10 天左右	把手设计独特，易携带； 保质期长，易储存，不易变形，不易损坏； 大容量包装适合家庭使用； 打开后，需要及时食用，容易造成浪费	
玻璃瓶包装	包装材质：玻璃瓶由纯碱石灰石做成的 保质期：1 ~ 2 天	传统的包装形式，符合环保要求，能重复使用，并且成本低； 玻璃瓶能够制成多种多样的美观造型； 包装材料质量大、易破碎； 运输不方便且运费较高，同时增加了洗瓶和消费成本	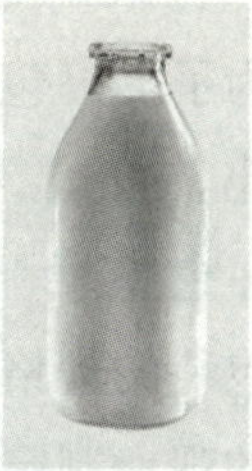

第五节　包装合理化

商品包装作为电子商务物流的起点，对整个物流的过程起着重要的作用。商品包装的设计必须根据包装对象的具体内容进行考虑，以实现商品包装的合理化。

一、包装合理化的概念及表现

包装合理化，一方面包括包装总体的合理化，这种合理化往往用整体物流效益与微观包装效益的统一来衡量；另一方面包括包装材料、包装技术、包装方式的合理组合及运用。

包装不合理的表现有如下几种。

1. 包装不足

包装不足包括以下方面：①包装强度不足，从而使包装防护性不够，造成被包装物的损失；②包装材料水平不足，材料不能很好地承担运输防护及促进销售作用；③包装容器的层次及容积不足，缺少必要层次与容积不足会造成商品损失；④包装成本过低，不能保证有效的包装。

2. 包装过剩

包装过剩包括以下方面：①包装物设计强度过高，如包装材料面过大、包装方式超过强度要求等，导致包装防护性过高；②包装材料选择不当，选择过高，如可以用纸板却采用锌、镀锡材料等。包装过剩，一方面，可能使包装成本支出大大增加，减少可能获得的效益；另一方面，包装成本在商品成本中比重过高，损害了消费者的利益。

二、包装合理化的途径

1. 包装的轻薄化

由于物流包装只起保护作用，对产品使用价值没有意义。因此在强度、寿命、成本相同的条件下，采用更轻、更薄、更短、更小的包装，可以提高装卸搬运的效率。而且，轻薄短小的包装一般价格比较便宜，如果用作一次性包装还可以减少废弃包装材料的数量。

2. 包装的单纯化

为了提高包装作业的效率，包装材料及规格应力求单纯化，包装形状和种类也应力求单纯化。

3. 包装的标准化

包装的规格与托盘、集装箱关系密切，应考虑包装与运输车辆、搬运机械相匹配，从系统的观点制定包装的尺寸标准。

4. 包装的机械化

为了提高作业效率和包装现代化水平，各种包装机械的开发和应用很重要。

5. 包装的绿色化

绿色包装是指无害少污染的符合环保要求的各类包装物品，主要包括纸包装、可降解塑料包装、生物包装和可食用包装等。这是包装合理化的发展主流。

有关专业人士给绿色包装设计提出了以下 6 个方面的建议。

（1）包装设计人员应尽量采用绿色包装材料并设计长寿命的包装材料，减少包装物废弃后对环境的污染。

（2）包装减量化。超市应鼓励消费者使用能多次使用的尼龙购物袋，而少用一次性塑料袋。在包装设计中使用的材料尽量减少，尽可能消除不必要的包装，提倡简朴包装，以节省资源。

（3）包装材料单一化。采用的材料尽量单一化，不要混入异种材料，以便于回收利用。

（4）包装设计可拆卸化。需要复合材料结构形式的包装应设计成可拆卸式结构，有利于拆卸后回收利用。

（5）重视包装材料的再利用。采用可回收的包装，提高包装的生命周期，从而减少包装废弃物。

（6）包装材料的无害化。《欧洲包装与包装废物指令》规定了重金属含量水平（铅、汞和铬等），例如，铅的含量应少于 100 ppm。

6. 包装设计合理化

包装设计需要运用专门的设计技术，综合考虑物流需求、加工制造、市场营销及产品设计等因素，尽可能满足多方的需要。当然，对物流包装来说，设计中考虑的首要因素是货物的保护功能。包装设计基本上决定了货物的保护程度，但不能忽视费用问题。包装设计应符合保护货物的要求，过度包装会增加包装费用，包装尺寸会影响运输工具和仓库容积使用率。

案　例

1921 年 5 月，当香水创作师恩尼斯·鲍将其发明的多款香水呈现在香奈儿夫人面前时，香奈儿夫人毫不犹豫地选择了第 5 款，即现在誉满全球的香奈儿 5 号香水。然而，除了独特的香味以外，真正让香奈儿 5 号香水成为“香水贵族中的贵族”却是那个看起来不像香水瓶，反而像药瓶的创意包装。

服装设计师出身的香奈儿夫人，在香奈儿 5 号香水瓶的设计上别出心裁。她的美学观点跟别人不同，别人唯恐不足地往上加，她却一项项地减除。在众多繁复华美的香水瓶中，香奈儿 5 号香水瓶简单的包装设计脱颖而出，成为最怪异、最另类，也是最为成功的一款造型。香奈儿 5 号包装以其宝石切割般形态的瓶盖、透明水晶的方形瓶身造型、简单明了的线条，成为一个新的美学观念，并迅速俘获了消费者。从此，香奈儿 5 号香水在全世界畅销 80 多年，至今长盛不衰。

1959 年，香奈儿 5 号香水瓶以其所表现出来的独有的现代美荣获“当代杰出艺术品”称号，跻身于纽约现代艺术博物馆的展品行列。香奈儿 5 号香水瓶成为名副其实的艺术品。对此，中国工业设计协会副秘书长宋慰祖表示，最能体现香水价值和品位的就是包装。“香水的包装本身不但是艺术品，也是其最大的价值所在。包装的成本甚至可以占到整件商品价值的 80%。香奈儿 5 号的成功，依靠的就是它独特的、颠覆性的创意包装。”

三、商品包装的标准化

1. 商品包装标准化的含义

商品包装标准化是指在生产技术活动中，对所有制作的运输包装和销售包装的品种、规格、尺寸、参数、工艺、成分、性能等所做的统一规定，并且按照统一的技术标准对包装过程进行管理。

2. 商品包装标准化的内容

（1）包装材料标准化

商品包装材料应尽量选择标准材料，以保证材料质量和来源的稳定。要经常了解新材料的发展情况，结合企业生产的需要，有选择地采用。

包装材料主要有纸、塑料、金属、木材、玻璃、纤维织物等。对这几类包装材料的强度、伸长每平方米质量、耐破程度、水分等技术指标应做标准规定，以保证包装材料制成包装容器后能够承受流通过程中各种损害商品的外力和其他条件。

（2）包装容器的标准化

包装容器的外形尺寸与运输车辆的内部尺寸和包装商品所占的有效仓库容积有关，因此应对包装外形尺寸做严格规定。运输包装的内尺寸和商品中包装的外尺寸也有类似的关系，因此对运输包装的内尺寸和商品中包装的外尺寸，也应做严格规定。为了节约包装材料和便于搬运、堆码，一般情况下，包装容器的长与宽之比为 3：2，高与长相等。

（3）包装工艺标准化

凡是包装箱、桶等，必须规定内装商品数量、排列顺序、合适的衬垫材料，以防止包装箱、桶内空隙太大、商品游动。例如木箱包装箱，必须规定箱板的木质、箱板的厚度、装箱钉子的规格、相邻钉子距离，包角的技术要求及钉子不得钉在夹缝里等。纸箱必须规定如何封口、腰箍的材料、腰箍的松紧及牢固度等。布包则要规定针距及捆绳的松紧度等。回收复用的木箱、纸箱及其他包装箱也都必须制定标准。

（4）装卸作业标准化

在车站、港口、码头、仓库等处装卸物时，都要制定装卸作业标准。机械化装卸要根据商品包装特点选用合适的机具，如集装袋、托盘等。工业、商业、交通运输部门交接货物时，要实行验收责任制，做到责任分明。

（5）集合包装标准化

集合包装既适合机械化装卸，又能保护商品安全。近几年我国集合包装发展较快，并制定了部分国家标准。其中，20 吨以上的集装箱采用国际标准。托盘的标准应和集装箱的标准规定的尺寸相配套。

（6）包装检测标准化

包装产品在交付给使用方之前应该通过统一的检测。

产品包装测试专项研究指标包括：①区别性，是指包装是否有特点、容易区分，能否吸引消费者的注意；②传递信息，是指包装所传递的信息是否准确描述产品的卖点及特性；③吸引力，是指包装是否讨人喜欢，能引起人的购买欲望；④品牌形象，是指包装是否能强化品牌在消费者心目中的形象。

3. 包装标准化的作用

商品包装标准化对于现代企业具有重要的意义，其作用如下。

（1）有利于包装工业的发展

包装标准化是有计划发展包装工业的重要手段，是保证国民经济各部门生产活动高度统一，协调发展的有利措施。商品质量与包装设计、包装材料或容量、包装工艺、包装机械等有着密切关系。由于商品种类繁多，形状各异，为了保证商品质量，减少事故的发生，根据各方面的需要，制定出行业标准及互相衔接标准，逐步形成包装标准化体系。有利于商品运输、装卸和贮存，可使各部门、各生产单位有机地联系起来，促进包装工业的发展。

（2）有利于提高生产效率，保证商品安全可靠

根据不同商品的特点，制定相应的标准，使商品包装在尺寸、质量、结构、用材等方面有统一的标准。可使商品在运转过程中免受损失，也为商品贮存养护提供了良好条件，使商品质量得到保证。特别是运输危险品和有危险的商品时，由于包装比较适宜、妥当，从而减少了发热、撞击，运输安全得到了保证。

（3）有利于合理利用资源、减少材料损耗、降低商品包装成本

包装标准化可使包装设计科学合理，包装型号规格统一。过去的纸箱规格参差不齐，质量不好，自实行包装标准化以来，纸箱统一简化为27种规格，降低半成品损耗千分之五。例如，沪、津两市的针织内衣包装通过实行标准化，一年可降低上百万元包装费。

（4）有利于包装的回收复用，减少包装、运输、贮存费用

商品包装标准的统一，使各厂各地的包装容器可以互通互用，便于就地组织包装回收复用，节省了回收空包装容器在地区间的往返运费，降低了包装贮存费用。

（5）便于识别和计量

标准化包装简化了包装容器的规格，统一了包装的容量，明确规定了标志与标志书写的部位，便于从事商品流通的工作人员识别和分类。同时，整齐划一的包装，每箱中或者每个容器中的质量一样，数量相同，便于商品计量。

（6）对提高我国商品在国际市场上的竞争力、发展对外贸易有重要意义

包装标准化已成为发展国际贸易的重要组成部分和国际交往中互相遵循的技术准则。国际贸易往来要求加速实行商品包装标准化、通用化、系列化。

四、包装中所涉及的知识产权

知识产权是指民事主体对其创造性的智力劳动成果依法享有的专有权利。它分为工业产权和著作权（版权）两大部分，工业产权包括商标权和专利权。包装中所涉及的知识产权主要为商标权和专利权。

1. 商标权

商标权又称商标专用权，是指商标所有人在法律规定的有效期限内，对其经商标主管机关核准注册的商标所享有的独占地、排他地使用和处分的权利。商标通常印刷在包装，特别是销售包装上，成为包装的一部分，从而作为知识产权，也受到法律的保护，在进行包装设计时要特别注意不要造成对商标权的侵害。根据《中华人民共和国商标法》，以下行为都属于侵害商标权的行为。

（1）未经商标注册人的许可，在同一种商品或者类似商品上使用与其注册商标相同或者近似的商标。

（2）销售侵犯注册商标专用权的商品。

（3）伪造、擅自制造他人注册商标标志或者销售伪造、擅自制造的注册商标标志。

（4）未经商标注册人同意，更换其注册商标并将该更换商标的商品又投入市场。

（5）给他人的注册商标专用权造成其他损害。

2. 专利权

专利权是指专利主管机关依照专利法授予专利所有人或持有人或者他们的继受人在一定期限内依法享有对该专利制造、使用或者销售的专有权和专用权。根据《中华人民共和国专利法》，专利权包括发明、实用新型和外观设计。

（1）发明是指对产品、方法或者其改进所提出的新的技术方案。新的包装材料的发明可以申请发明专利。

（2）实用新型是指对产品的形状、构造或者其结合所提出的适用于实用的新的技术方案。新的包装形状可以申请实用新型专利。

（3）外观设计是指对产品的形状、图案、色彩或其结合所作出的富有美感并适用于工业上应用的新设计。新的包装图案设计可以申请外观设计专利。专利权是一种无形资产，随着时代的发展，我们已经进入了知识经济的年代，专利作为一种资产的价值越来越明显，随之而来的是有关专利侵权的事件也越来越多。我国包装专利特别是外观设计专利很少，由于忽视包装专利注册工作而引起很多麻烦，甚至造成巨大的无形资产流失，应予以充分重视，加强包装中知识产权的保护。按出版、印刷方面法律的规定，有些文字、图案等在包装物上的使用也要受到限制。

本章小结

通过本章的学习，使读者了解流通加工的含义、作用和流通加工类型，明确流通加工和一般生产加工的区别；具备流通加工合理化管理的能力。掌握包装定义及其3大功能要素，常见的包装材料、包装材料的选择、常见的包装技术、包装技术的选择、包装合理化概念、包装不合理的表现、包装合理化的途径以及商品包装的标准化。

本章习题

1. 流通加工有哪些类型？
2. 包装的三大功能要素是什么？
3. 常见的包装材料有哪些？
4. 常见的包装技术有哪些？

第七章

电子商务与新型物流配送

本章导读

物流配送又叫配送，是物流运作的一项基本功能，它是与客户接触最为紧密的环节，也是影响物流服务质量的主要方面。随着“门到门”“桌到桌”物流服务理念的提出，物流配送所发挥的作用也越来越大。

配送中心是基于物流合理化和市场发展两个需要，以组织配送式销售和供应，执行实物配送为主要功能的流通型物流节点。它很好地解决了用户多样化需求与厂商大批量专业化生产的矛盾，因此逐渐成为物流现代化的标志。

本章主要介绍了电子商务与物流配送、电子商务物流配送的流程、我国电子商务物流配送的新发展现状、我国发展电子商务物流配送的对策建议、配送中心、电子商务环境下的新型物流配送中心相关内容。

本章重点

物流配送　电子商务物流配送　物流配送流程　自营配送模式　第三方物流配送模式　物流一体化配送模式　配送中心

案例导入

蔬菜配送优化

一、优化超市蔬菜配送模式，迫在眉睫

目前我国蔬菜交易有两个主要渠道：一是基于传统推式经营体系、以批发市场为主销售窗口的物流系统；二是近年来出现的基于拉式经营体系，即以蔬菜流通企业为主体，通过连锁店、超市及直接面向消费者配送的物流系统。连锁店及超市的蔬菜供应直接影响消费质量，优化超市蔬菜配送模式迫在眉睫。

有许多购物者都会有一个印象，沃尔玛超市里有些蔬菜的新鲜程度不如菜市场。这是什么原因造成的呢？要保证蔬菜的新鲜程度，主要的办法就是减少运输时间和运输中造成的货损。以沃尔玛为例，其蔬菜流通以毛菜为主，每100吨蔬菜可产生20吨垃圾，无效物流成本很高。蔬菜在物流环节的损失率25% ~ 30%，蔬菜流通时间较长、消耗较大、效率较低。

二、蔬菜物流配送的含义及特点

1. 蔬菜物流配送的含义

蔬菜物流是指蔬菜从生产地到消费地整个过程中的实体流动，包括蔬菜生产、收购、运输、储存、装卸、搬运、包装、配送、流通加工、分销、信息活动等环节，并在这一过程中实现蔬菜的价值增值和组织目标。蔬菜因具有水分大、易腐烂等特点，使蔬菜物流同一般商品相比有其自身的特点，如保鲜要求高、注重时效、产品破损率高、物流成本所占比重较大、管理更复杂等。蔬菜产业在我国农业结构中占据重要的地位，其发展水平的高低关系我国农村经济的发展。由于历史、技术等原因，我国的蔬菜产业发展水平整体不高，流通中存在巨大损失和浪费，严重影响产业的健康发展。

2. 蔬菜物流的特点

变价快：即蔬菜的进货价格随时间、市场需求的变化而变动。同时，生产商或零售商的促销等活动也经常引起变价。

订单频繁：连锁零售的店铺多，订单频率高且有时间要求。

需要拆零：配送中心需要按照店铺的补货单进行拆零、分拣。

保质期短：消费品通常需要有针对性的保质期管理，蔬菜易于腐烂，保质期短。

三、沃尔玛蔬菜物流配送发展现状及存在的问题

1. 缺乏与供应链上各利益主体的战略联盟

生鲜农产品属于生活必需品，需求弹性小，配送频率高。超市与供应商维持良好的关系是供应链顺畅的重要保证。一些超市在刚开张需要货品的时候争夺供应商，之后又压榨供应商，随意扣押、挪用、拖欠供应商货款等问题频发，造成不良影响。沃尔玛连锁超市生鲜蔬菜物流链的畅通，很大程度上取决于和供应商的关系。作为核心企业，超市应该注重在供应链下游市场营销观念的运用，用现代化管理分析手段不断关注、分析和挖掘消费者及其消费行为，并与自身的经营创意相结合，将生产者推动的生鲜农产品供应链向顾客需求拉动的生鲜农产品供应链转移。通过整合供应链上各个环节的资源，指导超市生鲜的采购、销售服务和整体经营工作。

2. 物流配送中心功能不健全

由于我国许多连锁企业的配送中心是在原来的商品仓库、物流仓库、运输公司、批发站的基础上发展的，所以功能不够健全，仅限于原有的存储、保管、运输功能，有的连基本的分拣设备都没有，管理和配送效率低，并且缺乏商品深加工能力，限制

了配送商品的规格种类。所以，分店对于一些鲜活易腐货物不愿统一配送，而是选择直接送货上门，造成统一配送率低。我国一些设有配送中心的连锁超市，统一配送的比例只有30%～60%显然不符合连锁经营的要求。

3. 物流配送信息化程度低

在我国，不少配送中心运作和管理还主要是手工管理，有关信息不能及时地反映，容易出现账货不符、商品货位不清、错货及缺货率高等现象。这与物流信息系统和配送技术设备的现代化程度低有关。另外，在配送中心的运作中，由于管理人员观念老化，对先进的物流技术缺乏了解，也无法根据零售企业营运的变化对配送中心的流程及技术进行调整，加之缺乏对操作人员应有的培训，造成运作效率低下，错误率高。

这些都严重地制约着蔬菜的配送效率，难以保证消费者收到蔬菜的质量，降低客户满意度。

四、沃尔玛蔬菜物流配送的优化

1. 规范农产品供应链上各主体间的利益机制

农户－农产品经销商（农产品批发市场）－生鲜蔬菜加工配送中心－超市－消费者与农产品采购基地－生鲜蔬菜加工配送中心－超市－消费者这两种流通渠道，是目前我国以连锁超市企业主导的生鲜蔬菜农产品物流模式。各主体位于农产品供应链的不同节点，存在相互依存的有机联系。因此，需要通过培育市场流通中介组织，把分散的农户联结起来，解决小生产与大市场的矛盾，增强农民抵御自然风险和市场风险的能力，推进农业的规模化和产销的衔接。

例如，“公司＋合作社”模式代替“公司＋农户”模式可以提高农民的谈判地位和农民进入市场的组织化程度。“公司＋合作社”模式的具体运作形式多样，可以由企业牵头创办合作社，也可以由合作社主动同企业挂钩，签订长期合同或让企业向合作社入股，结成一体化的战略联盟。而“公司＋农户（公司）＋保险”模式可使联盟体内减少不确定性，降低各主体经济运行成本的物流模式，由国家参股，吸引保险公司加盟，给“公司＋农户（公司）”模式加上一道农业保险。对公司和农户区别处理：公司主要从事农副产品的加工，附加值较大，适合商业保险的形式；而对从事种植业的农户适合采取政策性的保险形式，由国家给予适当的补贴。

2. 加强物流配送中心建设

生鲜蔬菜加工配送中心可以通过提高配送水平来降低整个系统的物流成本，实现规模化配送和销售利润的最大化。生鲜蔬菜为达到保鲜的目的，要求快速进入消费，流通环节越少越好，但农产品生产和消费的分散性又使生鲜蔬菜在流通中不可避免地要进行一次或多次集散。生鲜供应链承载集散功能，管理所追求的目标是追求生鲜农产品的品种、质量、数量与价格，最大限度地适应于市场和消费者的需求。基于这样的考虑，连锁超市生鲜蔬菜加工配送中心向生产基地或产地批发市场集中采购生鲜蔬菜，减少中间环节，建立直接、有效的流通渠道。

通过蔬菜加工配送中心的建设，运用现代化的管理信息技术，可以对农产品的需求和供给提供信息沟通，采购部门通过市场调查分析，直接到产地批发市场与当地生产基地签订收购合同，合同中明确规定蔬菜的质量、数量、送货的时间等。然后将订单发给供应商，供应商按订单要求与生鲜加工配送中心预约，由蔬菜加工配送中心安排供应商送货的时间程序等，并且与每个供应商都签订正式的合同。通过加强物流配送中心建设，沃尔玛的配送成本只占其销售额的3%，而其竞争对手的配送成本则占到销售额的5%，仅此一项，沃尔玛每年就可以比竞争对手节省下近8亿美元的商品配送成本。

3. 物流配送新技术的应用

首先，引进、开发先进的物流装卸、清洗、包装机械。引进先进的装卸机械，实现物流系统中装卸机械化，研制适用于叶菜类、瓜菜类分级包装的传送装置，降低劳动强度，增加农村就业机会，降低运输成本，减少城市垃圾。

其次，建设与电子商务相结合的生鲜果蔬物流信息平台。通过建立超市外部物流信息平台，利用互联网把产地生产者、供应商、配送中心、超市联系起来，共享商品的销售、库存信息，在电子订货、商品验收、退货、促销、变价、结算、付款等环节提供协同支持，实现供需数据的及时共享，提高企业竞争力。过去，沃尔玛从下订单到货物到达各个店面需要30天。现在采用这项先进技术，只需要2～3天，从而大大提高了物流的速度和效益。

再次，建立从产地生产到终端销售全程无公害质量保障系统。通过实施优质优价，确保无公害蔬菜栽培技术规程的落实，确保采前无公害，通过监管清洗、包装、储存、运输、销售过程中所用设施、设备、环境卫生和安全，配合动态监测，确保蔬菜产品符合无公害标准。

最后，不同的蔬菜采用特殊的运输、包装、装卸等措施保鲜。新鲜是鲜销农产品的生命和价值所在，但由于生鲜蔬菜的含水量高、保鲜期短、极易腐烂变质，大大限制了运输半径和交易时间，研究针对蔬菜的现代化物流配套技术是非常有必要的。

五、评价

在进行物流系统的设计时，要根据不同商品的不同种类、不同特征，制定不同的配送方案，保证配送的时效性和商品的质量。根据实际情况，开展符合客观条件的配送方式以及建立现代化的配送中心。而作为其核心技术的物流配送，在连锁企业中的地位与作用将会日益受到重视。随着人们对物流配送理论研究的深入、新设备新技术的运用及企业管理水平的提高，连锁企业的物流配送系统必然会改变落后的局面，成为不断提高连锁企业效率与效益的推动力量。

第一节　电子商务与物流配送

一、物流配送概述

物流配送概述

1. 配送的含义

配送是指交货送货。目前，配送的定义比较有代表性的有如下几个。

《日本工业标准（HS）物流用语》中将配送定义为："将货物从物流据点送交给收货人。"

（1）早稻田大学西泽修教授对配送进行了较为详细的描述："从发货地到消费地之间，所有进货品、半成品、发货品及库存品都是有计划地、统一地进行管理和实施。配送是费用最低、服务最好的送货方式，为了最有效地将原材料、产品送达，把采购、运输、仓库的功能有机地组合在一起。"

（2）我国物流学者王之泰教授从两个方面对配送进行了定义：一是从经济学资源配置的角度，描述配送在社会再生产过程中的位置和本质："配送是以现代送货形式实现资源的最终配置的经济活动。"二是从配送的实施形态角度表述："配送是按用户订货要求，在配送中心或其他物流节点进行货物配备，并以最合理方式送交给用户。"

《中华人民共和国国家标准：物流术语（GB/T 18354-2006）》将配送定义为："在经济合理区域范围内，根据用户要求，对物品进行拣选、加工、包装、分割、组配等作业，并按时送达指定地点的物流活动。"

2. 配送的特点

配送的特点主要表现在以下几个方面。

（1）配送不同于物流。虽然配送又叫物流配送，但配送和物流不是同一个概念。物流是商物分离的产物，而配送则是商物合一的产物。配送本身是一种商业形式（所以也叫商业配送），具体实施时，也有以商物分离形式实现的，但从发展趋势看，与商流的结合将会越来越紧密。

（2）配送的实质是送货。配送是送货，但不同于一般送货。一般送货可能是一种偶然的行为；而配送是有组织、渠道，有装备和管理、技术力量，有制度的体制形式。

（3）配送是一种中转。配送一般是从物流节点至用户。从功能看，一般送货，尤其是从工厂至用户的送货往往是直达型的；而配送是中转型的。一般送货是生产什么或有什么就送什么；配送则是用户需要什么就送什么。要做到需要什么就送什么，必须有一定的中转环节汇集这些需求，从而使配送成为中转。

（4）配送是"配"和"送"的有机结合。配送利用有效的分拣、配货等理货工作，达到一定的规模优势，获得较低的送货成本。所以，为发挥配送的优势，分拣、配货等是必不可少的。

（5）配送以用户的要求为出发点。“用户的要求”明确了用户的主导地位。配送从用户利益出发，按用户要求进行，在观念上必须明确“用户第一”，在满足用户需求基础上取得本企业的利益。但以“用户的要求”为根据，不能盲目，应该科学、合理地实现双方共同利益。

（6）配送是一种特殊、综合的活动。配送紧密结合商流与物流，包含了物流中若干的功能要素，经常有人把物流配送叫做配送。处于物流末端的配送，如果运作良好，就可提高物流整体效益，优化物流系统，改善物流服务，降低成本等。

二、电子商务对传统物流配送的冲击和影响

电子商务的发展对传统物流配送产生了很大的影响和冲击，物流配送要与电子商务相协调，就必须接受以下挑战。

1. 对传统物流的新要求

传统的物流配送企业需要置备大面积的仓库。而电子商务系统将散置各地的仓库系统连接起来，使之成为“虚拟仓库”，统一管理和调配使用，货物集散空间和服务半径都放大了，在组织资源的速度、规模、效率和资源合理配置等方面都是传统物流所不可比拟的。

2. 对物流配送实时控制

传统物流过程由多个业务流程组成，受人为因素和时间因素影响很大。新型物流配送流程由网络连接，当系统收到需求信息的时候，可以快速做出反应，并拟定配送计划，通知各环节开始工作，实现整个过程的实时监控和实时决策。由于信息流传递得快速、准确，物流和配送时间会大大缩短，物流和配送过程将相应得到简化。

3. 简化物流配送过程

计算机物流配送管理系统使整个物流配送过程简化、更有效率、费用更低，可以提高企业的竞争力。

可见，新型物流配送是发展电子商务服务的一个重要基础，势在必行。

三、电子商务下的物流配送

1. 电子商务物流配送的含义

电子商务物流配送是指物流配送企业采用网络化、现代化的硬件设备、软件系统及先进的管理手段，针对社会需求，严格、守信地按用户的要求，进行分类、编配、整理、分工及配货等工作，定时、定点且定量地交给各类用户，满足其对商品的需求。

新型物流配送实现了信息化、自动化、智能化，使货畅其流、物尽其用，既可减少企业库存、加速资金周转、降低物流成本，又能提高整个社会的效益，促进市场经济健康发展。

2. 电子商务物流配送的特点

与传统的物流配送相比，电子商务物流配送具有以下特点。

（1）虚拟性

电子商务物流配送的虚拟性来源于网络的虚拟性。借助现代计算机技术，配送活动已由过去的实体空间拓展到了虚拟网络空间，实体作业节点可以虚拟信息节点的形式表现出来；实体配送活动的各项职能和功能可在计算机上进行仿真模拟，通过虚拟配送，找出实体配送中存在的不合理现象，从而进行组合优化，最终实现实体配送过程效率最高、费用最少、距离最短、时间最少的目标。

（2）实时性

虚拟性的特点不仅有助于辅助决策，让决策者获得高效的决策信息支持，还可以实现对配送过程的实时管理。配送要素数字化、代码化之后，突破了时空制约，配送业务运营商与客户均可通过共享信息平台获取相应的配送信息；从而最大限度地减少各方之间的信息不对称，有效地降低配送活动过程中的运作不确定性与环节间的衔接不确定性，打破以往配送途中的“失控”状态，做到全程的“监控配送”。

（3）个性化

个性化配送是电子商务物流配送的重要特点之一。作为“末端运输”的配送服务，所面对的市场需求是“多品种、少批量、多批次、短周期”的，小规模的频繁配送将导致配送企业的成本增加，这就必须寻求新的利润增长点，而个性化配送正是这样一个“利润源泉”。电子商务物流配送的个性化体现为“配”的个性化和“送”的个性化。“配”的个性化主要指通过配送企业在流通节点（配送中心）根据客户的指令对配送对象进行个性化流通加工，从而增加产品的附加价值；“送”的个性化主要是指依据客户要求的配送习惯、喜好的配送方式等为每一位客户制定量体裁衣式的配送方案。

（4）增值性

除了传统的分拣、备货、配货、加工、包装、送货等作业外，电子商务物流配送还向上游延伸到市场调研与预测、采购及订单处理，向下游延伸到物流咨询、物流方案的选择和规划、库存控制决策、物流教育与培训等附加功能，从而为客户提供更多具有增值性的物流服务。

3. 电子商务物流配送与传统物流配送的区别

（1）仓库配置不同

传统物流配送企业需要配置大面积的仓库。而电子商务系统网络可以将散置在各地的分属不同所有者的仓库通过网络连接起来，使之成为“虚拟仓库”进行统一管理和调配。这样，企业在组织资源的速度、规模、效率和资源的合理配置方面都是传统物流配送所不及的。

（2）货物的特点不同

在电子商务环境下，物流配送的目的地多是非常分散的消费者，因而配送的货物具有小批量、多批次的特点；在传统商务环境下，配送的目的地多是中间生产商或者零售商，物流配送的货物具有大批量、少批次的特点。

（3）业务流程不同

一个先进系统的使用会给一个企业带来全新的管理方法。传统的物流配送过程由多个业务流程组成，受人为因素和时间的影响很大。而新型物流配送的业务流程都是由网络系统连接的，网络的应用实现了整个过程的实时监控和实时决策。当系统任何一个神经末端收到一个需求信息的时候，该系统可以在极短的时间内做出反应，并根据人们事先设计好的程序拟定详细的配送计划，通知各环节开始工作。

（4）配送时间不同

在传统物流配送管理中，由于信息交流的限制，完成一个配送过程的时间比较长。但随着网络系统的介入，任何一个配送的信息和资源都会通过网络管理在几秒内传到相关环节，因而配送时间也就大大缩短了。电子商务环境下的物流配送对于送货的时间要求具有随机性，因为消费者在网上订购所要求的送货时间是随机的，而传统商务多是进行定期的货物配送。

（5）对于运输的要求不同

电子商务环境下的物流配送要求各种运输方式（空运、水运、铁运和卡车运输）灵活组合；而传统商务下的物流配送的运输方式相对固定。

另外，网络的介入简化了物流配送过程。在网络化的新型物流配送中心里缩短了物流配送存放、装卸、保管、分拣等过程。计算机管理系统使整个物流配送管理过程实现自动化、机械化、信息化，从而提高企业的竞争力。

第二节　电子商务物流配送的流程

一、物流配送流程概述

商品要通过物流过程最后到达消费者手中，最为关键的一个环节就是物流配送。因此，物流配送环节设计得好坏将直接关系整个物流运作的质量和顾客对物流工作的满意程度。

1. 物流配送流程的定义

物流配送流程是指把物流配送中一系列物流配送作业，按照一定顺序排列而成的连贯环节的集合。这种集合具有交集的一些特征，但物流配送不仅仅是交集的那部分，还包含了原来的整个作业环节。

物流配送流程的定义可以从以下 4 个方面来理解。

（1）物流配送流程的起点是“货物配备”，而不是电子商务发出配送单

电子商务企业向物流配送企业下达配送单是电子商务的一个环节，不属于物流配送流程的起点。物流配送企业接收电子商务的配送单是一个信息传递的在线指令，还没有进入实际的物流配送活动，不是物流配送流程的起点。只有接收配送单后进行的货物配备才是真正的物流配送流程的开始，如图 7–1 所示。

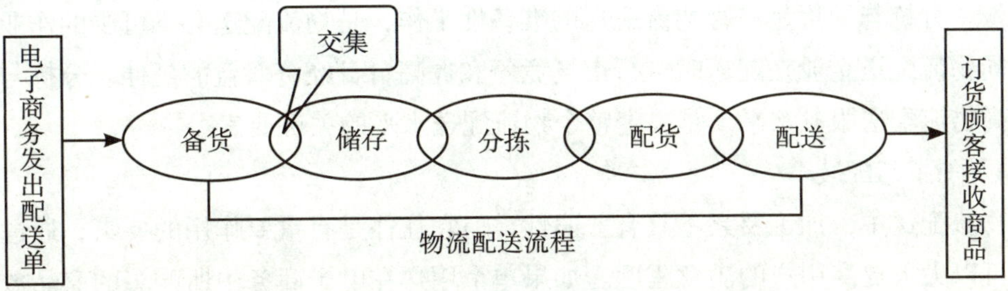

图 7–1　物流配送流程

（2）物流配送流程是按一定顺序排列的

第三方物流配送企业接到配送单后，只能够依据配送单的要求按照一定顺序进行备货、储存、分拣、配货、配送等物流配送作业。流程中可以跳过一些已经完成的作业环节，但顺序不能颠倒。

（3）物流配送活动是一个连贯的环节

物流配送流程的各个作业之间是连贯的，如果物流配送的各个环节作业中断了，就不能称为流程，而只是物流配送中一个单一的作业。

（4）物流配送流程是一个集合

它的各个环节作业有交叉的地方，也有不交叉的地方。各个作业的综合作用形成了物流配送，它们的集合形成了物流配送流程。

2. 物流配送流程的作业环节

物流配送流程是由一系列作业环节组成的。

（1）准备商品

准备商品是物流配送的基础工作，包括筹集货源、订货或购货、进货和相关的质量检查、款项结算、单据交接等。电子商务下物流配送的优势之一就是集中用户的需求进行一定规模的货物准备。准备商品是决定物流配送是否成功的初期工作，如果准备商品的成本太高，会大大降低电子商务和物流配送的经济效益。

（2）储存商品

一般来说，电子商务下物流配送的储存有储备和暂存两种形态。

物流配送储备是按一定时期的物流配送要求，形成对物流配送的一种资源保证。这种类型的商品储备数量大，结构完善。根据货源和到货时间，可以有计划地确定周转储备及安全储备的结构和数量。物流配送的储备保证了电子商务的网上订购得到解决。

暂存是接到电子商务的配送单，执行配送时，按配送单要求，在暂存区放置的少量储存准备。暂时储备是对周转速度较快的商品进行的一种储存形态，是适应电子商务及时快速物流配送的方法。暂存有助于减少作业次数和劳动力，节约成本。

（3）分拣与配货

分拣与配货是物流配送中很重要的流程要素，也是决定物流配送成败的一项重要地支持性工作。分拣与配货是完善物流配送的准备性工作，是物流配送必不可少的作业之一，也是不同物流配送企业在配送时进行市场竞争和提高自身经济效益的延伸。分拣与配货会大大提高物流配送服务水平，是决定整个物流配送水平的关键要素。

（4）加工与配装

在物流配送中，加工要素不具有普遍性，但它往往是有重要作用的要素，通过加工与配装，可以大大提高用户的满意程度。如果单个用户在电子商务中所购买的商品数量不能达到配送车辆的有效载运负荷，就存在如何集中不同用户的订购商品，进行搭配装载以充分利用运能、运力的问题。这就需要配装，通过配装送货可以大大提高物流配送水平，降低物流成本。配装既是物流配送流程中具有现代特点的要素，又是现代物流与传统物流的重要区别。

（5）配送

配送处于物流流程的末端，是把商品送到目的地的最后一个环节。配送是较短距离、较小规模、较高频率的物流形式，一般使用汽车作为运输工具。城市配送由于用户较多，交通路线又较复杂，如何设计最佳路线、有效搭配配装和路线等，是配送中难度较大的工作。配送中的送达商品、用户交接非常重要，如何有效，方便地处理相关手续，是很重要的末端管理。

二、传统商务的物流配送流程

传统商务的物流配送流程是根据生产商的生产来组织物流配送。这是一种从生产商到消费者以生产确定物流配送的方式，如图 7-2 所示。

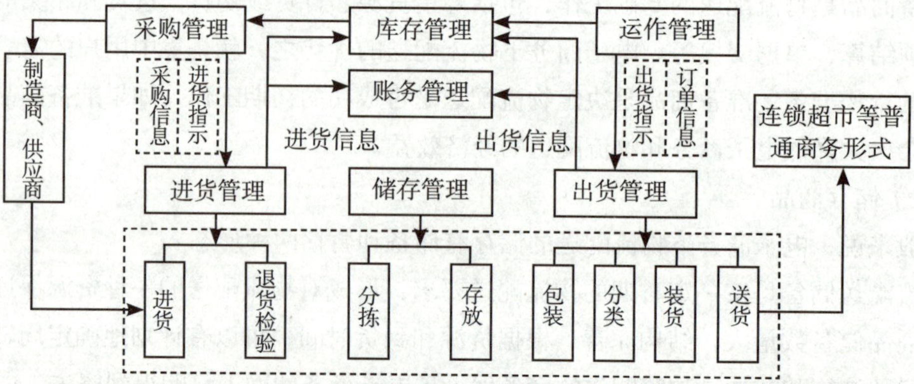

图 7-2　传统商务的物流配送业务流程

图 7–2 中虚线所包含的作业流程就是传统商务的物流配送流程。在这个物流配送流程中，所有的物流配送环节都是按一定顺序进行的。

上述流程大致说明如下。

1. 采购管理

采购管理主要包含采购信息和进货指示两个方面。自交易订单接受之日起，工作人员根据供应货品的要求（即采购信息）进行商品订购。然后依据拟定的采购信息及供应商所提供的较经济的订购批量提出采购单，即下达进货指示。

2. 进货管理

进货管理主要指进货和退货检验。当采购单开出之后，在采购人员进货入库的同时，进货管理要依据采购管理中确定的采购信息和进货指示安排进货，并核查所进货品是否与采购单内容一致。当品项或数量不符时，立即作适当的修正或处理，并将入库资料录入建档。从客户处退回的商品要经过退货检验、分类处理之后再入库。

3. 库存管理

库存管理作业包含仓库区的管理和库存数的控制。仓库区的管理包括货品在仓库区域内摆放方式、区域大小、区域的分布等规划，以及容器的使用和保管维修。其中，货品进出仓库的控制遵循先进先出或后进先出的原则。库存数的控制则依照一般货品出库数量、入库所需时间等来制定采购数量及采购时点，并做采购时点预警系统。订定库存盘点方法，于一定期间印制盘点清册，依据盘点清册内容清查库存数，修正库存账册并制作盘亏报表。

4. 储存管理

在传统的商务过程中，储存管理主要包含存放和分拣两个方面的工作。对入库的货品按照一定的要求进行存放，如防潮、隔热等，以保证货品的安全，此为存放。在规定的出库日，当库存数足以供应出货需求量时，即可依据需求量印制出库拣货单及各项拣货指示安排分拣。分拣不只包含拣取作业，还要注意拣货架上商品的补充，使拣货作业得以顺利进行而不至于缺货。

5. 出货管理

完成货品的分拣作业之后，即可执行商品的出货作业。出货作业主要包含包装、分类、装货和送货等内容。管理人员根据货品的特点及订单要求对其进行包装、分类，并按照客户的要求进行装货和送货，以满足销售的需要。

6. 账务管理

商品出库后销售部门可依据出货资料制作应收账单，并将账单转入会计部门作为收款凭据。在商品采购入库后，则由收货部门制作入库商品统计表以作为供货厂商付款及审计之用，并由会计部门制作各项财务报表以供营运政策制定及营运管理的参考。

7. 运作管理

配送除上述的实体作业之外，上层管理者须通过各种考核评估来进行物流中心的绩效管理，并制订营运决策及方针。营运管理和绩效管理需要由工作人员或中层管理提供各种信息与报表，包含出货销售的统计资料、客户对配送服务的反馈报告、配送商品次数及所用时间的报告、配送商品的失误率、仓库缺货率分析、库存损失率报告、设施设备损坏及维修报告、燃料耗材等使用量分析、外雇人员情况、设施设备成本分析、退换货商品统计报表、作业人力的使用率分析等。

三、电子商务的物流配送流程

电子商务的物流配送流程与传统商务的物流配送流程的基本作业相同，但其物流配送流程中的补货、组配作业，传统商务物流配送中没有，如图 7–3 所示。

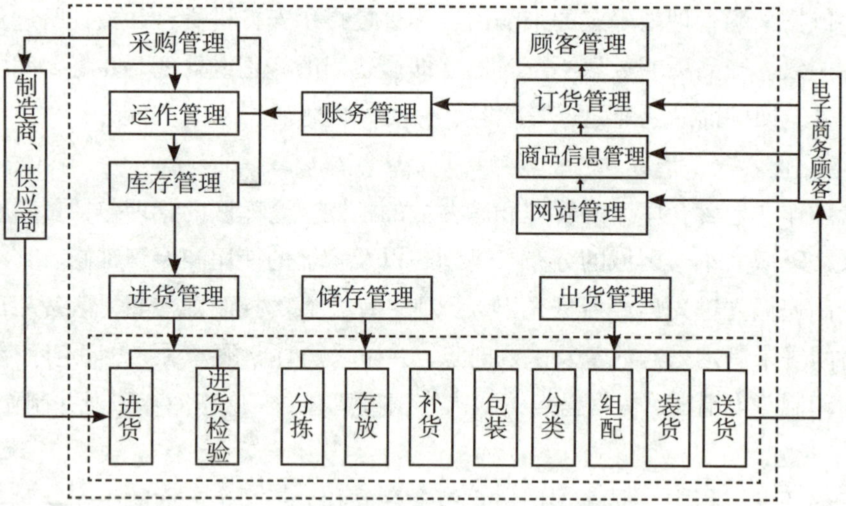

图 7–3　电子商务的物流配送业务流程

根据服务功能特点，可将电子商务物流配送的流程分为以下 3 个部分。

1. 整个物流过程中各个环节的连接点

公路货物集散中心是连接长途运输和短途配送的中转基地；港门码头、货运站、机场等则是公路与铁路、水路、空运等各种运输手段的连接据点。在这种情况下，配送必须具有接单、拣货、分装、倒装、调运的综合功能。

（1）接单

接单是指物流配送中心从用户处接到用户订单后，即开始着手从供应商处取货，这一功能完全依靠网络来进行。

（2）拣货

拣货是指每张用户订单中都至少包含一项以上的商品，将这些不同种类、数量的商品由物流配送中心取出并集中起来，就是拣货作业。经拣选后的商品全部贴上印有条码的发运标志，激光扫描器读取纸箱上的条码。获得分拣信息后，发出指令控制分拣机构运作，使商品进入指定的分拣道口。

（3）分装

分装是指为了降低进货价格和进货费用，对于小商品往往采取大批量进货的办法，或者供应商提供的商品包装较大。这样，根据用户的需求，物流配送中心必须对这些商品进行分装，缩小包装以满足用户的需要。对于鲜活商品和农副产品，供应商往往不提供包装，这也要求物流配送中心进行分装后再分送给各用户。

（4）倒装

所谓倒装，就是在物流配送流程中，为了提高下一流程的效益，从前一种包装形式转换成另一种包装形式的作业。倒装作业是配送中心的主要工作内容之一。倒装一般分为两大类：商品倒装和运输倒装。商品倒装是为了美化商品及利于零售，一般可以提高商品的商业价值。而运输倒装仅是为了经济、无损地运输、装卸、保管商品而实施的包装。

（5）调运

调运是指用户数量多、分布地域广，物流配送中心要具备调运功能。物流配送中心应根据通过信息网络所得到的各用户的订货信息，合理安排调运力量，及时向用户送货，充分满足用户的购买要求，在其服务范围内按时、按量、迅速地将商品送往各个用户。同时，要配备相应的运输设备、装卸设备，这是提供良好服务的重要保证。

2. 商流活动的连接点

物流配送中心是生产商、批发商和零售商之间的连接点；相应的物流配送具有保管、库存调节、流通加工（拆零、配货、贴标签）等功能。

（1）加工

加工就是物流配送中心先根据用户的需要对货物进行生产前的准备性加工，然后再按要求定点、定量、定时送交用户。它把产品加工融于流通业，是生产和流通两大领域高度专业化分工与协作的必然产物，在发达国家已成为一种普遍采用的高效物流形式。具有批量大、品种和规格相对集中、用户广、周转快、供应相对稳定的特点，经济效益和社会效益较高，尤其适用于鲜活商品和农副产品。物流配送中心应具备对这类商品进行简单加工的功能，如肉类的分割、计量、分装，蔬菜的分拣、计量、包装等。

（2）保管

保管是物流配送中心的主要内容之一，它可使商品创造时间效益，同时稳定商品价格，加强售后服务。因此，要充分利用仓库的面积和空间，提高储存商品的入出库频率，实现货架向高层化发展；作业向机械化、自动化发展；商品账目管理和货位管理向计算机化发展；物流配送中心与上、下游有关部门的信息交换向计算机网络化发展。

（3）仓储

仓储是除了对一些品种多、一次采购批量较小、各用户需求不一样的商品集中储存外，对于常年销售、采购数量大的商品，物流配送中心应保持一定的库存储备，随时满足用户的要求。物流配送中心一定要拥有一个至数个大型仓库，在一定区域里进行统一管理。应当指出的是，作为一个社会化的物流配送中心，其仓库面积再大也无法容纳所有货物，还需要有大量的大小不等、用途不同、分布均匀的归属外界所有的仓库，通过广域网进行虚拟化统一管理，为己所用。更大量货物应当保存在散布于周边各地的供货厂商的仓库和运输途中等这些“虚拟仓库”里，由物流配送中心通过计算机管理系统对这些“虚拟仓库”进行网络化管理。同时，配送中心还应有部分直属仓库。

（4）信息处理

信息处理是物流配送中心的信息管理功能在整个物流配送中心的各项服务功能中起着十分重要的作用，有助于物流配送中心与供应商对接业务，并进行必要的理货；从而及时地向众多的用户提供满意的服务，并最大限度地减少物流配送中心的库存，提高工作效率。现代计算机技术和通信技术的迅速发展，为物流配送中心管理的信息化提供了条件。

（5）售后服务

售后服务是物流配送中心作为唯一直接和最终面对用户的运营实体，应当随时向供应商反馈用户对所送货物的意见，并协调供应商根据售后服务规则和用户的要求，解决如产品的安装、使用、维护、维修、更换、退货，以及处理用户投诉等售后服务工作。

3. 国际物流活动的连接点

物流配送中心也可作为连接国内物流和国际物流的据点，具备进口代理、通关报检、保税等特殊功能。

（1）进口代理

在国际物流运作的过程中，进口业务涉及很多内容，从准备各种单证，到理货，再到制订报关单等，通常需要很长的时间才能完成。物流配送中心可以根据自身的工作经验来为企业进行代理，这样既可以使其他企业从这种繁杂的劳动中解放出来，又可以扩大物流配送中心的业务范围。

（2）通关报检

国际物流活动的展开必然涉及通关报检活动，这是国际物流活动区别于国内物流活动的明显特征。经济全球化要求物流配送中心能够为企业提供高效、迅速的通关报检作业，一方面为客户企业提高工作效率，简化工作流程；另一方面也为物流配送中心提供增值服务，培育新的利润增长点。

（3）保税功能

对于一些供来料加工、进料加工，然后出口的货物，或者暂时存放后再复运出口的货物，以及经海关批准缓办纳税手续进境的货物，物流配送中心还可以起到保税仓库的作用。

第三节　我国电子商务物流配送的新发展现状

一、我国电子商务物流的配送模式

目前国内常见的几种配送模式主要有自营配送模式、第三方物流配送模式、物流一体化配送模式、共同配送模式。下面分别对每种模式进行介绍。

1. 自营配送模式

这是目前国内生产、流通或综合性企业（集团）所广泛采用的一种物流配送模式。企业（集团）通过独立组建物流中心，实现对企业内部各部门、场、店的物品供应。这种物流模式中糅合了传统的“自给自足”的“小农意识”，形成了新型的“大而全”“小而全”，造成了新的资源浪费。显然，这种模式不适应电子商务时代对物流的要求。但就目前来看，在满足企业（集团）内部生产材料供应、产品外销、零售厂店供货或区域外市场拓展等企业自身需求方面的确发挥了重要的作用。较典型的企业（集团）自营配送模式就是连锁企业的物流配送。

（1）优势

自营配送模式的优点主要体现在以下几个方面。

①企业对供应链各个环节有较强的控制能力，易于与生产和其他业务环节密切配合，全力服务于本企业的经营管理，确保企业能够获得长期稳定的利润。对于竞争激烈的行业，企业自营物流配送模式有利于企业对供应和分销渠道的控制。

②可以合理地规划管理流程，提高物流作业效率，减少流通费用。对于规模较大、产品单一的企业而言，自营物流可以使物流与资金流、信息流、商流结合得更加紧密，从而大大提高物流作业乃至整体的工作效率。

③可以使原材料和零配件采购、配送以及生产支持实现战略一体化，准时采购。通过增加批次，减少批量，调控库存，减少资金占用，降低成本，从而实现零库存、零距离和零营运资本。

④反应快速、灵活。由于整个物流体系是企业内部组成部分，以服务企业的生产经营为主要目标，企业自营物流配送模式能够更好地满足企业在物流业务上的时间、空间要求，特别是物流配送较频繁的企业，自建物流配送能更快速、灵活地满足企业要求。

（2）劣势

自营配送模式也存在一些缺点，使得这种模式并不适合所有的企业。

①一次性投资大，成本较高。虽然企业自营配送模式具有自身的优势，但由于物流体系涉及运输、仓储、包装等多个环节，建立物流系统的一次性投资较大，占用资金较多，对于资金有限的企业来说，物流系统建设投资是一个很大的负担。企业自营配送模式一般

只服务于自身，依据本企业物流量的大小而建立，但单一企业的物流量相对较小，物流系统的规模也较小，这就导致物流成本较高。

②规模较小的企业开展自营配送模式规模受限，物流配送的专业化程度较低。对于规模不大的企业而言，其产品数量有限，采用自营配送模式不能形成规模效应，一方面导致物流成本过高，产品在市场上的竞争力下降；另一方面，由于规模有限，物流配送的专业化程度低，不能满足企业的需要。

③企业配送效率低下，难以管理控制。对于大多数企业而言，物流部门只是企业的一个部门，物流活动并非企业所长。这种情况下，企业自营配送模式往往需要花费过多的时间、精力和资源去从事非主业，得不偿失。

一般而言，采取自营配送模式的企业大都是规模较大的集团公司，如连锁企业的配送基本上都是通过自己的系统来完成配送业务，包括对内部各场、店的配送和对企业外部顾客的配送。如北京华联集团投资控有限公司、沃尔玛百货有限公司、麦德龙股份公司等基本上都是组建自己的物流中心，实行统一采购、统一配送和统一结算。

2. 第三方物流配送模式

第三方物流，也被称为物流外协第三方，是由相对“第一方”发货人和“第二方”收货人而言的第三方企业来承担物流活动的一种物流形态。第三方物流配送模式是指交易双方把自己需要完成的配送业务委托给第三方来完成的一种配送运作模式。这一配送模式正逐渐成为电子商务企业进行货物配送的一种首选模式和方向。其服务内容包括设计物流系统、电子数据交换能力、报表管理、货物集运、信息管理、仓储、咨询、运费支付和谈判等。

电子商务企业采用第三方物流配送模式有利于提高企业经营效率。

（1）集中精力于核心业务

通过采用第三方物流配送模式，企业可以把自己的主要资源集中于自己熟悉的主业，而把物流等辅助功能留给物流公司，从而提高自己主业的市场竞争力。如果一家规模不是很大的企业投入太多的资金自己做物流，那么该企业投入到主业上的资金会相应减少，这样该企业主业的市场竞争力就会受到很大的影响。

（2）灵活运用新技术，实现以信息换库存，降低成本

由于科学技术的日新月异，单一企业通常难以在短时间更新自己的资源和设备，而不同的零售商的配送和信息技术等需求可能不同且不断变化。此时，第三方物流公司能以一种快速的、更具成本优势的方式满足这些需求，而这些服务通常是一家企业难以做到的。另外，第三方物流供应商还拥有满足企业的潜在顾客需求的能力，从而使企业接到更多的订单。

（3）减少固定资产投资，加速资本周转

企业自营物流需要投入大量的资金购买物流设备，建设仓库和信息网络等专业物流设施。这些资源对于缺乏资金的企业，特别是中小型企业是个沉重的负担。而如果使用第三

方物流，不仅可以减少设施投资，还能避免建设仓库和运营车队方面的资金占用，加速资金的周转。

与自营物流相比，第三方物流在为企业提供上述便利的同时，也存在一些不足之处，主要有：企业不能直接控制物流职能；不能保证供货的准确和及时；不能保证顾客服务的质量，维护与顾客的长期关系；企业将放弃对物流专业技术的开发等。

3. 物流一体化配送模式

物流一体化是在第三方物流的基础上发展起来的，就是以物流系统为核心的由生产企业经物流企业、销售企业，直至消费者的供应链的整体化和系统化。在这种模式下，物流企业通过与生产企业建立广泛的代理或买断关系，与销售企业形成较为稳定的契约关系，从而将生产企业的商品或信息进行统一组合处理，然后按部门订单要求，配送到店铺。这种配送模式还表现为在用户之间交流供应信息，从而起到调剂余缺、合理利用资源的作用。只有当物流业高度发达、物流系统日趋完善、物流业成为社会生产链条的领导者和协调者时，才能够为社会提供全方位的物流服务。

在电子商务时代，这是一种比较完整意义上的物流配送模式，它是物流业发展的高级、成熟阶段。在国内，海尔集团的物流配送模式基本实现了物流一体化，是一个成功的案例。

物流一体化配送模式的优点是，配送企业可以直接组织到货源，并拥有产品支配权和所有权，可获得一定的资源优势。

但是，物流一体化配送模式也存在各方面的问题，如不利于实现物流配送活动的规模经营，不可避免地要受到销售的制约等。同时，生产企业采取销售配送模式直接配送自己的产品，往往难以获得物流方面的优势，通常并不是其配送模式的最优选择。

4. 共同配送模式

所谓共同配送，又叫共享第三方物流服务，是由多个客户联合起来共同由一家第三方物流配送公司来完成配送服务的整个过程，配送环节的工作是在配送中心的统一计划与统一调度下完成的。简言之，共同配送模式就是由多个企业单位联合组织起来实施配送活动。

（1）建设模式

电子商务城市共同配送网点的建设主要有以下 3 种模式。

①由几家电子商务企业或快递企业共同出资，成立一个新的公司，专职负责“最后一公里”配送工作，这是日本、德国等在共同配送的运作中采用最多的一种模式。

②由政府或行业协会牵头，以政府出资为主体，成立共同配送公司，来完成城市“最后一公里”的配送。

③由一家企业独立出资成立共同配送公司，为“最后一公里”提供配送服务。由于资金、资源的协调等问题，目前这种模式采用得比较少。

共同配送是国外一种较为有效的物流配送解决方式，尤其是日本，共同配送几乎将各种物流运力资源利用到了极致。例如，日本福冈市滕井区的共同配送系统、京阪神地区

12 家百货公司的共同配送体系等。

（2）优势

共同配送是对某一地区的用户进行配送时，为提高物流效率，由许多个物流企业联合在一起进行配送，通过共同配送，企业可以得到以下几个方面的好处。

①达到配送作业的经济规模，提高物流作业的效率，降低企业营运成本。不需投入大量的资金、设备、土地、人力等，可以节省企业的资源。

②企业可以集中精力经营核心业务，培养自己的核心竞争力，更好地适应激烈的市场竞争。

③从社会的角度来讲，实现共同配送可以减少社会交通总量，减少妨碍交通的现象，改善交通运输状况。

④通过集中化处理，提高车辆的装载效率，节省物流处理空间和人力资源，实现社会资源的共享和有效利用。

（3）不足

共同配送也面临以下一些难以解决的问题。

①各企业经营的商品不同，不同的商品特点不同，对配送的要求也不同，共同配送存在一定的难度。

②各企业的规模、商圈、客户、经营意识上存在差距，往往难以协调一致。

另外，还有成本费用的分摊、泄露商业秘密的风险等担忧。总的来看，大型现代化配送中心的建设尚跟不上电子商务物流的发展，实行共同配送是目前可行的一种选择。

二、电子商务物流配送模式的优势

相对于传统的物流配送模式而言，电子商务物流配送模式具有以下优势。

1. 能够实现货物的高效配送

在传统的物流配送企业内，为了实现对众多客户大量资源的合理配送，需要大容量的仓库来保管存货，并且由于空间的限制，存货的数量和种类受到了很大的限制。而在电子商务系统中，配送体系的信息化集成可以使虚拟企业将散置在各地分属不同所有者的仓库通过网络系统连接起来，使之成为“集成仓库”，在统一调配和协调管理之下，服务半径和货物集散空间都被放大，从而大大提高货物配置的速度、规模和效率，实现货物的高效配送。

2. 能够实现配送的实时控制

传统的物流配送过程是由多个业务流程组成的，各个业务流程之间依靠工作人员来衔接和协调，这就难免受到人为因素的影响，导致问题的发现和故障的处理存在延迟。而电子商务物流配送模式借助于网络系统可以实现配送过程的实时监控和实时决策，配送信息的处理、货物流转的状态、问题环节的查找、指令下达的速度等都是传统的物流配送无法比拟的。配送系统的自动程序化处理、配送过程的动态化控制、指令的瞬间到达实现了配送的实时控制。

3. 物流配送过程得到简化

由于涉及主体众多及人工处理的，所以传统物流配送的整个环节极为繁琐。而在电子商务物流配送模式下，物流配送中心借助网络可以实现配送过程的简单化和智能化。例如，计算机管理系统可以使整个物流配送过程变得简单和易于操作；网络平台上的营业推广可以使用户购物和交易过程效率更高、费用更低；物流信息的易得性和有效传播使得用户搜寻商品和做出购买决策的速度加快、过程简化。很多过去需要较多人工处理、耗费大量时间的环节都因为网络系统的智能化而得以简化，这使得物流配送工作的效率大大提高。

三、我国电子商务中物流配送存在的问题

完整的电子商务交易活动不仅包含商流，还包含物流。商流只有在物流的支持下，才能实现自身的使用价值。目前电子商务物流配送所面临的问题主要表现在以下 4 个方面。

1. 电子商务物流人才缺乏

在我国，电子商务物流配送的理念还没有得到有效普及，许多企业缺乏相应的现代物流配送管理人才，我国的物流配送和国外先进水平相比还存在一定的差距。从国外的物流配送情况来看，其教育和培训系统非常发达，很多大学和学院均开设有物流管理专业，部分院校设置研究生课程，并在社会上广泛开展物流职业教育。企业注重物流配送人员知识水平和实践经验的提升，定时、定期地对从业人员进行业务知识和业务能力的培训，形成了一个较为合理的物流培训体系。

电子商务企业的技术人员既要精通现代物流配送管理的理论基础和方法，还要懂得相应的管理手段，这样才可以有效保证电子商务物流配送的效率。物流配送的从业人员要具备总揽全局的能力，能够在物流配送出现问题的时候寻找出较为有效的方法来合理地解决。目前，我国物流人才建设方面普遍存在着专业人才缺乏、整体素质不高等问题，因此亟须加强物流人才培养，为提高物流行业水平提供智力支撑。

2. 物流信息化程度低

物流管理是以满足消费者的需求为目的，将企业在采购、制造、运输、销售等过程中的相关市场情况统一起来进行思考，进而决策的一种战略措施。物流信息是物流管理的基础，计算机技术的应用加速了信息的获取，缩短了物流的活动周期。传统物流管理系统主要还是在管理信息系统的基础上将数据用报表、图表等形式表达出来，尽管相对文字形式更易理解，但是仍然过于繁杂，信息的理解、利用水平并不高。不仅如此，物流信息具有的空间特性没有被很好地表现出来，无法将统计数据和空间地理信息相结合。因此，市场对物流空间信息的表达及可视化的需求越来越强。

目前，我国一些数物流配送中心信息化程度比较低，整个物流过程技术支持水平不高，

计算机应用多限于日常事务管理，物流过程的许多重要决策问题，如配送中心的选址、货物组配方案、最优库存控制、最佳运输路线的选择等，还处于半人工化决策状态。现代电子商务要求物流公司不仅提供送货，而是要作为电子商务公司的客户服务提供商，协助电子商务公司完成售后服务，提供更多增值服务，如跟踪产品订单、提供销售统计报表等，这一切必须依托现代信息技术。

目前，我国物流企业信息化建设是在传统业务的基础上进行的，物流流程缺乏规范性和信息化标准。大多数物流企业信息化程度比较低，物流行业数量、质量方面仍有很大的潜力可挖。

3. 第三方物流服务发展滞后

第三方物流兴起于20世纪80年代末期，企业为提高核心竞争能力、降低成本、增加柔性，逐渐将不熟悉的业务分包给其他社会组织承担。虽然第三方物流有效提高了效率，降低了成本，使企业能专注于核心业务，但随着物流全球化的发展，不足也逐渐显现。物流需求规模越来越大，第三方物流企业的规模不足，运输能力、仓储配送能力、服务范围有限。大多数第三方物流企业仅提供单一、低层次的服务，局限于供应链上的一小部分，不能为客户提供全面和完整的物流解决方案；造成物流服务成本相对较高、规模效益难以实现。

第三方物流企业前身大多是传统的运输、仓储企业，核心能力在于实际操作，而非物流决策规划。与此同时，物流业务需要相应的专门知识以及具有专门知识的人才，物流全球化、多元化与个性化的趋势越来越明显，对物流的要求也越来越高。第三方物流水平尚不足以满足整个社会的物流需要，更无法充分与整合社会资源，实现经济运行效率的最优化。

4. 物流企业服务具有局限性

物流企业的服务市场，来自工商企业的物流需求。因此，物流企业要提高自身的竞争力，开拓市场，首先要把握工商企业物流需求的内容和特征，将物流服务融入工商企业的物流系统，树立以货主为中心的服务理念。企业物流服务最终要通过顾客的满意度体现出来。客户对于企业物流服务的评价主要体现在商品的库存保有率、订货周期和配送水平等方面。

如何将前端的顾客订单管理、客户管理与后端的库存管理、仓储管理、运输管理相结合呢？当顾客向某个企业下订单时，需要物流系统能够迅速查询库存清单、查看存货状况，而这些信息又需要实时反馈给顾客。整个过程中，物流系统需要同供应商、运输服务商密切协作，这需要前端、后端各系统的集成。物流企业提供的物流服务需要根据需求方的要求来安排具体的物流服务活动，需求方根据自己的产品特点、目的地等要求的不同，对物流企业的服务提出个性化的要求，而这些个性化的物流要求，单个物流企业很难满足。

现代物流业是一个涉及环节多、牵扯范围广、业务分散的服务领域，物流服务企业的服务对象和范围都有其局限性，大量的物流需求难以满足，其根本原因在于现行的物流组织方式。怎样才能让物流供需双方方便、快捷地达成业务，物流的电子化、网络化、自动化和集成化是必然的选择。

第四节　我国发展电子商务物流配送的对策建议

一、制约我国电子商务物流配送发展的因素分析

从总体上看，我国电子商务还处于发展阶段，其功能主要是信息的交流，电子商务与物流之间相互依赖、相互促进的作用还没有得到企业的普遍认可。人们在重视电子商务的同时，对面向电子商务的物流配送系统不够重视，物流配送系统建设落后，与电子商务配合不够，在很大程度上限制了电子商务高效、快速、便捷等优势的发挥。具体说来，主要有以下几个方面的制约因素。

1. 与电子商务相协调的物流配送基础设施落后

物流配送无规模优势，成本高，资源浪费严重。目前，我国物流配送中心数量较多，但真正实力雄厚、竞争力强的为数不多，大多数企业业务量低，无法达到经济配送规模。

虽然电子商务物流配送模式受到了越来越多的关注，但由于观念、制度和技术水平的制约，我国电子商务物流配送的发展比较缓慢，与社会需求差距仍然较大。目前，高速公路网络的建设与完善、物流配送中心的规划与管理、现代化物流配送工具与技术的使用、与电子商务物流配送相适应的管理模式和经营方式的优化等方面都存在无法适应我国电子商务物流配送要求的问题。基础设施和管理手段的落后、必要的公共信息交流平台的缺乏，都制约着我国电子商务物流配送的发展。

此外，物流过程中各种运输方式装备标准不统一，物流器具标准不配套，物流包装标准与物流设施标准之间缺乏有效衔接；也导致了物流无效作业环节增加、物流速度降低和物流成本攀升，进而影响了物流的效率和效益。

2. 电子商务物流配送的相关政策法规不完善

目前，我国物流配送管理体制还处于区域、部门分割管理的状态，区域之间缺乏协调统一的发展规划和协调有序的协同运作，制约了电子商务物流配送的效率。由于缺乏一体化的物流系统，电子商务物流很难发挥其应有的突破空间限制、交易快捷的作用。此外，与电子商务物流配送相适应的财税制度、社会保障制度、市场准入与退出制度、纠纷解决程序等还不够完善，制度和法规的缺陷阻碍了电子商务物流配送的发展。

3. 物流配送的电子化、集成化管理程度不高

运输设施的区域布局不尽合理，主要运输通道供需矛盾依然突出；物流网点没有统一布局，物流企业的分布过于分散；物流设施装备普遍较差；信息网络也不尽如人意；工商

企业内部物流信息管理和技术手段比较落后；缺乏必要的公共物流信息交流平台。

电子商务物流配送之所以受到越来越多企业的青睐，在于电子商务物流迎合了现代社会顾客多样化的需求。随着经济的发展，网络上大量的定制化需求越来越多，电子商务企业只有通过电子化、集成化物流管理把供应链上各个环节整合起来，才能对顾客的个性化需求作出快速反应。但从我国的实际来看，企业的集成化供应链管理还处于较初级阶段，表现在运输网络的合理性有待提升、物流信息的时效性不高等。这与我国物流业起步较晚，先进的物流技术设备（如全球定位系统、地理识别系统、电子数据交换技术、射频识别技术、自动跟踪技术等）的应用不足有关。没有先进的技术设备作为基础，电子商务物流配送企业的集成化管理就难以实现；而集成化管理程度不高，电子商务物流配送企业的效率就会大打折扣。

4. 电子商务高素质的物流配送人才匮乏

由于电子商务物流配送在我国的发展时间较短，大多数从传统物流转型而来的企业在人才的储备和培育方面还不能适应电子商务时代的要求，有关电子商务方面的专业技术和操作经验不足，这直接影响到企业的生存和发展。与国外已形成规模的物流教育相比，我国在物流和配送方面的教育还相对落后，尤其是电子商务物流配送方面。实践中，电子商务高素质的物流配送人才匮乏，不仅制约了电子商务物流配送模式的推广，也影响了电子商务物流配送的成功运营。此外，缺乏系统化、专业化的全国性货物配送企业，单件商品的长途运输或者邮递的成本较高，以及存在时间上的延迟，也不利于电子商务物流配送的发展。

二、解决制约电子商务物流配送发展因素的方式

1. 完善适应电子商务需要的物流配送基础设施

建设和完善与电子商务物流配送相适应的基础设施关系我国物流行业的发展和国际竞争力。随着电子商务在全球范围内展开，物流业必然跨越国界发展，国际化物流是物流业发展的方向，因此必须努力推动国内物流与国际物流标准的接轨，包括物流术语标准化、物流条码标准化和物流设备标准化。这要求政府相关部门及行业组织在计量标准、技术标准、数据传输标准、物流作业和服务标准等方面做好基础工作。同时，在高速公路网络的建设与完善、物流配送中心的规划与管理等方面，政府应当加大投入力度，并且加强指导和管理，通过提供良好的服务与引导使基础设施得到完善。此外，公共信息交流平台也只有依靠政府和相关行业协会的支持和引导才能建立起来。

2. 加大对电子商务物流配送体系建设的支持力度

为支持和推动电子商务物流配送行业的发展，政府应当在政策法规上加大支持力度。首先，为改善条块分割的问题，必须在政府的主导下建立统一管理和协调有序的全国性的或跨区域性的物流协调机构，由其承担组织协调职能，为统一归口管理物流行业创造条件。

其次，必须规范电子商务物流配送发展的产业政策，以政府为主导并引导企业共同加大对电子商务物流配送行业的投资力度，统一进行发展规划；重点建设基于电子商务的物流配送基础设施，以此为基础建立起我国电子商务物流配送的实体网络，形成全社会的电子化物流配送系统。

3. 加强软硬件建设，提高电子化、集成化管理水平

电子商务物流配送的集成化管理水平依赖于物流配送各个环节软硬件的先进性以及它们之间的兼容性。为此，必须做到物流配送手段的机械化和现代化、物流配送管理的规范化和制度化、物流配送过程的信息化和自动化，从而真正提高电子商务物流配送的集成化管理水平。除了管理方面应当建立、健全科学的管理体制，形成统一的程序和标准之外，先进技术的采用和管理策略的使用也非常重要。一般认为，物流信息收集的数据化和条码化、物流信息处理的电子化和计算机化、物流信息传递的标准化和实时化、物流信息存储的数字化等，是实现高水平集成化管理的关键环节。物流系统只有具有良好的信息处理和传输功能，快速、准确地对配送货物进行实时跟踪，并及时提供反馈信息，管理才能做到统一、有序、高效。

4. 大力培育高层次的电子商务物流配送人才

电子商务物流配送行业的发展关键还要依靠高素质、高层次人才的推动。为了适应电子商务时代物流配送行业的新要求，必须大力培养从事物流理论研究与实务的专门人才、懂得电子商务理论与实务的专门人才，掌握 IT 技术、电子商务、现代物流的复合型人才。职业教育、专业教育、岗位学习等培养的途径和模式都可以采用，但关键是与实际相结合，着重实际运作能力的培养和操作经验的积累。高层次电子商务物流配送人才的培育必然基于我国电子商务物流配送高水平的发展，明确的方向引导、市场需求的拉动、科学完善的培训都将起到有力的推动作用。

三、我国电子商务中物流配送发展的对策

随着网络技术的发展和普及，电子商务将会成为 21 世纪商务发展的主流，而保障电子商务运作的物流配送将迎来新的机遇与挑战。针对电子商务中物流配送存在的问题，以下将从 4 个方面探讨对策。

1. 物流企业的人才建设

我国应积极普及物流管理方面的教育和研究，加深业界对物流重要性的认识，为国家和企业培训物流方面的专业人才，研究和规划我国的物流发展战略，加强政府、高校、企业之间的合作，形成产、学、研相结合的良性循环。同时，积极借鉴国外先进的物流理念和物流技术，加强国际的合作，促进我国物流业的发展。

物流作为一个综合性的领域，既涉及物资、车辆、人力资源等管理性工作，也涉及设备运维、设备监控、装卸搬运等操作性工作，对人员的综合素质有很高要求，物流工作绝

不是简单、低层次的。因此，物流人才建设应充分考虑物流工作的特点和实际需要，确保合适的人才在合适的岗位发挥作用，全面提高电子商务物流配送从业人员的综合素质，使物流配送行业逐渐向知识密集型的方向发展，有效利用各种先进的科学技术，实现技术水平和管理能力的有机结合。

2. 物流企业信息化建设

企业物流信息化建设是一个系统的过程，应该突破发展瓶颈，提出长期的物流信息化建设战略。这就要求我国的物流企业积极参与到国家物流科技发展规划中来，避免出现低效的竞争，不断推动我国企业物流的信息化发展。

建立物流信息平台，可以进一步完善我国物流产业的管理模式，进而建立现代化的物流配送中心，通过物流信息平台，可以充分共享信息资源并进行信息交换。这是实现物流信息化一个重要的举措。传统的数据交换工具（EDI）存在很多问题，一定程度上阻碍了行业发展。因此，物流企业应该着眼长远，积极引进先进的信息化技术，注重科技在创新发展中的作用，加大对信息化的投入。通过运用信息化手段，引入供应链管理，实现信息共享、目标一致、共同协调、风险与利益共担，将信息管理的范围扩大到供应商和客户；并与先进的管理理念、流程的优化、客户的服务结合起来考虑，建立新的企业发展模式，通过标准化、规模化来降低成本，取得规模效益。

3. 实现电子商务销售与物流配送的一体化

随着电子商务的发展，电子商务平台已经成为人们消费的主要场所之一。然而，当前我国物流资源仍较匮乏，物流配送能力不足，导致电子商务物流配送环节与销售环节出现了脱节的现象。例如，有时顾客不能掌握商品的配送信息、不能及时拿到商品或者不能享受送货上门、上门安装等服务，极大地降低了顾客的购物体验。因此，有必要实施电子商务销售与物流配送的一体化。所谓电子商务销售与物流配送的一体化，就是将物流配送各个环节所产生的信息与电子商务企业的销售信息进行对接；通过两种信息的协同来实现一站式物流配送服务，并在此基础上消除物流配送中存在的盲区，从而促进电子商务物流配送的发展。

当前，阿里巴巴集团的菜鸟网络及京东与宁波余慈物流有限公司（以下简称“余慈物流”）之间的合作正是实现电子商务销售与物流配送一体化的典型代表，具有重要的指导意义。在菜鸟平台中，当消费者选定了产品后，与之相关的各个企业，如销售企业、物流企业和配送企业等，都会将产品的动态信息统一发送到消费者的终端上，消费者可通过终端了解产品所处的状态。京东与余慈物流之间的合作，很好地实现两者之间的优势互补，促进了双方企业的发展。余慈物流负责京东的物流配送，而京东则为余慈物流提供数据传送端口，向其传送商品定价、客户配送要求等数据。当京东向余慈物流传输相应的数据后，余慈物流就可以据此开展物流配送。由于余慈物流的基础设施较为完善、网络较为完整，所以能够很好地解决电子商务销售环节和配送环节的脱节问题。

4. 应用大数据指导电子商务物流配送决策

在传统物流配送工作中，配送决策通常由工作人员根据自身经验或者市场调查结果而制定。由于工作人员的经验具有主观性，而市场调查结果通常存在滞后性，所以传统配送决策普遍带有主观性和滞后性。反之，物流配送各环节产生的海量数据具有客观性和实时性，能够真实地反映市场和客户的需求。因此，在制定电子商务物流配送决策时，必须以大数据分析为基础，才能避免决策的主观性和滞后性，真正地满足客户的需求。

首先，通过大数据分析合理规划送货路线。运输成本是物流配送成本中比重最高的部分，其费用的多少取决于具体的送货路线。由此可知，送货路线是决定物流配送成本的关键因素。在传统电子商务物流配送中，车辆送货路线是由司机根据自身经验制定的，所以不同配送路线之间往往存在迂回运输等不合理现象，从而极大地增加了配送成本。为了解决上述问题，物流配送企业可以根据不同客户的送货数据来科学合理地规划送货路线，降低路线之间的迂回程度。这样不仅可以降低物流配送成本，还能够提高物流配送效率。

其次，利用大数据分析自动下达配送决策。目前的电子商务模式，首先由客户下达订单，然后电子商务企业再根据客户的订单发出配送指令。这种模式存在的一个最大问题就是，由于城市交通较为拥堵，再加上物流配送网络不够完善，因此客户往往需要等待一段时间才能拿到商品，导致客户购买商品的满足感有所降低。在大数据时代，可以利用数据挖掘技术对客户的消费数据和商品浏览数据进行详细分析，进而判断客户的需求。然后，在客户还没有下单的情况下，提前自动下达配送指令，由此缩短客户等待商品的时间，提高客户的满意度。

此外，在利用大数据制定物流配送决策时，还需要加强对客户信息的保护。

第五节 配 送 中 心

一、配送中心的概念

《中华人民共和国国家标准：物流术语（GB/T 18354-2006）》中对配送中心的定义为：从事配送业务且具备完善信息网络的场所或组织。同时指出，配送中心应基本符合下列要求：主要为特定客户或末端客户提供服务；配送功能健全；辐射范围小；提供高频率、小批量、多批次配送服务。

由此可见，配送中心不等于仓库。配送中心的主要功能是提供配送服务。在物流供应链环节中，配送中心通过利用流通设施、信息系统平台，对货物进行倒装、分类、流通加工、配套并设计运输路线、运输方式，为下游经销商、零售商和客户提供配送服务。目的是节约运输成本、保障客户满意度。

配送中心是从事货物配备（集货、加工、分货、拣选、配货）和组织对用户送货，以高水平实现销售或供应的现代流通设施，可从以下几个方面来介绍。

（1）配送中心的“货物配备”工作是其主要的、独特的工作，全部由配送中心完成。

（2）配送中心中有的完全承担送货工作，有的利用社会运输企业完成送货。

（3）强调配送活动与销售或供应等经营活动结合，作为经营的一种手段，而非是单纯的物流活动。

（4）强调配送中心的“现代流通设施”，区别于从前的如商场、贸易中心、仓库等流通设施。这个流通设施以现代装备和工艺为基础，不但处理商流，而且处理物流、信息流，是兼有商流、物流、信息流全功能的流通设施。

案　例

2004 年，北京京东纪贸易有限公司（以下简称“京东”）开始电子商务在线销售业务，一直保持高速增长，其经营目标是以电子商务模式经营，减少中间环节，力争为消费者提供优质的产品和良好的服务。目前，京东在全国有超过 6 000 万的注册用户，上万家供应商，产品类别从一开始的 3C 数码产品发展到销售大型家电、日用百货、图书音像等全品类优质商品。2010 年，京东成为中国销售规模率先超过百亿元的网络零售企业。

除了商品和价格的优势之外，对于消费者而言，购物的等待时间长是难以容忍的。因此快速的物流配送成了电子商务企业竞争的重要领域。京东快速的物流配送依托下面两个举措。

一、完善的物流网络

京东经过多年的精心打造，建立了庞大、完善的物流系统，构建了一支强大的物流团队，从而满足了京东的快速发展。目前，京东在北京、上海、广州、武汉、成都、沈阳建立了六大物流中心，物流网络基本覆盖了全国主要市场，同时在西安、杭州等城市还成立了二级城市配送中心，仓储总占地面积超过 60 万平方米。

京东还在天津、武汉等重点城市设立了城市配送站，为顾客提供包裹配送等服务。2010 年，京东推出“211 限时达”配送服务，获得了市场好评；同年 3 月，京东又研发出了“GIS 包裹实时跟踪系统”，方便客户对商品及时追踪和查询；2011 年，京东开创了京东商城“授信服务体系”的特色经营。京东的举措引起了同行业的不断效仿，逐渐形成了整个行业的服务标准。

二、三种配送模式

1. 自建物流配送模式。2009 年京东成立了隶属于旗下的上海圆迈物流快递公司，并陆续在全国 300 个重点城市建立了城市配送站。最终配送站覆盖全国主要城市，全国的主要市场均实现了自营配送。

2. 自营与物流外包配送模式。主要针对二三线城市，京东采用自营物流和物流外包相结合的模式。由于二三线城市的订单密度低，自建物流中心的成本过高，利用率不够，故采用物流外包的经营策略。在小型包裹的配送上与当地的快递公司合作，货物到达二三线城市后，由合作的第三方完成配送任务。在大型货物的配送（如白色家电的配送）上，则选择与大型的家电子商务合作。

3. 灵活的其他物流配送模式。一些学校安保政策不允许快递人员进入学校、学生在上课期间无法提取包裹等相关问题给物流配送带来了很大困难。京东商城在认真分析了高校特殊情况之后提出发展校园自提点的物流配送模式，并于2011年建立起了校园自提点物流配送模式。

二、配送中心的分类

配送中心是一种新兴的经营管理形态，可满足多量少样的市场需求，具有降低流通成本的作用。由于建造企业的背景不同，其配送中心的功能、构成和运营方式有很大区别，因此在配送中心规划中应充分注意配送中心的类别及其特点。配送中心的具体分类方式主要有以下几种。

1. 按照配送中心的设立者分类

（1）制造商型配送中心（M.D.C）

制造商型配送中心是以制造商为主体的配送中心，配送自己生产制造的物品，用以降低流通费用、提高售后服务质量并及时将预先配齐的成组元器件运送到指定的加工和装配工位。其从物品制造到产品生产出来后条码和包装的配合等各方面都较易控制，现代化、自动化的配送中心比较容易设计，但无法满足社会化的要求。

（2）批发商型配送中心（W.D.C）

批发商型配送中心是由批发商或代理商所建立的配送中心。批发是物品从制造者到消费者手中的传统流通环节之一，一般按部门或物品类别的不同，把每个制造商的物品集中起来，然后以单一品种或搭配向消费地的零售商进行配送。这种配送中心的物品来自多个制造商，一项重要任务是对物品进行汇总和再销售，而它的进货和出货都是社会化配送的。

（3）零售商型配送中心（Re.D.C）

零售商型配送中心是由零售商向上整合所设立的配送中心。零售商发展到一定规模后，就可以考虑建立自己的配送中心，为专业物品零售店、超级市场、百货商店、建材商场、粮油食品商店、宾馆饭店等服务，其社会化程度介于前两者之间。

（4）专业物流配送中心（T.D.C）

专业物流配送中心是以第三方物流企业为主体的配送中心。这种配送中心有很强的运输配送能力，地理位置优越，可迅速将到达的货物配送给用户。它为制造商或供应商提供物流服务，而配送中心的货物仍属于制造商或供应商所有，配送中心只是提供仓储管理和运输配送服务。这种配送中心的现代化程度往往较高。

2. 按配送中心的服务范围分类

（1）城市配送中心（C.D.C）

城市配送中心是以城市为配送范围的配送中心。由于城市范围一般处于汽车运输的经济里程内，配送中心可直接汽车配送到最终用户。这种配送中心往往和零售经营相结合，由于运输距离短，反应能力强，从事多品种、少批量、多用户的配送较有优势。

（2）区域配送中心（R.D.C）

区域配送中心以较强的辐射能力和库存准备，是面向省际、全国乃至国际范围内用户的配送中心。这种配送中心的配送规模较大，一般用户也比较多，配送批量比较大；而且往往是既配送给下一级的城市配送中心，也配送给营业场所、商店、批发商和企业用户，有时也从事零星配送。

3. 按配送中心的功能分类

（1）储存型配送中心

储存型配送中心有很强的储存能力。例如，美国赫马克配送中心的储存区可储存 16.3 万个托盘。我国目前建设的配送中心多为储存型配送中心，库存量较大。

（2）流通型配送中心

流通型配送中心包括通过型配送中心和转运型配送中心，基本上没有长期储存的功能，仅以暂存或随进随出的方式进行配货和送货。典型方式为：大量货物整批进入，按一定批量零出。一般采用大型分货机，其进货直接进入分货机传送带，分送到各用户货位或直接分送到配送汽车上。

（3）加工型配送中心

加工型配送中心是以流通加工为主要业务的配送中心，在这里主要进行商品二次包装、贴标签等工作，以方便后期的商品流通和销售。

4. 按配送货物的属性分类

根据配送货物的属性，可以分为食品配送中心、日用品配送中心、医药品配送中心、化妆品配送中心、家电产品配送中心、电子产品配送中心、书籍配送中心、服饰配送中心、汽车零件配送中心以及生鲜处理中心等。

由于所配送的产品不同，配送中心的规划方向也完全不同。例如，生鲜品配送中心主要处理蔬菜、水果与鱼、肉等生鲜产品，属于低温型的配送中心；由冷冻库、冷藏库、鱼虾包装处理场、肉品包装处理场、蔬菜包装处理场及进出货暂存区等组成，冷冻库为 −25 ℃，而冷藏库为 0 ℃ ~ 5 ℃，又称为湿货配送中心。而书籍配送中心，由于书籍有新出版、再版及补充书等，尤其是新出版的书籍或杂志，其中的 80% 不上架，直接理货配送到各书店去，剩下的 20% 左右库存在配送中心等待客户的再订货；另外，书籍或杂志的退货率非常高，有 30% ~ 40%。因此，书籍配送中心规划就与日用品配送中心不一样。服饰配送中心，有淡旺季及流行性等的特性，而且较高级的服饰必须使用衣架悬挂，其配送中心的规划也有其特殊性。

三、配送中心的功能

配送中心是配送活动的主要承担者，有以下几个方面的功能。

1. 集货

集货是指配送中心为实现按用户需要配送，须从众多供应商手中购进大量的、品种比较齐全的商品。一般来说，集货批量大于配送批量。

2. 储存保管

储存保管是为保证正常配送的需要，在配送中心应保持一定的储备，同时要做好这些储备的保管工作。

3. 分货、拣货、配货

将储存货物按用户要求分拣配齐以后，送到指定配货场，经配装送至用户。这是配送中心的主要功能之一。

4. 装卸搬运

集货、储存、分拣、配货等过程都需要进行装卸搬运。装卸搬运作业效率的高低、质量的好坏直接影响配送的速度和质量。

5. 加工

加工是在配送过程中，为解决生产中的大批量、少品种与消费中的小批量、多样化要求的矛盾，按照用户对商品的不同要求，应对商品进行分割、分装、配装、配载等加工活动。

6. 送货

送货是将配好的商品按指定路线送到指定地点，配送中心既可借用社会运输车辆，也可自配专业运输队。

7. 物流信息情报收集、汇总、储存及传递

物流信息情报收集是配送中心必须有灵敏、完整的信息情报系统，这是保证配送中心业务顺利进行的关键。

四、配送中心的作用

一个企业或者是交易双方能不能达成交易，配送中心是一个很重要的因素，也是一个企业成功的关键所在。下面以连锁商店为例简要介绍配送中心的作用。

（1）降低进货成本。由于统一进货配送，配送中心可以大批量地采购，形成对供应商强大的讨价还价的能力，迫使供应商最大限度地降低价格，这也是连锁经营规模优势的根本。

（2）降低分店的检查、采购及入库费用。由于物流配送中心可以利用批量、系统、高效率的程序，统一对货物进行编号登记、检验与入库，大大简化各分店的进货程序，可节约人员、降低费用。

（3）减少其仓库面积及分店的库存水平，提高经营的灵活性和工作效率。连锁分店不再需要保留大量的库存，只需根据销售情况向物流配送中心提出订货，所需商品即可马上送达。对于分店来说，这样既减少了仓库面积和库存水平，又保证了其经营的灵活性和工作效率。

（4）达到物流作业经济规模。由配送中心统一批量进货，可保证商品统一的价格品种和质量，集中送货可选择经济合理的运输路线和运输方式，从而降低物流成本。

（5）掌握流通业的支配能力。对连锁企业而言，物流配送中心的建立除了降低成本之外，更重要的是能够掌握流通业的支配能力。所谓流通业的支配能力，包括从商品计划开始到价格制定的支配权，特别是向供应商明确地表达以某种价格采购商品的能力。

（6）促进业务的发展和扩展。传统的批发仓库通常是零售商上门采购，但一般商店营业时间长，商品周转也快，人力有限，亲自赴仓库提货的零售商很少。物流配送中心解决了分店的后顾之忧，使其专注于连锁店销售和利润的增长。

五、配送中心的选址

1. 选址原则

配送中心选址包括两个方面的含义：地理区域的选择和具体地址的选择。配送中心的选址首先要选择合适的地理区域，对各地理区域进行审慎评估，同时还需配合配送中心的物品特性、服务范围及企业规模和运营策略，选择一个适当范围为考虑区域。配送中心的地理区域确定后，还需确定具体的建址地点，如果是制造商型的配送中心，应以接近上游生产厂家或进口港为宜；如果是日常消费品的配送，则宜接近居民生活社区。一般应根据进货与出货产品类型及交通运输的复杂度，来选择接近上游点或下游点。配送中心选址主要有以下几个参考原则。

（1）适应性原则

配送中心布点必须与国家及地区的经济发展方针、政策相适应，与物流资源分布和需求分布相适应；同时还要与一个地区或区域的经济发展特征相适应。既要考虑配送中心本身经营运作的可行性，又要与区域物流系统规划相适应。

（2）协调性原则

配送中心布点要将物流网络作为一个大系统来考虑，要确立自身在网络中的位置，与整个系统相协调。同时在配送中心的规模、设施与设备的选择，生产作业能力，配送商品的特性等方面要注意保持协调性、一致性。

（3）经济性原则

配送中心布点中的花费主要包括建设费用和经营费用两部分。前者涉及面广，一次性投入较大，如规划与设计费用、使用费用、基本建设材料费用、人工费用、设施与设备的选择与安装费用。后者主要是配送中心投入经营的相关费用。

（4）前瞻性原则

配送中心建设是一项长期投资，所以，配送中心布点要有全局观念和长远考虑，应结合物流系统的长期规划和现实状况，建设既要符合目前需要，又要考虑日后发展的可能，应立足当前，放眼未来。

案 例

雨润集团是一家集食品、房地产、旅游、高科技、投融资等产业于一体的集团性企业，该集团旗下的食品企业是中国最大的肉制品生产企业之一。2013 年 12 月 18 日，雨润集团投资 150 亿元建设的沈阳雨润农副产品全球采购中心项目在沈阳市沈北新区正式开业。

沈阳雨润农副产品全球采购中心项目位于国家新型工业化综合配套改革试验区沈阳经济区的沈北新区道义开发区，毗邻 101、102、203 国道及三环高速、地铁 2 号线、哈大客运专线、哈大铁路、沈铁城际铁路和高铁沈北新站，区位和交通优势得天独厚。

沈阳雨润农副产品全球采购中心涵盖蔬菜、果品、副食、水产、冻品等业态，是沈阳市能满足“一站式采购”的一级批发市场，解决了客户奔波于各个单品市场的麻烦，充分满足采购商、配送商、超市卖场多样化的采购需求。

雨润借鉴国际经验，针对国内农业区域发展南北不均衡的现状，形成“农业全产业链运作”模式，涵盖全球采购中心、配送中心、农产品基地三大平台，让农民在产前、产中和产后都能真正融入产业链中。根据雨润控股集团的战略规划，雨润农产品集团正在全力打造全球化的农副产品冷链物流平台，为实现“买全球、卖全球”的发展目标保驾护航。

2020 年，雨润已构建起覆盖整个中国大陆的农产品、副食品及食品物流网络体系，拥有五大食品交易平台、四十多条专有铁路线、六千多家食品销售网点。雨润已在西安、天津、石家庄、南昌、长春、沈阳、成都等省级以上城市开工建设规模宏大的农副产品全球采购中心。接下来，雨润集团将在全国九大物流区域初步建立以大型全球采购物流中心为轴心、以农副产品生产基地和销地市场为节点的全球物流供应链采购体系，实现年交易额 2 000 亿，成为全国农副产品物流产业领航者。

2. 选址时应考虑的主要因素

配送中心选址时应考虑的主要因素：客户分布、供应商分布、交通条件、土地条件、自然条件、人力资源条件及政策环境等。

（1）客户分布

配送中心选址时首先要考虑所服务客户的分布，对于零售商型配送中心，其主要客户是超市和零售店，这些客户大部分分布在人口密集的地区或大城市。配送中心为了提高服务水准及降低配送成本，多建在城市边缘接近客户分布的地区。

（2）供应商分布

配送中心的选址应该考虑供应商的分布地区。物流的商品全部由供应商供应，物流越接近供应商，其商品的安全库存越容易控制在较低的水平。但由于国内一般进货的输送成本由供应商负担，因此有时会忽视此因素。

（3）交通条件

交通条件是影响物流配送成本及效率的重要因素之一，交通条件的不便将直接影响车辆配送的效率。因此必须考虑对外交通的运输通路，以及未来交通与邻近地区的发展状况等因素。

（4）土地条件

土地的使用必须符合相关法规及城市规划的限制，尽量选在物流园区或经济开发区。

（5）自然条件

在物流用地的评估中，自然条件也是必须考虑的。事先了解当地自然环境有助于降低建设的风险。例如，在自然环境中有湿度、盐分、降雨量、台风、地震、河川等自然现象，有的地方靠山，湿度比较高；有的地方靠海，盐分比较高，这些因素都会影响商品的储存品质，尤其是服饰产品或3C产品。

（6）人力资源条件

在仓储配送作业中，最主要的资源需求为人力资源。由于一般物流作业仍属于劳力密集的作业形态，在配送中心内部必须要有足够的作业人力。因此在决定配送中心位置时必须考虑劳工的来源、技术水准、工作习惯、工资水平等因素。

（7）政策环境

政策环境也是物流选址评估的重点之一，尤其是物流用地取得困难的时期，如果有政府政策的支持，则有助于物流业的发展。政策环境条件包括企业优惠措施（土地提供、减税）、城市规划（土地开发、道路建设计划）、地区产业政策等。

3. 选址程序

影响配送中心选址的因素有很多，在选址过程中，定性分析和定量分析都是必要的。定性分析的主要任务是提出影响选址的各种因素，并根据企业的要求，分清主次，明确关键因素，在此基础上确定各因素的权重，找出最佳选址方案。方法是针对各种影响因素，提出选址应遵循的一些基本原则，如选择交通发达、交通条件便利的地点，接近消费区，靠近超市等。而定量分析的方法是根据影响配送中心位置的各种因素，建立数学模型，通过反复迭代，从中选择并确定最优方案。

配送中心选址的程序如下。

（1）基本条件的整理

选址时，事先要明确建立配送中心的必要性、目的和方针，明确可选的范围。

（2）选择地址必备资料的整理

选择地址的方法，一般是通过成本计算的，也就是将运输费用、配送费用及物流设施费用模型化，采用约束条件及目标函数建立数学公式，从中寻求费用最小的方案。但是，采用这种选择方法寻求最优的方案时，必须对业务量和生产成本进行整理、分析和判断。

（3）地址的选定

选择配送中心地址的方法有单一设施和多设施的选址方法。随着应用数学和计算机的普及，设施选址的方法不再停留在理念上，更多使用数学方法。

（4）关于选址中的约束条件

当在所求出的选址点进行建设时，必须研究并判断该选址的障碍条件；特别是与地理、地形、地基、环境、交通、劳动等有关的条件，分析是否适合配送中心的作业要求；并预测将来业务量增大后是否能够满足扩建的需要，该选址是否适用或已做好解决障碍条件的准备工作。

案　例

京东立志将自动化运营中心打造成亚洲范围内 B2C 行业建筑规模最大、自动化程度最高的现代化运营中心。因此，京东将该项目定名为“亚洲一号”。

京东计划在北京、上海、广州、沈阳、成都、武汉等地投资新建“亚洲一号”，构建覆盖全国的自营现代化运营体系。2012 年，京东商城率先在华东区筹建第一座集商品暂存、订单处理、分拣配送功能于一体的电子商务运营中心，支撑和推动公司华东区的业务发展。

一、物流中心布局

该物流中心位于上海嘉定，共分两期，规划建筑面积为 20 万平方米。投入运行的一期定位为中件商品仓库，总建筑面积约为 10 万平方米，分为 4 个区域——立体库区、多层阁楼拣货区、生产作业区和出货分拣区。其中，立体库区高 24 米，利用自动存取系统（AS/RS 系统），实现自动化高密度储存和高速拣货能力；多层阁楼拣货区采用各种现代化设备，实现自动补货、快速拣货、多重复核手段、多层阁楼自动输送能力，实现京东 SKU 高密度存储和快速准确拣货和输送能力；生产作业区采用京东自主开发的任务分配系统和自动化的输送设备，实现每一个生产工位任务分配的自动化和合理化，保证每一个生产工位的满负荷运转，避免任务分配不均的情况；出货分拣区采用自动化的输送系统和分拣系统，分拣处理能力达 16 000 件 / 小时。

二、物流设备

货到人系统：用于对纸箱、周转箱等容器进行自动化存取、搬运，技术可实现货物到人的拣选。

AS/RS 系统：自动化立体仓库系统，通过采取高密度存储形式，充分利用存储空间。

交叉带分拣机系统：高速自动化分拣系统，适用于中、小件型的包裹分拣，配合全自动供包形式，最大限度地降低人员投入，提高分拣效率。

AGV 系统：自动引导小车（AGV），替代了人工模式下搬运重物和重复常规的物料搬运工作，能够和机器人、自动化立体仓库等联合作业。

阁楼货架系统：一种充分利用空间的由钢结构搭建而成的多层货架系统，员工在巷道内拣货。在“亚洲一号”的部分项目中，采用四层阁楼货架系统，增加可用拣选面积，同时充分利用了存储空间。

输送系统：“亚洲一号”各物流中心内使用了大量的输送线以减少货物搬运量，减轻人员的劳动强度，提升自动化水平。

京东上海“亚洲一号”的仓库管理系统、仓库控制系统、分拣和配送系统等信息系统均由京东开发，拥有自主知识产权，所有从国外进口的先进自动化设备均由京东进行总集成。

三、具有自主决策能力的智慧无人仓

无人仓的运作主要分为入库、扫描、打包、分拣、出库几个流程。在工作人员将货品运送到仓库后，余下的流程都将由自动化设备接手。比如入库环节，传送带将根据扫描情况进行分开处理，有的货物将直接由传送带运往仓储区域，而用户订单将被机械臂抓取，进行信息标签张贴及自动打包。其中自动打包环节最引人注目，因为从外观来看，自动打包机实在平平无奇，而到了实际打包环节，这台机器可以准确无误地为各种形状的货品“量身定制”泡沫袋与纸板箱，完全不会出现过度包装的现象，而这一切都是由扫描系统与自动打包机协作完成的。

另一个不得不提的就是曾在“北京八分钟”露脸的“小红人”AGV。这些长得像扫地机器人一样的“小红人”AGV 负责小件货品的分拣。数量多达 300 台的“小红人”可以实现自动排队、自动路线规划、自动避让等全自动工作机制。在看似密密麻麻的工作区域中，这些“小红人”的运行速度达到了惊人的 3 米 / 秒，这个速度也是全世界分拣的最好成绩。在这样的速度下“小红人”还是按照既定的路线有条不紊地将包裹投递到对应的转运袋中。每完成一次投递“小红人”会根据自身的工作量选择继续加入排队序列或靠墙休息，需要充电的“小红人”会自动找到对应的接口进行充电。每次充电只需要 10 分钟，就可实现 4 个小时的连续工作。

据京东物流首席规划师、无人仓项目负责人章根云介绍，300 余台“小红人”仅在小件包裹投递一项就可节约人力资源 300 人左右。依靠视觉识别和智能导航技术，“小红人”能以最优线路完成商品的拣选，出现常规故障，“小红人”能在短短30秒内自动修复。而京东自主研发的“智能大脑”能在0.2秒内为“小红人”计算出680亿条可行路径，并做出最佳选择。

“小红人”将小件投递到对应的转运袋后，中型的AGV会完成第二轮分配和打包。最后大型AGV会将打包好的大包裹通过传送带送往库房外，库房外一台台整齐停放的红色新能源运输车会将货物送往各个配送站点。在这个过程中，工作人员的职责就是通过监控大屏随时查看整个流程的运作情况。

章根云表示，要读懂无人仓的标准，必须从作业无人化、运营数字化和决策智能化三个层面去理解。京东在布局智慧无人仓时就考虑到了海量SKU、多变的订单结构、不统一的包装形式以及节点中的波峰波谷。所以，区别于半自动的人工操作机械化，京东赋予了无人仓最大智能化以及自主决策能力。如此一来，无人仓就具备了自感知、自适应，自决策、自诊断、自修复的能力。而最能体现其智慧水平的地方，并不是其按照指令进行操作、执行的能力，而是其自主决策、判断、纠错以及自我修复的能力，从而实现成本、效率、体验的最优。无人仓能大幅度减轻工人劳动强度，且效率是传统仓库的10倍。

四、项目远景

在一次开放参观中，除了见证京东对于无人仓世界级标准的定义外，也领略了京东物流员工发出的“自信三连”。刘强东曾在一次分析师电话会议中表示，京东物流在全国范围内还没有一个真正意义上的竞争对手。而在参观过程中，“亚洲一号”物流负责人蒲浦江也接棒了京东物流的“自信三连”。当被问及无人仓可能遇到的机械故障情况时，他表示：自从无人仓投入运行后从未遇到过严重故障。随后他又补充道：我们有自主纠错功能，即便有问题也会自动修复。1994年出生的邹瑞是从工商管理专业转型为做无人仓工程师的。对于“有没有遇到过无法解决的问题”，邹瑞愣了2秒后有些为难地答道：在现有的流程中我们没遇到过无法解决的难题，就算有难题也都解决了。

除了转型成功的邹瑞之外，另一位“90后”员工姜珊的成长也体现了京东重抓技术战略下员工的升级转型之路。姜珊以往是负责分拣工作的，每天不仅要用肉眼识别订单信息，超过3 000次的“弯腰”动作也让她劳累不已。而AGV投入使用后，原本最繁重的重复机械劳动就被机器所替代了，腾出的精力现在主要用于无人分拣的技术性工作。让机器人帮助人承担最辛苦的工作，让人管理机器人并承担机器人不擅长的工作，这就是效率的提升。相关负责人也表示，无人仓作为一个全新项目，并没有因此减少员工，相反还需要从别的仓库里抽调能力突出的员工。

另外，京东物流是开放物流，很多庞大的业务还需要不停地吸纳人才。在智能人才培养方面，京东物流在2016年启动了“云梯计划”，旨在培养具有潜力的优秀员工，目前已培养了近500名高端技术人才和工程师。2019年10月，京东物流还联合上海城建职业技术学院、上海市现代职业技术学校等13所职业院校，发起成立“京东物流教育赋能－产学训研”联盟。此外，京东物流还与包括北京邮电大学在内的多个高校达成战略合作，共建研究院和培养基地。

第六节　电子商务环境下的新型物流配送中心

一、电子商务环境下新型物流配送中心的要求

1. 新型物流配送中心对人员的要求

新型物流配送中心能否充分发挥其各项功能和作用，完成其应承担的任务，人才配置是关键。为此，新型物流配送中心必须配备数量合理、具有一定专业知识和较强组织能力、结构合理的决策、管理、技术和操作人员，以确保新型物流配送中心的高效运转。

只有当知识为劳动者所掌握之后，知识对经济增长的作用才能显现出来，而人才开发和利用是促进知识经济发展的根本。知识经济，一方面要求人才的专业化程度不断加深，另一方面又要求人才能够全面发展，以适应多变的外部环境。这就给人才的培养和开发带来了机遇和挑战。新型物流配送中心的发展需要大量的各类专业人才，从事经营、管理、科研、仓储、配送、流通加工、通信设备和计算机系统维护、贸易等业务。因此，必须加大人才培养的投入力度，引进掌握先进科技知识的人才；对现有职工进行有计划的定期培训，形成系统的学习制度；在企业里引入竞争机制，形成能上能下的局面。要增强员工的科技创新意识，培养企业对知识的吸纳能力，促进物流产业的人力资源得到开发和利用，造就大批符合知识经济时代要求的物流配送人才，利用各种先进的科学技术和科学方法，促进物流配送产业向知识密集型方向发展。

2. 高水平的企业管理

作为一种全新的流通模式和运作结构，新型物流配送中心必须具备科学化和现代化的管理水平。只有通过合理的科学管理制度、现代化的管理方法和手段，才能确保物流配送中心基本功能和作用的发挥，从而保障相关企业和用户整体效益的实现。管理科学的发展为流通管理的现代化、科学化提供了条件，促进流通产业的有序发展和企业内部管理能力的提升。同时，还要加强对市场的监管和调控力度，使之有序化和规范化。总之，一切以市场为导向，以管理为保障，以服务为中心，加快科技进步是新型物流配送中心的根本出路。

3. 新型物流配送中心对装备配置的要求

新型物流配送中心面对大量的供应商和消费者以及瞬息万变的市场，承担着为众多用户配送商品和及时满足他们不同需要的任务。这就要求其必须配备现代化装备和应用信息

系统，具备必要的物质条件，尤其要重视计算机网络的运用。利用计算机网络广泛收集信息，及时进行分析比较，并依据科学的决策模型迅速作出正确的决定，这是解决系统化、复杂化和紧迫性问题最有效的工具和手段。同时，采用现代化的配送设施和配送网络，将会推动形成社会化大流通的格局。

专业化的生产和组织严密的大流通，对物流手段的现代化提出了更高要求，如对自动分拣输送系统、立体仓库、旋转货架、AGV 自动导向系统、商品条码分类系统以及悬挂式输送机等新型、大规模的物流配送机械系统有着广泛而迫切的需求。自动分拣输送系统，既要区分不同方向、地点、渠道运输的不同物资，又要按照类型品种、尺寸、质量及特殊要求分拣输送后集中在指定的主库或旋转货架上；其输送速度高（150 米 / 秒），分拣能力强（30 000 件 / 小时），规模大（机长高达几十甚至数百米），配货及分拣的通道多（200 个以上），适用的货物范围广，是面向 21 世纪配送网络的大型物流机械系统。自动分拣输送系统与立体仓库、旋转货架设备适应市场需求，可以提供更好的服务，在提供多用户、多品种、少批量、高频度、准确、迅速及灵活等服务方面具有独特的优势。

二、配送中心的物流配送流程

配送中心的物流配送流程相对而言比较规范，但各物流配送企业的物流配送流程并不一样。不同的物流配送企业可以根据电子商务形式和自身配送商品的物流属性，设计专用的物流配送流程，如图 7–4 所示。

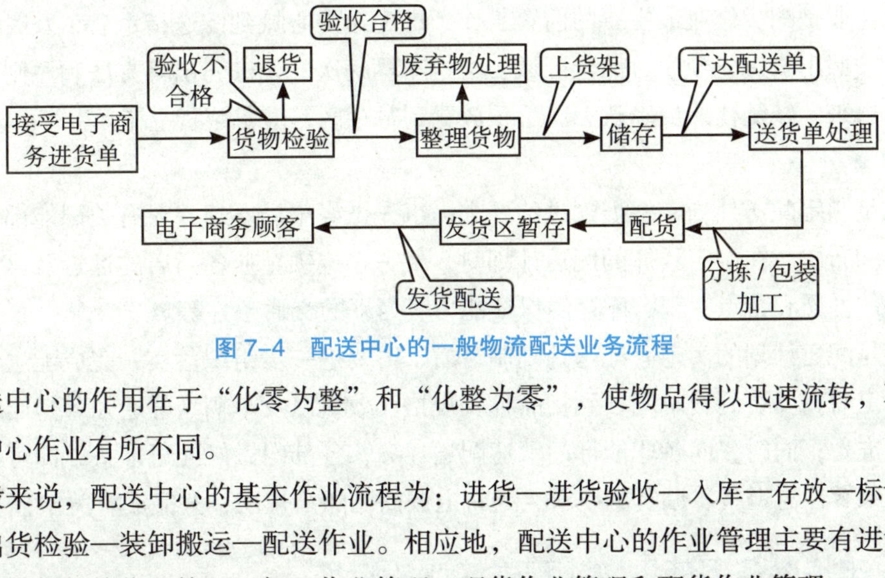

图 7–4　配送中心的一般物流配送业务流程

配送中心的作用在于“化零为整”和“化整为零”，使物品得以迅速流转，不同类型的配送中心作业有所不同。

一般来说，配送中心的基本作业流程为：进货—进货验收—入库—存放—标识包装—分类—出货检验—装卸搬运—配送作业。相应地，配送中心的作业管理主要有进货入库作业管理、在库保管作业管理、加工作业管理、理货作业管理和配货作业管理。

1. 进货入库作业管理

进货入库作业主要包括收货、检验和入库 3 个流程。

收货作业是从货车上把商品卸下、开箱，检查其数量、质量，之后将有关信息书面化的一系列工作。

检验活动包括核对采购订单与供应商发货单是否相符，开包检查商品有无损坏、商品分类、所购商品的品质与数量比较等。收货检验工作一定要慎之又慎，一旦商品入库，配送中心就要担负保证商品完整性的责任。

经检查准确无误后方可在供应商发货单上签字将商品入库，并及时登录有关入库信息，转达采购部，经采购部确认后开具收货单，从而使已入库的商品及时进入可配送状态。

2. 在库保管作业管理

商品在库保管的主要目的是加强商品养护，确保商品质量安全。同时，还要加强储位合理化工作和储存商品的数量管理工作。商品储位可根据商品属性、周转率、理货单位等因素来确定。储存商品的数量管理则需依靠健全的商品账务制度和盘点制度。商品储位合理与否、储存商品数量管理精确与否将直接影响商品配送作业效率。

3. 加工作业管理

加工作业管理主要是指对即将配送的产品或半成品按照销售要求进行再加工。其内容包括：分割加工，对大尺寸产品按照不同用途进行切割；分装加工，将散装或大包装的产品按照零售要求进行重新包装；分选加工，对农副产品按照质量、规格进行分选，并分别包装；贴标加工，粘贴价格标签，打制条形码。加工作业完成后，产品即进入可配送状态。

4. 理货作业管理

理货作业是配货作业最主要的前置工作，即配送中心接到配送指示后，及时组织理货作业人；按照出货优先顺序、储位区域、配送车辆趟次、先进先出等方法和原则，把配货商品整理出来，经复核人员确认无误后，放置到暂存区，准备装货上车。

5. 配货作业管理

首先是制定配送计划。根据配送的要求，事先做好全局筹划并对有关职能部门的任务进行安排和布置。在制定具体的配送计划时，要考虑连锁企业各门店的远近及订货要求、配送商品的性质和特点、现有库存的保证能力、当下的交通条件等。

其次是配送计划的实施。配送计划制订后，需要进一步组织落实，完成配送任务。配送计划确定后，要将到货时间、到货品种、规格、数量以及车辆型号通知各门店，以便其做好接车准备；同时，向各职能部门下达配送任务，各部门做好配送准备，即可组织配送发货。如果客户有退货、调货的要求，则将退调商品随车带回，并完成有关单证手续。

三、电子商务下新型物流配送中心的特征

随着电子商务的发展，新型物流配送中心对上、下游物流配送需求的反应速度越来越快，前置时间越来越短。在物流信息化时代，速度就是金钱、速度就是效益、速度就是竞争力。

电子商务环境下的物流配送中心之所以被称为新型物流配送中心，主要它具备了一些传统的物流配送中心所不具备的特点。根据国内外物流配送业发展的情况，电子商务时代新型物流配送中心一般具有以下特征。

1. 物流配送功能集成化

新型物流配送中心着重于将物流与供应链的其他环节进行集成，包括物流渠道与商流渠道的集成、物流渠道之间的集成、物流功能的集成以及物流环节与制造环节的集成等。

2. 物流配送服务系列化

电子商务下的新型物流配送中心在强调物流配送服务功能的恰当定位与完善化、系列化的同时，还在外延上扩展至市场调查与预测、采购及订单处理；向下延伸至物流配送咨询、物流配送方案的选择与规划、库存控制策略建议、贷款回收与结算、教育培训等增值服务，提高了对决策的支持作用。

3. 配送作业规范化

新型物流配送中心强调物流配送作业流程和运作的标准化、程式化和规范化，使复杂的作业简单化，从而大幅提高物流作业的效率和效益。

4. 配送目标系统化

新型物流配送中心从系统角度统筹规划一个公司整体的各种物流配送活动，处理好物流配送活动与商流活动及公司目标之间、物流配送活动与物流配送活动之间的关系，不求单个活动的最优化，但求整体活动的最优化。

5. 配送手段现代化

电子商务下的新型物流配送中心使用先进的技术、设备与管理为销售提供服务，生产、流通和销售规模越大，范围越广，物流配送技术、设备及管理就越现代化，并且通过物流配送流程自动化来实现商品按照最佳路线配送。

6. 配送组织网络化

为了保证对产品促销提供快速、全方位的物流支持，新型物流配送中主要有完善、健全的物流配送网络体系，网络上点与点之间的物流配送活动要保持系统性、一致性；从而保证整个物流配送网络有最优的库存水平及库存分布，运输与配送快捷、机动，既能铺开又能收拢。

7. 配送经营市场化

在具体经营方面，新型物流配送中心采用市场机制，无论是企业自己组织物流配送，还是委托社会化物流配送企业承担物流配送任务，都以“服务——成本”的最佳配合为目标。同时，在相关法律法规的约束下，物流配送工作有条不紊地进行。

本章小结

通过本章的学习，使读者了解电子商务与物流配送的概念、熟悉电子商务物流配送的流程、我国电子商务物流配送的新发展现状、我国发展电子商务物流配送的对策建议，掌握配送中心的概念、分类、功能、作用，熟悉电子商务环境下的新型物流配送中心相关内容。

本章习题

1. 配送的特点有哪些?
2. 传统商务的物流配送流程包括哪些?
3. 电子商务物流配送的流程分为哪三个部分?
4. 配送中心选址主要有几个参考原则?
5. 配送中心的功能分类有哪些?

第八章

电子商务新的商业模式与现代物流

本章导读

电子商务的发展给人们带来了全新的商业模式，成为21世纪经济的重要增长点。电子商务的快速发展很大程度上依赖于线下强有力的物流系统，可以说，电子商务的成功与否很大程度上取决于物流系统的运作效率。随着近年来电子商务的飞速发展，逐渐催生了各种新的商业模式。本章主要介绍了新零售与即时配送的概念、现状与发展方向，以及物流领域的共享经济概况与促进共享经济发展的建议。

本章重点

新零售　即时配送　共享物流　物流资源共享　物流基础设施共享　企业协同共享

案例导入

新零售——盒马鲜生

商业综合体、超市里有餐饮，并不奇怪。这几年，餐饮简直成了shopping mall的救命稻草，有些商业综合体餐饮消费占比高达40%。走进盒马鲜生，小面馆、饺子馆、港式烧腊馆、日料馆却有着别于寻常的吸睛之处。

一是开发新的产品结构。不光做堂食的正餐，还可以做外带和外卖的半成品。一家卖海南鸡饭的，正餐时段主打招牌海南鸡饭，上下午和晚上则主卖白切鸡；一家港式烧腊馆，正餐时段主打煲仔饭，其余时间卖烤鸭、叉烧。通常，一家餐厅真正挣钱的时间只有一日三餐，而盒马鲜生引导这些商家在正餐之外，还开发出可以外带、外卖，尤其是可以在线上售卖的熟食、半成品，大大拉动了销售。

二是把顾客从线下往线上引。“吃”这件事是刚需、高频、离不开。盒马店租金要比黄金地段的shopping mall还贵几倍，为什么？每个档口产生的坪效高。线下客流本来就大，但更重要的是线上客流。盒马鲜生经营的一条根本逻辑是把顾客从线下往线上引，用盒马鲜生创始人侯毅的话说就是，线上用户达不到线下用户的 5 到 10 倍，叫什么新零售？他估计目前餐饮合作伙伴的线上销量可达 70%，餐饮业线上订餐做得最好的麦当劳高不过 30%。

盒马鲜生崛起的切入口，就是围绕消费者“吃”这件事做全品类供应。餐饮为盒马鲜生不仅解决了产品消费丰富度问题，也解决了生熟联动问题。

一、开发新品类，线上线下联动，创造高频消费场景

盒马鲜生刚推出一个线上 SOS 频道，提供老百姓急需的商品。生活中总会有一些急需某种用品的时刻，例如，燃气灶没电了，需要换 2 号电池，而 2 号电池又很难买到；女性出差，丝袜被刮破了，急需买一双新丝袜；夜里小孩发烧急需退烧药等。这类急需品盒马鲜生都提供。

以“吃”起家的盒马鲜生为什么要卖 2 号电池和女性丝袜？不妨对比 7–11、小米和链家的案例。7–11 为什么要卖咖啡？自营咖啡毛利高肯定是个原因，但其核心是丰富产品结构。因为有了咖啡，人们又多了一个理由走进 7–11，拉动了其他产品的消费，培养消费者的习惯。

无论是盒马鲜生卖丝袜，7–11 卖咖啡，还是小米卖牙刷，链家要做“社区好邻居”，其共同的原因都是要融入人们的生活，通过提供便利，成为人们生活的一部分。陈春花老师说得好：生意就是生活的意义。当“跨界打劫”成为常态，打败你的真未必是已知的对手，而可能就是那条很简单的原因——你离人们的生活远了。

二、通过产品设计，把消费者对价格的关注转移到对新鲜度和品质的关注

盒马鲜生蔬菜不按“斤”卖，都是 350 ~ 400 g 的小包装，重新定义新鲜，并提升毛利。

广东有一家社区生鲜超市“钱大妈”，其致命诱惑是“不卖隔夜肉”，每晚一过 7 点猪肉九折，之后每过半小时再降一折。

盒马鲜生也推出了自有肉食品牌“日日鲜”，猪肉、鸡肉，充氮包装，保质期 3 天，但盒马只卖 1 天。为了让消费者一眼看出新鲜，从周一到周日，每天有不同颜色的包装。包括牛奶，本来 7 ~ 14 天保质期，盒马也想挑战，能不能只做 1 天售卖期？

其实“钱大妈”和盒马鲜生都在做一件事：重新定义新鲜。过去买肉、买水果，新鲜不新鲜基本靠感觉判断，似乎不坏就是新鲜，没有一个科学量化的标准，但“保质期 3 天，我只卖 1 天”让消费者一下子有了超预期的准确感知。

三、全球伟大的公司，要么把好东西做得越来越便宜，要么把好东西做得越来越有爱

盒马鲜生目前送货免费，送货范围 3 公里以内，送货范围不能扩大些吗？“不住海上，就住盒马边上”的饥饿营销之外，更重要的是盒马鲜生对速度的理解。侯毅说，生鲜消费具有突然性，下雨了，本打算外出就餐的年轻人改在家里做饭，买菜买海鲜，

几个小时送来肚子会抗议的，所以必须及时响应，30分钟必达。

侯毅说，盒马鲜生改变了很多人的消费行为。比如，过去给保姆钱由保姆去买菜，今天女主人自己想吃什么，在APP上下单就好了；过去小饭馆常为原料缺货犯难，现在可以在盒马APP上紧急补货。

从新零售案例——盒马鲜生的发展和爆红可以看到：首先，研究商品和顾客需求才是核心。盒马鲜生从“吃”这件事切入，实现生鲜全品类一站式购物，之后延展商品结构，创造更高频的消费场景，目标是让用户“离不开”。看得出侯毅团队在商品研究上下了大功夫，满足了消费者对产品丰富、时令、新鲜、便捷的需求。

其次，追求极高的供应链管理水平。全球买手团队，基地直采，这样的供应链模式可提高效率。难怪侯毅说，“做好商品和供应链，中国零售业真的是一片超级蓝海！”

最后，以流量运营为核心。今天中国在全球拥有一个独一无二的红利，即移动互联网红利：中国人几乎整天手机不离手。盒马鲜生把流量从线下拉到线上，与阿里生态中的数据打通，终于成为一家基于实体店的、以流量运营为核心的新零售公司。由此也可以看出打造线上资产的重要性，在数字化这场战役面前，没有人可以高高在上，数字化会淘汰一切落伍者。

第一节　新零售的发展概述

一、新零售简介

1. 新零售产生的动因

21世纪初，当我国传统零售企业还未能觉察到电子商务对整个商业生态圈可能产生的颠覆性作用之时，以淘宝、京东等为代表的电子商务平台已开始破土而出。中国电子商务发展到今天，已经占据零售市场主导地位，这也印证了比尔·盖茨所言：“人们常常将未来两年可能出现的改变看得过高，但同时又把未来十年可能出现的改变看得过低。”随着“新零售”模式的逐步落地，线上和线下将从原来的相对独立、相互冲突逐渐转化为互为促进、彼此融合，电子商务的表现形式和商业路径必定会发生根本性的转变。当所有实体零售都具有明显的“电子商务”基因特征之时，传统意义上的电子商务将不复存在，而所谓的电子商务给实体经济带来的冲击也将成为历史。

一方面，近年来，传统电子商务由于互联网和移动互联网终端大范围普及所带来的用户增长以及流量红利正逐渐萎缩，增长“瓶颈”开始显现，传统电子商务发展的“天花板”

已经依稀可见，对于电子商务企业而言，唯有变革才有出路。

另一方面，传统的线上电子商务从诞生之日起就存在着难以补齐的明显短板，线上购物的体验始终难以超越线下购物。因此，探索“新零售”模式，启动消费购物体验的升级，推进消费购物方式的变革，构建零售业的全渠道生态格局，必将成为传统电子商务企业实现自我创新发展的又一次有益尝试。

2. 新零售的定义

新零售也称零售新模式，即个人、企业以互联网为依托，通过运用大数据、人工智能等先进技术手段以及心理学知识，对商品的生产、流通、销售过程进行升级改造；进而重塑业态结构与生态圈，并对线上服务、线下体验以及现代物流进行深度融合的零售新模式。

线上、线下和物流结合在一起，才会产生新零售。线上是指云平台；线下是指销售门店或生产商，新物流有利于消灭库存，减少囤货量。

过去，每次“双十一”，新零售增加的不仅是包裹量，还有配送的强度。更多的即时性配送需求出现，也意味着快递和物流配送企业需要不断调整自己的模式和运作机制，才能真正迎接挑战。

除了货量的增加，还有一个变化是越来越多的品类进入到可以快速配送的范畴。换句话说，物流配送难度的增加，不仅和消费力的提高有关，也和可以配送的商品宽度大大增加有关。

3. 新零售的特点

与传统零售相比，新零售具有以下 4 大特点。

（1）零售主体承担新角色。传统零售商充当商品交换媒介，而新零售商是产业链条中的组织者与服务者。如天猫商城等新零售平台，对下游可分析消费者需求，承担消费者的组织者与采购者角色；对上游为供应商提供精准的市场需求信息，作为供应商生产研发和市场推广活动服务的供给者。

（2）零售组织呈现新形态。传统零售形态单一且不易改变；而新零售依托大数据分析，可即时根据消费信息变化而调整经营要素，形成多维度、多触点的复合型、集合型以及满足即时消费需求的形态。

（3）零售活动展现新关系。传统零售是简单的“买”和“卖”的交易关系，而新零售在此基础上，“供应商—零售商—消费者”展现出深度融合的一体化关系。零售商作为纽带，一方面为供应商提供消费者需求信息；另一方面为消费者提供采购服务，三者之间形成统一的有机体。

（4）零售导向出现新变化。传统零售的起点在供应商，而新零售的起点是消费者。新零售的出发点是消费者的个性化、多样化的需求，消费者的需求变动是供应商调整生产、零售商调整销售所考虑的第一要素，一切调整只为更精准地满足消费者需求。

4. 新零售存在的问题

新零售随着技术升级与消费升级的驱动而不断发展，在这一过程中，仍面临一些需要解决的问题。

（1）跨区域协同性仍较弱。随着新零售的发展，跨区域协调的物流仓配体系的不健全，正逐渐成为阻碍商务流通的一大弊端。

（2）末端配送未高效整合。当前尚未实现无缝的协同配送，配送成本居高不下，效率亟待提升。

（3）仓配信息普遍孤岛化。部分环节数字化程度较低，无法实现信息、数据的互通。

案 例

海澜之家集团股份有限公司（以下简称“海澜之家”）与麦当劳公司一样都属于轻资产模式，它把存货和资金分解给了上下游。自己提供品牌管理、供应链管理和营销网络管理，将供应商、加盟商和公司三者捆绑成利益共同体。

它是一个高度扁平化的共享经济平台，就像一个产业路由器一样，把各种资源组织起来，形成一个独特的产品和品牌。自己不占有太多资源，但是各种资源在这里，都发挥了最大的作用。

在整个产业链中，海澜之家主要负责上游供应链共享平台的建设。产品设计研发，品牌管理的引导、把控及筛选，下游门店的统一运营管理和营销渠道建设。

海澜之家的成功主要表现在四点：轻资产、库存零风险、深度赋能、重经营，特别是后面 3 条是拉开与美特斯邦威集团和森马集团差距的关键。

1. 轻资产

海澜之家本身并不参与服装产业链的上游。将服装的生产、设计、运输等环节均实现了外包，所有服装的设计、样式，都是由供应商设计师提供的。之后再由海澜之家总部设计师根据当下流行趋势，对款式进行挑选，最后下达订单。

整个经营成本大幅下降，不用长期养自己的设计师团队，厂房、厂工等重资产大幅减少，没有大规模的固定资产投入的摊销，对利润影响最少。

2. 库存零风险

供应商参与服装的设计与生产，但同时需要承担全部库存风险，因此加盟商可以获得更高的毛利率。

卖不出去的服装，海澜之家还将退回生产厂商或者从厂商处进行二次进货，由旗下折扣店品牌“百依百顺”进行销售。这些做法直接转嫁了存货风险，免去了海澜之家及全国各地加盟店的库存风险溢价。

3. 深度赋能：共享供应链

海澜之家将经营核心放在品牌塑造和上下游赋能上，通过打造服装产业路由器，建立了一套完整的共享型供应链管理平台。

将生产端上下游、海澜之家和终端加盟商结为利益共同体。在生产端公司联合上下游主要的生产供应商与原辅料供应商谈判，以获得高质量低价格的男装产品。

4. 重经营：类直营

为了强化对品牌终端的控制力，加盟商交了加盟费之后，只能拥有门店的所有权，并且承担经营费用，实际上经营权还是归海澜之家所有。

由海澜之家统一委派店长负责经营和管理，这样的方式直接降低了加盟商的门槛。作为加盟商，并不需要对经营或者服装行业有过深的认识，只需要保证资金运转，这也成为海澜之家线下门店急剧扩张的原因之一。

5. 快速反应

海澜之家通过每周分析门店零售数据，抓取最新的消费趋势并且制定新一轮的产品款式。生产供应商则根据海澜之家提供的提案自行设计开发并交由海澜之家筛选打分，打分合格的样稿再进行加工生产，并最终送往终端门店销售。

这种共享市场信息的合作方式加快了海澜之家的市场节奏，每年可推出30批次的新款休闲男装，因此海澜之家对消费者的需求变化，能够快速作出反应。

二、新零售的物流解决方案

1. 新零售引起的物流变化

零售是把商品交付到消费者手中的过程，其中商品的流动是靠物流来实现的。物流设备多种多样，仔细回顾物流的发展历史就会发现，物流系统的构建和物流技术的发展也是伴随着社会消费水平和方式的发展而变化的。

（1）商流变化引发的物流系统变革

我国社会消费形态变化从计划经济到商品经济，从商品匮乏到丰富多彩，从大众统一到个性化需求，而物流设备的运用也遵循上述特点。从制造业起步，延伸到流通业、电子商务，近年来又随着新零售而不断扩展应用领域。

在上述背景下，物流系统在构建过程中出现了以下几个显而易见的变化。

①从大批量、少品种到小批量、多品种。

②从计划性到无计划性。

③从 IT 技术到 DT 大数据分析技术。

④从机械化、自动化到智能化。

表 8-1 为即时物流发展历程。

表 8-1　即时物流发展历程

行业	代表	新物流特点
品牌数字升级主阵地	天猫	天猫直送当日达次日达覆盖 1 500 个区县，近 20 个城市开启生鲜一小时达
家电数码	苏宁	全面接入菜鸟，智能分仓，当日达成为标配
服饰百货	银泰商业	“网上下单，门店发货”成现实，银泰商场全面接入
快消商超	盒马鲜生	30 分钟极速送达，toB 和 toC 物流共用库存
家居家装	居然之家	产地专线物流上线，实现端到端专属配送
餐饮生活服务	口碑 饿了么	美团、蜂鸟等协同，打造即时物流“分钟级配送”
城市乡村双路通	农村淘宝	村村当日达，600 多个县实现乡村物流到村入户
社区小店升级	零售通 天猫小店	百万小店随叫随送，城市物流也有新玩法

（2）科技发展助力物流效率提升

传统的效率提升点往往是物流过程中的某些关键节点，而现在则须从供应链全盘着眼，在探讨全流程畅通化的基础上，优化某些节点或投入相关设备。这是一个质的变化，虽然这个理念早已出现，但是它的真正实现离不开近年来 IT 技术的发展。

新零售的许多变化就是为了全方位提升用户体验，一定程度上，也就是方便消费。大数据分析、移动互联网、自动化等技术的不断创新发展，使得人、货、场三者之间或者生产商、经销商、零售商三者之间的高效连接成为可能，也由此真正构建了从仓储到配送的一体化快速物流体系。

2. 新零售需要的物流体系及其特点

新零售的物流体系主要包括两个部分：一部分属于既有的常规场外物流，也就是从供应商到物流中心，从物流中心配送到商店的通常流程；另一部分属于不断推陈出新的场内物流，也就是从卖场的仓库送到货架，甚至到消费者手中的流程。

（1）场外物流系统的发展创新

场外物流系统能无缝连接流程的各个中转点，减少搬运次数，准确预测消费趋势，灵活掌握库存，以加快商品流动和现金流动。

新零售的发展，促使原本没有使用自动化设备的企业，随着业务量的增多而开始投入自动化物流设备；具有一定数量自动化设备的企业，随着物流效率提升要求而开始加大物流系统建设的投入；已具备一定物流自动化规模的企业，积极进行流程优化和信息系统疏通。

（2）场内物流系统的技术创新

场内物流，也就是从卖场的仓库配送到货架，甚至到前端消费者的流程。

一个新零售店铺的信息系统是基于数据分析、ERP、POS、WMS、物流配送、APP 的综合管理系统，已经从单纯的商品搬运提升到了数字化运营管理阶段，从商品管理升级为实时互通的互联网全场景架构。

在新的场内物流领域，物流设备的发展趋势是小型化、多样化和智能化。不久的将来，也许店铺中的各种空中悬挂供货系统、餐位之间的 AGV 送餐系统等新形式也将得到越来越广泛的应用。当然，在新零售风口之下，同以往一样，必定会出现各种“疯狂”的商业模式，但无论怎样最终都会回归到零售业的本质，转变为“服务 + 经营”的竞争，引起物流行业的变革。

3. 新零售的物流解决方案

（1）网状协同，立体共享

当前，许多快递公司发货之后要到达中转仓再到区域仓，到达本地之后还要到中转中心再分到分中心，最后才到配送点，一次又一次的装卸过程损耗了物流企业大量的人力成本和时间成本，如图 8–1 所示。

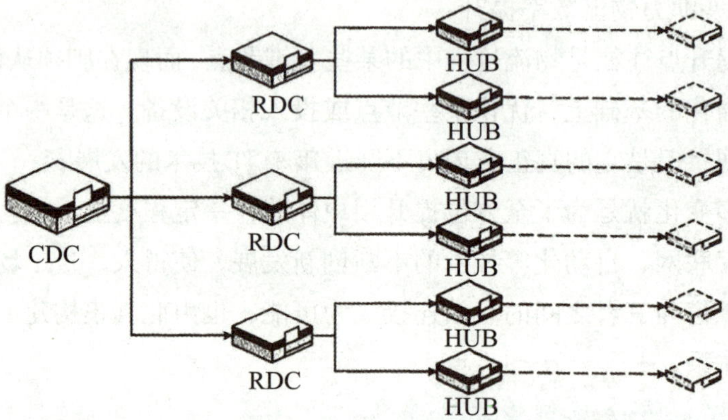

图 8–1　传统的仓库网络建设

不同于传统的供应链前端到后端、上游至下游的线性和树状流程；新零售重新梳理下的仓配布局，将强化物流与门店的匹配度和辐射范围，通过大数据运算采用最优的路径从而合理分配人力、物资、设施等资源，整条供应链各环节运作将实现有效同步和库存共享。

①分仓建模 + 自由组合 + 按需调配。多仓协同、分仓调拨是分仓模式的主要功能，打破了电子商务物流供应链的单渠道全国配送模式，实现 B2B、B2C、B2B2C、C2B 同仓管理、共享库存，提供一站式全渠道仓配服务。

图 8–2 的分仓数据模型能够为客户定制一套由 CDC+RDC+HUB 组成的分仓和物流解决方案。当客户需求发生变化时，数据模型会匹配生成新的最优方案，货物在仓网体系内进行重新调拨。

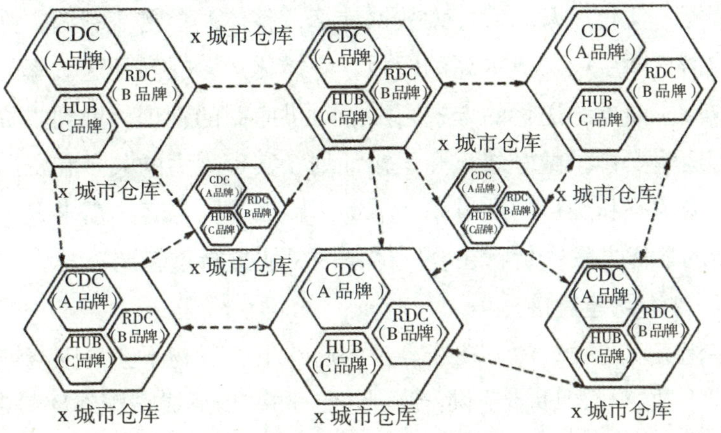

图 8-2　CDC+RDC+HUB 组成的分仓和物流解决方案

②高频、低频商品分级分仓。高频的货物，可以通过发挥本地仓配的优势做到近距离的高效配送。中频的货物可以放在中转仓，进行中转后再进入本地配送。低频的货物在区域中心仓中远程快递，不同频次的货物分别进行有效配送，不致在仓储过程中拖垮系统。

这样的搭配方式能够有效缩短运输里程，热销爆款商品由城市三级仓（HUB）配送，销量一般的商品和长尾商品由一级仓和二级仓（RDC/CDC）配送，从而全面提升整车到达率、整箱到达率、整单到达率等物流指标。

（2）大数据驱动，高度匹配

基于多家平台的体量，依托上下游供应商，通过大数据可实现共享物流通路上各环节的仓配资源，利用数据不仅能指挥仓内运转，包裹出仓后还能全程监测快递行踪，图 8-3 为协同式库存调配。

①构建多级配送模型。在多级配送模型中，干线运输、快递、落地配以及城配等形成一套完善的配送资源。这样的搭配方式能够有效缩短运输里程，从而全面提升整车到达率、整箱到达率、整单到达率等物流指标。

②搭建全国分仓共享体系。根据大数据分析，为客户搭建全国分仓体系，线上线下共享库存，系统自动推荐最适合收货地址的发货仓。网络分仓不仅能分解单仓集中发货的压力，提高订单时效，降低成本，而且能打通不同渠道库存的共享，降低库存占用。

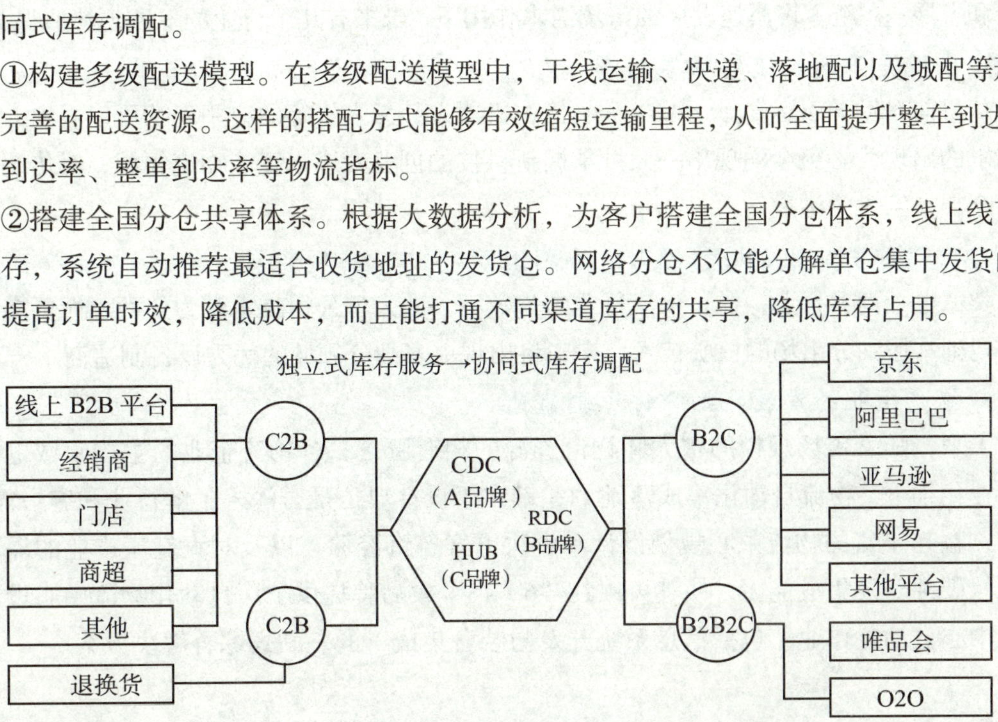

图 8-3　协同式库存调配

③大数据调配一体化运营。通过大数据计算，整体调控物流资源，弥补物流中将仓储配送分割操作的信息断层以及成本高的短板，一体化运营提高配送效率的同时形成集约效应。比如，采取供应商预约送货的方式，加强对供应商的管理，做到收货工作的计划性与预知性，并进行运输安排，做好装车和运输计划，实现人力的共享和资源管理分配，提高车辆装载率、运输效率和送货的准时率，节约运输成本。当客户需求发生变化时，数据模型会匹配生成新的最优方案，货物在仓网体系内尽快进行重新调拨。

（3）配送一体，无缝对接

①线下数字化实现配送一体。在新零售的趋势下，货物不会只围绕纯电子商务配置，配置的关键是线下数字化，即消费供给本地化，进一步形成城配线路控制在60分钟以内的供求体系。

②优化末端仓配，实现无缝对接。新零售下，城配线路将进一步固化3公里内的供求关系，很多货并不需要从纯电子商务的仓库里发货，因此未来末端配送会变成物流最为重要的支点。

末端快递、落地配、城配未来的发展是没有界限的，可以从距离消费者最近的仓库，甚至是实体店进行仓配，无缝对接发货，从而使货物以最低的成本、最快的速度抵达客户手中。

三、新零售物流技术创新与行业发展方向

不仅仅是新零售，传统制造业、流通业、电子商务的发展都必将促进物流装备行业的创新和发展。在新零售快速发展的市场需求作用下，未来有几个行业的发展趋势值得关注。

1. 出现更多的物流市场参与者

从目前自动导引运输车（AGV）、拣选机器人、无人机等的应用现状可以看出，随着新需求的出现，必定会涌现出一大批掌握新科技的创业者进入智能物流领域，对传统物流公司会带来巨大的挑战。

2. 出现更多细分领域的优秀设备制造商

类似电子商务行业一样，物流行业内为数不多的大型公司技术转为全面，而更多的中小公司则掌握细分市场的核心技术，未来将出现更多细分领域的优秀设备制造商。

3. 物流企业的发展会细分化、垂直化

未来，随着市场规模的扩大和物流资源的相对匮乏，各物流企业的主攻领域也会出现专业化细分。物流自动化集成落地的关键在于设计单位是否深入了解行业和客户需求。例如，益邦丰富的物流中心规划设计和解决方案咨询经验，以及对大健康产业的深刻了解和软硬件开发集成能力，使其可以在“6・18”大品牌提供工厂自动化物流中心设计、配送中心自动化作业（包括信息系统开发与装备集成）的一站式综合解决方案。

4. 其他值得关注的新趋势

新零售的展开，首先带来了全新营销模式和市场环境的变革，大数据环境下的消费者需求越来越清晰，精准的市场细分需求会让背后的物流变得越来越碎片化和实时化。因此，针对物流领域，新零售将推进产业升级，推动传统供应链物流演化为数字供应链、网状供应链。

新零售的发展可能完全改变零售公司的面貌和特性，未来的零售公司不仅仅是一个商业零售公司，很可能转变为一个技术公司、数据公司或者供应链公司。它们在进化的同时，也会引领物流行业的变革与发展。

第二节　即时配送的发展概述

一、即时配送的产生与发展

1. 即时配送产生的背景

新零售概念的推出在一定程度上推动了相关行业的创新与升级。作为零售的重要一环，物流也在潜移默化地发生变化，即时配送的诞生推动了物流进入新的阶段。近年来，随着即时配送物流市场的发展，用户规模不断扩大，越来越多的人开始享受到便捷的到家服务。图 8–4 为 2020 年中国即时零售消费者购买品类。

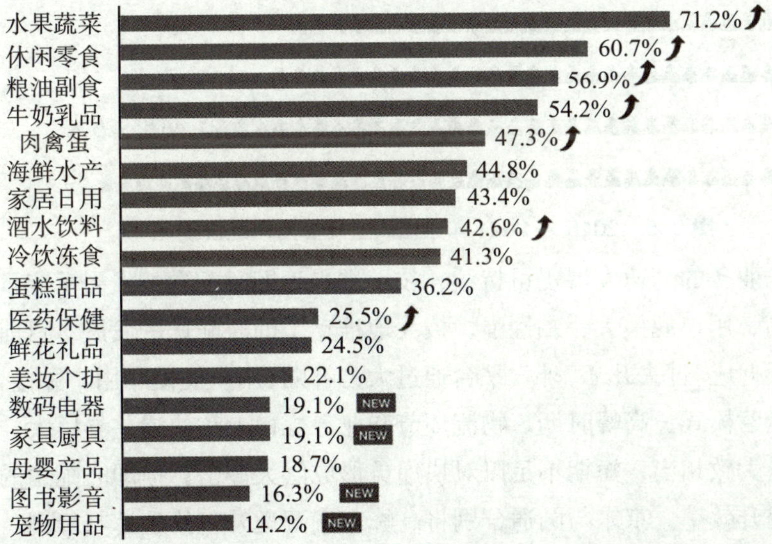

图 8–4　2020 年中国即时零售消费者购买品类

外卖行业的飞速发展对即时配送的兴起有着极大的推动作用，根据相关数据，截止 2021 年 12 月末中国网上外卖用户规模达 54 416 万人，较 2020 年同期增加了 12 533 万人，同比增长 29.92%。

随着中国网上外卖用户规模的不断扩大，使用率也快速提升，截止 2021 年 12 月末中国网上外卖使用率达 52.70%，较 2015 年底的 16.5% 增长了 36.20%，仍有 47.27% 网民等待挖掘，未来仍有较大的增长空间。互联网餐饮外卖市场未来将维持高速增长的态势，这也为即时配送物流的发展提供了流量、订单等的保障。

在新冠肺炎疫情影响之下，消费者“线上购买 + 线下即时配送”习惯的养成，使得中国即时配送行业交易规模不断扩大，2021 年中国即时配送交易规模达 1 832.2 亿元，较 2020 年增加了 132.20 亿元，同比增长 7.78%。新零售时代，快递进入新常态，同城即时物流成为新增长点。

目前即时配送领域的参与者众多，主要分为以下几类：一是起源于外卖模式的即时配送，包括饿了么的蜂鸟配送，美团的美团专送，京东到家的新达达，如图 8–5 所示；二是新兴即时配送企业，包括点我达、闪送、UU 跑腿、人人快送；三是传统物流企业推出的即时配送服务，包括顺丰的即刻送，圆通的计时达，韵达的云递配等；四是在线电子商务平台推出的即时配送服务，如苏宁、天猫、京东这类在线平台也都有相应的即时配送服务。

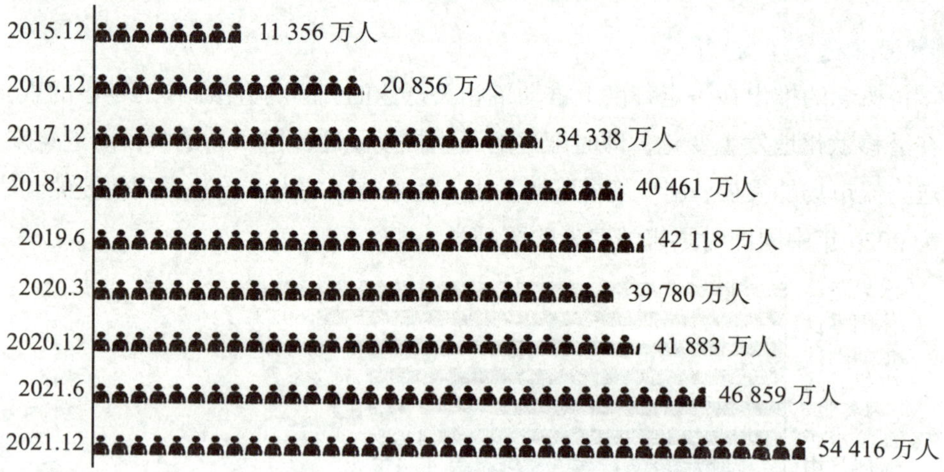

图 8–5　2015 ~ 2021 年中国网上外卖用户规模统计

我国即时配送业务的高速发展仍可持续，技术进步为即时配送的发展奠定了基础。餐饮外卖交易频次高、用户规模大、黏性强，极大地推动了即时配送的发展，目前已经占即时配送业务量的近七成。过去几年，外卖平台通过大力补贴，用户规模和用户黏性大幅提升。

即时配送在运营模式、高峰时期、物流环节和业务规模上和快递差异巨大。即时配送员的薪酬和快递员大致相当，短期不足以对快递员形成巨大冲击；但即时配送的高时效或将倒逼快递配送提升效率。京东与圆通分别将高峰末端配送外包给达达与蜂鸟，增强业务的灵活性，快递和即时配送的业务合作或将成为常态。

2. 即时配送的发展历程

中国的即时配送市场以 2011 年为发展起点，相继经历探索期、市场启动期、高速发展期，目前已进入应用成熟期见表 8–2 所示。2015 年受益于上游外卖平台迅猛扩张带来的大量订单，即时配送行业高速发展，随后，各个外卖平台开始自建配送体系，蜂鸟配送、美团众包、百度骑士纷纷诞生。经过几年高速增长后，市场逐渐趋于理性，饿了么收购百度外卖并将百度骑士纳入蜂鸟配送队伍，市场呈现蜂鸟、美团和达达三足鼎立态势。

表 8-2 即时物流发展历程

<table>
<tr><th>时间</th><th>发展阶段</th><th>代表性事件</th></tr>
<tr><td>2011 年</td><td rowspan="2">探索期</td><td>人人快递成立</td></tr>
<tr><td>2014 年</td><td>达达、风先生、闪送相继成立</td></tr>
<tr><td rowspan="2">2015 年</td><td rowspan="2">市场启动期</td><td>外卖平台崛起，巨量订单推动即时配送发展</td></tr>
<tr><td>外卖平台纷纷自建配送体系，蜂鸟配送、美团众包、百度骑士加入即时配送战局</td></tr>
<tr><td>2016 年</td><td rowspan="2">高速发展期</td><td>即时配送市场订单量井喷，商业模式逐渐清晰</td></tr>
<tr><td>2017 年</td><td>百度外卖掉队，以 5 亿美元出售给饿了么，市场逐渐成熟</td></tr>
<tr><td>2018 年至今</td><td>应用成熟期</td><td>商业模式、技术水平进一步完善，市场进入稳定增长期</td></tr>
</table>

2018 年 7 月，苏宁易购也发布即时配送解决方案“苏宁秒达”，主要为 3 公里社区生活提供 30 分钟到达甚至更快的配送服务，以及预约时间精准送达的定时达服务；苏宁线下门店均已接入该即时配送系统。以阿里巴巴、腾讯为代表的资本巨头早就开始布局即时配送，从外卖、电子商务、商超等领域整合各种资源，发力即时配送服务。

为了推动即时配送的业务发展，各大企业挖空心思推进新零售战略。比如，阿里巴巴、京东积极与传统实体零售店开展战略合作，通过自身的智能物流系统以及大数据、智能派单等技术凝聚社会化物流力量，均衡不同运力，实现即时配送。这样不但能带动线上线下新零售消费，而且让它们更接近用户，更精准地掌握用户信息。表 8-3 为 2021 即时配送企业综合得分 TOP10。

表 8-3 为 2021 年即时配送企业综合得分 TOP10

<table>
<tr><th>排名</th><th>品牌 / 企业</th><th>综合得分</th><th>备注</th></tr>
<tr><td>1</td><td>美团配送</td><td>62</td><td rowspan="10">综合分值的计算主要以各企业前三季度（以此为基础预估全年表现）的配送单量、骑手数量、覆盖范围等作为依据</td></tr>
<tr><td>2</td><td>达达快送</td><td>30</td></tr>
<tr><td>3</td><td>蜂鸟即配</td><td>22</td></tr>
<tr><td>4</td><td>顺丰同城</td><td>19</td></tr>
<tr><td>5</td><td>菜鸟直送</td><td>17</td></tr>
<tr><td>6</td><td>UU 跑腿</td><td>14</td></tr>
<tr><td>7</td><td>闪送</td><td>11</td></tr>
<tr><td>8</td><td>多点配送</td><td>10</td></tr>
<tr><td>9</td><td>叮咚买菜</td><td>9</td></tr>
<tr><td>10</td><td>本来生活</td><td>8</td></tr>
</table>

即时配送目前仍处于发展阶段，与快递业务相比，无论是员工数量还是日均单量都有较大的差距。

蜂鸟配送官网的数据显示，蜂鸟配送日均配送订单超过 450 万单，拥有骑手 300 万人，已合作商户数达到 350 万家，是中国最大的即时配送平台。根据蜂鸟配送即时配送订单量的市场份额估算，目前即时配送的日单量超过 1 600 万单，与快递行业日均单量 8 600 万单相比差距不小。不过，从近几年即时配送业务单量的增速来看，其增速要明显高于快递行业。

3. 即时配送与传统快递的对比

与传统物流方式相比，即时配送的核心特点在于即时性和离散性，需满足用户提出的极速、准时的配送要求，因此流量、运力和调度系统将成为整个配送环节的关键。目前，即时物流从同城、小件、外卖领域为切入点，逐步拓展到生鲜、商超配送领域，未来将扩展到更为广泛的快递末端领域。

快递配送以派件为主，完整的流程需要经过多个环节，主要依靠强大的转运系统提高效率。而即时配送需要在较短的时间内同时完成高频率的取件和派件，且大都采用专人直送模式。因此，只有配送平台的系统算法足够先进，才能衍生出顺路单和合并单，从而大大提高配送效率。

快递配送的高峰期一般在上午 9 点和下午 3 点左右。而外卖是即时配送的主要业务，其工作时间有明显的峰值变化，从在线订单数据的时间分布看，配送的高峰期是午餐和晚餐时段。

二、即时配送目前存在的问题

尽管即时配送市场发展空间大，但是高速发展的背后面临的问题也不少，在追求快的过程中会产生一系列的问题。

（1）对于骑手来说，为了追求速度，配送人员必须跟时间赛跑，争分夺秒就容易造成闯红灯、逆向行驶、争道抢车等违反交通行为，甚至发生交通事故。对于配送人员来说，如果为了节省时间而损害自身或公众安全，那么追求速度的风险就太大了。

（2）对于企业来说，为了给用户即时送单可能需要将大单拆分为小单，这需要在人力、配送、站点上投入更多的成本，企业增加的成本可能会分摊到用户。对于一些配送平台来说，如何解决配送环节所增加的成本也是难点问题，控制好成本对于即时配送的资源优化是重中之重。

（3）对于用户来说，即时配送讲究的是时效性，但一旦遭遇高峰期及天气变化等特殊情况，配送时效性肯定会受到影响。倘若平台对商家、配送员的把控力度不强，准时送达往往沦为一句空话。同时，对于食品的即时配送，如何保证品质也是客观存在的问题。一旦服务质量出现问题，用户对即时配送的需求自然就会下降。

随着国家、地方监管部门纷纷出台相关规范明确行业准则，势必会推动即时配送的健康发展，而优胜劣汰的市场竞争将为用户带来更高质量的配送服务。

三、即时配送的发展趋势

1. 技术仍然是重要的核心竞争力

同城即时配送要解决的问题在本质上跟传统物流配送是一样的，即降低成本、提高效率。而解决成本和效率问题需要模式和技术的创新。

算法、大数据是即时配送不可或缺的技术，如点我达目前压力平衡、无分区的技术点智能调度。技术点不是独立的，整条业务体系、每个业务环节都需要技术点的协同。

2. 订单来源和运力供需平衡

作为后端的配送平台，订单来源是维持平台运作的先决条件。订单的稳定性会影响到配送员和服务是否稳定，即时配送平台需要保有稳定的订单来源，并确保运力供需平衡。

即时配送平台可以与大平台开展战略合作，实现物流需要与物流能力的匹配，最终达到双赢的效果。在这方面，典型代表有点我达、饿了么、达达和京东。

3. 业务扩张城市、拓展配送品类

未来，即时配送企业将不断地扩张自己的辐射范围，在提供优质服务的同时，跑马圈地壮大自己；另外，还将拓展配送的品类，不断完善并提供安全、高效、全面的现代化物流服务。

4. 个性化服务打破同质化竞争局面

目前阶段，市场最终格局还远没形成，都在各自业务领域中运转，尚没有正面冲突，但要想做到真正的差异化竞争是比较难的。

5. 品牌树立和信誉沉淀

一个企业要想获得人心，最重要的是要树立品牌和信誉。如果网上充斥着各种负面消息，用户肯定不愿意把自己的物品交给这样的平台去配送。

6. 信息化安全系统的建立

信息化安全保障是互联网每个行业都必须做到的，特别是物流行业，寄收双方的地址、姓名、电话等个人信息存在泄露的风险，这就要求企业建立信息化安全系统，保障用户的信息安全。

四、即时配送的代表企业

信息化装备

1. 蜂鸟配送

蜂鸟配送专注于即时配送领域，提供任意时间的即时配送和同城配送服务，配送品类全、速度快、服务好，为消费者提供极速的送达体验。

蜂鸟众包是饿了么即时配送平台旗下配送服务品牌，于 2015 年 10 月正式运营。骑手通过软件获取周边商家的配送单，接单后前往餐厅取餐，并送达订餐客户手中，完成整个配送流程。蜂鸟众包致力于打造全民配送概念，这里人人都可以成为骑手，抢订单、赚薪金、赢奖励。

2017 年 4 月，蜂鸟配送获得阿里巴巴和蚂蚁金服 4 亿美元的总投资，双方在人工智能领域合作研发新的调度引擎，并与口碑深度结合获得多平台人口导流。

2018 年 10 月，阿里健康与饿了么蜂鸟众包联手，在天猫“双十一”开启之际全面升级北京、广州、深圳、重庆、成都等 20 多个城市、数千家线下药店的药品配送能力。其中，北京、广州、深圳将延续杭州 7×24 小时的全天候“急送药”服务。

2019 年 4 月，蜂鸟成为本地生活服务全链路数字化重要环节，输出行业解决方案，并加速下沉三四线城市。

2019 年 6 月，蜂鸟配送升级为蜂鸟即配，正式宣布品牌独立。

作为阿里本地生活全链路数字化解决方案中的重要一环，蜂鸟即配在推动本地生活服务行业数字化进程中具有重要作用，并为三四线城市等更多下沉区域带来新一轮数字化红利。

2. 美团

2018 年 9 月 20 日，美团正式在港交所挂牌上市。据美团发布的 2021 年第 4 季度及全年业绩公布，2021 年公司营收 1 791 亿元，同比增长 56%。2021 年 8 月，其单日订单峰值突破了 5 000 万单，而到 12 月，这项纪录再度被刷新。

骑手是美团外卖业务的重要一环。财报显示，2021 年，共有 527 万骑手在美团平台获得收入。

美团配送始终坚持构建开放的配送生态，有效赋能合作伙伴，以保障配送服务稳定、优质，同时实现共赢。

在市场份额、订单量取得领先的同时，美团外卖还在用户渗透率、用户满意度上取得优势。在主要的第三方外卖订餐平台中，美团外卖以 79.9% 的用户渗透率、53.9% 的用户使用份额位列行业第一；在对主流网络外卖平台用户满意度的调查中，美团外卖也成为最受用户喜爱的外卖平台。

多元化人口是美团外卖的重要优势之一，除了拥有独立的美团外卖 APP 外，在微信、美团 APP、大众点评 APP 等几大高频、高黏性的移动互联网平台，美团外卖都拥有明显的人口。多元化人口组成了强有力的生活服务矩阵，平台联动效应显著。美团外卖获得腾讯 30 亿美元的投资以及微信流量人口，为美团外卖带来流量并增强了客户黏性，有助于扩大市场份额。

美团外卖应用人工智能（AI）和基于位置的服务（LBS）技术打造了一个外卖超级大脑——O2O 实时物流配送智能调度系统，可以针对不同配送场景智能调度，让订单与骑手智能匹配，进而确保运力系统处于最优状态。

中国餐饮市场和人口规模巨大，外卖市场依然在快速稳定增长。美团外卖通过多元化人口和技术赋能，有效提升了平台服务能力，构建了差异化竞争优势。

3. 达达配送

达达配送基于众包和移动互联网，是提供同城即时配送服务的平台。2014 年成立于上海，秉持“达达，使命必达”的理念，专注于用移动和众包的方式解决 O2O 领域的痛点，本地商户的最后 3 公里配送。2016 年与京东到家合并，合并后京东拥有新达达 47% 的股份，新达达则拓宽了流量人口，丰富了配送品类，得到了来自京东的供应链资源以持续完善即时配送物流网络，形成商业闭环。

京东到家是达达集团旗下中国领先的本地即时零售平台，依托达达快送和零售合作伙伴，为消费者提供超市便利、生鲜果蔬、医药健康、3C 家电、鲜花绿植、蛋糕美食、服饰运动、家居时尚、个护美妆等海量商品约 1 小时配送到家的即时消费服务体验。截至 2021 年一季度末，达达快送业务覆盖全国 2 700 多个县区市，京东到家业务覆盖全国超 1 500 个县区市。

案　例

随着新零售的发展、智能技术的变革与消费体验的升级，各行业对即时配送服务的需求上升，未来即时配送市场用户规模仍有较大增长空间。下面列举美团、蜂鸟、达达—京东到家三家企业在即时配送领域所做的举措。

美团：推出新品牌美团配送，开启即时配送新格局

从提供同城本地生活服务的美团外卖、美团买菜，到同城一对一专业递送服务美团跑腿，再到新零售的尝试小象生鲜，美团不断拓展业务覆盖场景，如图 8-6 所示。

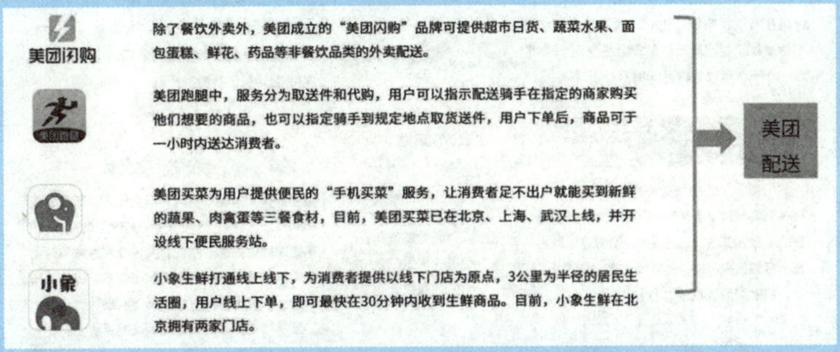

图 8-6　美团配送的业务覆盖场景

美团：搭载超级配送系统，实现配送效率最大化

2019 年 5 月 6 日，美团推出新品牌“美团配送”，并宣布升级配送开放平台。美团配送将运用四种运力网络模式，以满足不同配送场景和不同商家需求，如图 8-7 所示。

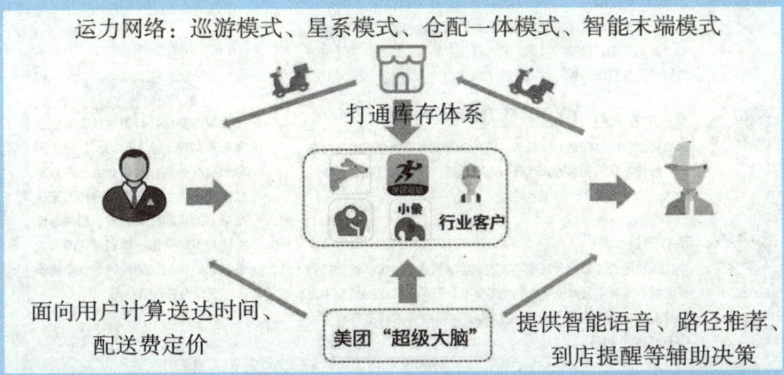

图 8-7　美团运力网络

蜂鸟：品牌独立推动阿里新零售体系变革

2019 年 6 月 5 日，饿了么正式宣布旗下即时物流平台蜂鸟品牌独立，并升级品牌名为蜂鸟即配。此次蜂鸟配送的独立不仅升级了阿里本地生活配送服务能力，更加速

了整个阿里新零售的发展。将来蜂鸟与阿里云数据系统打通后，可为蜂鸟带来更强大算力和运力，如图 8–8 所示。

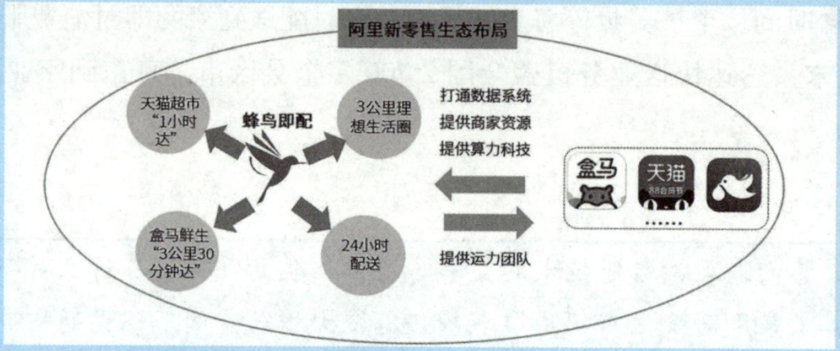

图 8–8　阿里新零售生态布局

蜂鸟：数智化运力体系帮助蜂鸟实现最优化调配

如图 8–9 所示为蜂鸟数智化运力体系。

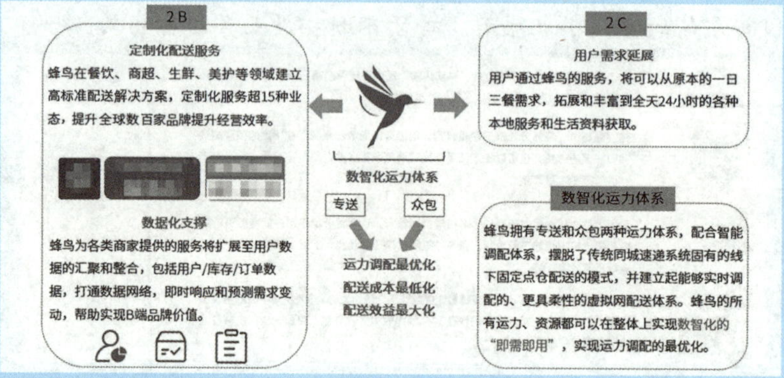

图 8–9　蜂鸟数智化运力体系

达达—京东到家：双方高度协同，升级商家资源争夺战

如图 8–10 所示为达达 – 京东到家的配送业务类别。

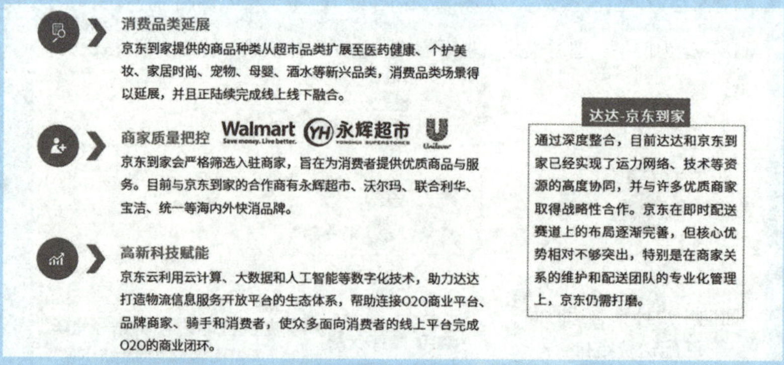

图 8–10　达达 – 京东到家的配送业务类别

达达—京东到家：发力“下沉”策略

如图 8–11 所示为达达—京东到家“下沉”市场布局。

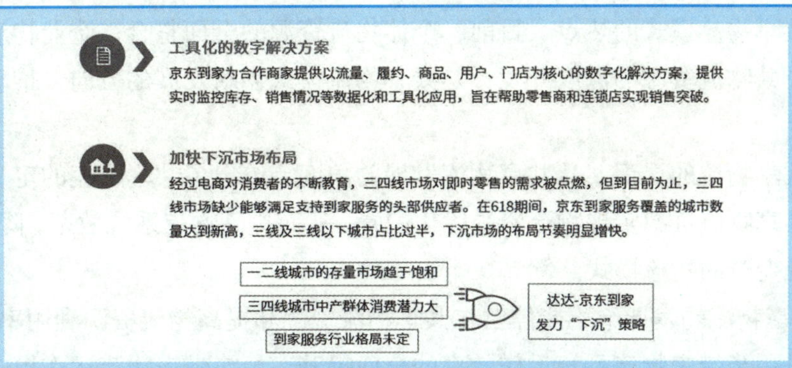

图 8-11　达达—京东到家“下沉”市场布局

第三节　物流领域的共享经济

一、物流领域共享经济概况

经济发展的核心问题是资源的有效配置，资源共享是社会资源高效配置的重要模式，美国经济学家 1978 年就提出了基于资源共享的共享经济概念。长期以来，共享经济的概念并未得到广泛关注，主要是因为资源共享需要信息互联互通和标准的规范统一，那时尚不具备发展共享经济的基础。

近年来，由于互联网、移动互联网、大数据、云计算、物联网等现代信息技术高速发展，推动了共享经济模式的变革，呈现出私人资源开发再利用、行业资源跨界共享、企业资源开放输出、社会资源深度开发的发展趋势，引发了共享经济热潮。2015 年，党的十八届五中全会提出了创新、协调、绿色、开放、共享的发展理念，共享经济首次被写入国家战略。

物流应该是天然具有共享经济特点的行业，物流领域可以共享的资源很多，包括物流信息、技术与设备、仓储设施、终端配送、人力资源等。过去由于信息不对称、资源不共享、系统不协同、系统不互通，存在严重的资源浪费。在共享经济理念下，借助互联网、移动互联网、大数据、云计算、物联网等现代信息技术，通过对社会物流资源全面的深度开发，可以创新出无数共享物流模式，创造物流新价值。

共享物流的本质是共享社会物流资源。社会物流资源既包括个体物流资源，也包括企业物流资源和社会公共物流资源。随着信息技术的发展，推进共享物流可以带来很多颠覆性创新，大幅度降低物流成本。共享经济推动小、散、乱的个体资源的整合。中国物流货运是典型的小、散、乱领域，个体司机为市场主体，通过整合与共享卡车资源，实现卡车与货运需求共享匹配，可提高卡车运输的装载率，降低空返率，实现集约化经营，因此成为物流行业共享物流模式的热点。目前，个体物流资源的全面整合、企业物流资源的开放利用和社会公共物流资源的深度开发，是共享物流模式创新发展的方向，推动着共享物流的变革。

根据对共享物流的认识，从共享物流发展的角度，给出了共享物流的定义：共享物流就是指通过共享物流资源实现物流资源优化配置，从而提高物流系统效率，降低物流成本，推动物流系统变革的物流模式。

可见，共享物流的发展绝不能停留在共享物流资源和提高物流资源利用率这一个层次，资源共享会进一步带来物流系统运作效率的全面提升，最终带来物流运作模式变革，创造物流价值。

二、共享物流创新模式

1. 货运资源共享的创新模式

对于车货匹配、资源共享、集约发展等问题，货运业已经探索了20多年，取得了很多成效，也存在很多问题。据了解，中国基于车货匹配共享货物运输模式的公司至少在500家以上，其中100多家已经获得了资本市场的关注，得到了各类风险投资、投资基金和大型物流企业的投资。互联网巨头BAT（百度、阿里巴巴、腾讯）也开始向共享货运领域延伸，投资相关物流企业，如罗计智慧物流、运满满、云鸟配送、oTMS、神盾快运、货车帮、车旺、易配货、快狗速运等。

车货匹配共享模式最大的问题在于标准化和信息化两个方面。以前的矛盾集中在信息共享与互联互通方面，随着互联网的发展，目前的主要问题是信息爆炸和多元选择问题。面对大量的货运信息和车源信息，如何选择和匹配信息，如何甄别虚假信息，如何合理利用信息成为关注热点。货运服务标准化和规范化是另一个重要问题，被动的车找货或者货找车的匹配，会导致配货等待时间的延长，满足不了服务需求；如果想及时发货，又往往不能有效利用运输资源。

经过近20年发展，目前车货匹配的市场竞争非常激烈，货运资源共享模式正面临着全面深化、推动颠覆式创新的发展阶段，机遇与挑战并存。

（1）物流先行，计划配货

货运领域共享模式成功的关键抓手有两个，一是货，就是一定要从源头抓住货源，从源头开始按货源匹配和共享车辆资源；二是钱，货物的价值属性是钱，实体流动的是物，虚拟流动的是钱，物流与资金流结合，会产生出很多创新模式。

从货源角度，最优的模式是从货源地就把零散的货物和随机的订单集成，依据车辆资源按计划配货。计划经济面临的最大问题是市场的需求难以预测，这种信息不对称带来了计划不合理、资源配置无效率。随着信息技术的发展和大数据、云计算、互联网的普及，可以对零散的货运市场需求进行大数据整合与相对科学的预测，从而一定程度上实现物流先行，按计划配货。

例如，“双十一”的网络购物节会产生大量订单，面对各类小包裹的大量订单，传统的物流服务和车货匹配服务执行的结果必然是爆仓。目前，很多公司都开始运用信息技术手段，开展需求预测，让物流先行，提前备货、铺货。当消费者在网络平台发起网购时，货物已经按预测送到了家门附近的配送门店。这才使“双十一”部分网购可以一小时送货上门。

（2）大数据整合，跨界共享

很多车货匹配的货运互联网公司实际运营中通过共享平台获得关于货物和车辆的大量信息，利用这些信息进行跨界共享，可以实现“羊毛出在猪身上”的新盈利模式。例如，货物信息与资金流信息相匹配，并借助于实时监督和透明管理，可以为物流金融和供应链金融提供信息支撑，开展供应链融资、货物保险等服务，实现巨大的经济效益。据调研分析，目前很多货运互联网公司的商业模式都是开展物流金融等跨界共享的服务创新。

（3）共享卡车后市场服务

共享卡车后市场是指卡车售后服务市场，指围绕卡车使用过程中各环节的各种后继需要和服务而产生的一系列市场活动的总称。卡车后市场一般是以卡车整车销售的前、后进行划分，但也不是绝对的。卡车后市场是卡车销售落地后车主所需的一切服务，是卡车产业链的重要组成部分。目前众多货运企业对卡车市场提出了很多服务需求，如主动安全解决方案、路径优化解决方案、货运平台解决方案、节能降耗解决方案、装卸配载解决方案等，这些均属于卡车后市场的市场需求。

例如，货运互联网公司平台，整合了大量的车源信息，在实际运营中通过车队管理、卡车追踪定位等信息技术，可以及时获取卡车保养、维修、保险等相关信息，这些信息集成后可以实现卡车后市场的模式创新。

2. 物流技术与装备资源共享的模式创新

物流技术与装备分类众多，也是重要的物流资源。传统上，物流技术与装备共享一般通过租赁模式进行，如托盘租赁、叉车租赁等。但在我国，大部分物流技术与装备资源往往属于企业独立所有，一般不作为共享的物流资源开放共享。近年来，随着信息技术的发展和人们思想意识的转变，物流技术与装备资源的共享开始得到认可，创新模式层出不穷。

（1）自动化物流系统服务共享

自动化立体库、输送分拣系统等自动化物流系统，过去往往都是按客户需求开发，建设完成后即交由企业自己运营与管理。近年来，有领先的物流系统集成商开始设想和实践制造业服务化理念，根据市场需求，借助资本运作模式，建设共享的自动化物流系统，并利用自身技术优势开展共享服务，按存储的物流量和出入库物流频次收取物流费用。

（2）物流技术与产品的共享

最突出的物流技术与产品的共享模式体现在物流包装领域，包括物流周转箱、托盘等单元化器具。尤其是托盘的循环共用，不仅实现了托盘资源的有效利用，还大幅度提升了物流效率，降低了物流成本，创造了物流价值。

以封闭式托盘循环共用系统为例。托盘循环是一个封闭式循环，标准化托盘由托盘租赁公司提供，生产企业从租赁公司租赁托盘。装载货物后，带托盘运输到批发商仓库，不换托盘直接入库，同时托盘租赁主体由生产企业变更为批发企业。以此类推，一直送达零售终端企业，整个供应链上的企业循环共享托盘，中途不更换托盘。封闭式托盘循环共用流程。

由于租赁托盘，企业不需要针对产品销售的高峰和低谷储备大量托盘备用，随用随租即可。由于带托盘运输，货物装卸卡车可以采用叉车等设备实现机械化，大幅度提高作业效率，减少装卸时间；由于中途不更换托盘。减少货物从一个托盘倒运到另一个托盘的无效作业，大幅度提高了物流作业效率，也避免了倒盘带来的货损。供应链上的各企业共用托盘不仅盘活了托盘资源，更带动了物流系统效率提升。

目前关于托盘循环共用的创新，正从封闭式托盘循环共用向全社会开放的托盘循环共用模式方向发展，市场也一直在推动这一创新模式的发展。

物流包装产品的循环共用创新模式带来的另一个革命性变化是物流包装箱在生鲜食品物流系统中的应用。生鲜食品在传统物流作业中会带来大量损耗。通过各种标准的物流周转箱的共享与循环共用，物流的作业对象从鲜嫩易损的生鲜蔬果变成了结实耐用的标准物流箱，从田间地头一直到超市货架，整个物流系统中的物流作业不再直接接触生鲜蔬果。从而大幅度提升物流作业效率，生鲜蔬果的损耗率可以从原来的30%以上降低到5%以内，创造了物流系统价值。

3. 物流基础设施资源共享的创新模式

传统的物流基础设施包括仓储设施、物流园区、公共装卸区域设施等。随着互联网的发展，国家大力推进互联网＋物流，以云、端、网为基础的互联网体系也成为现代物流基础设施。目前物流基础设施共享模式正向深度开发、全面开放、广泛共享方向发展。

（1）物流公共信息平台建设与共享

现代物流业首先就是从物流信息共享发展起来的，物流公共信息平台的开发与利用得到了各企业和政府部门的高度重视。物流公共信息平台为实现物流合理化、物流网络通达化、物流运作一体化、物流信息电子化、物流系统高效化，是公共系统工程，投资巨大、技术复杂、涉及面广、周期较长。物流公共信息平台主要包括：公路货运型为主导的信息平台、物流园区节点为主导的信息平台、城市物流节点为主导的信息平台、公铁联运为主导的信息平台、海运通关为主导的信息平台、电子商务为主导的信息平台、仓储配送中心为主导的信息平台、区域综合物流信息平台等。

物流公共信息平台是通过物流信息共享推动社会物流资源共享的重要举措，因此各国都很重视物流公共信息平台的开发建设。欧美国家有 Transa、Nistevo、GNX、WWER、

CPG 等物流公共信息平台，其中 Transa 由几家消费品生产商组成，CPG 则由欧洲几家供应商组成，GNX 由几家零售企业组成。但是，物流公共信息平台由于具有公共属性，缺乏良好的商业模式，在商业上取得巨大成功的不多。

中国从 20 世纪末就开始探索物流公共信息平台建设，早期的有亚桥物流、金干线、华夏交通在线、中运网，均因缺乏良好的运营模式而失败。各地政府支持建设的地方物流公共信息平台也大多倒闭，取得商业成功的不多。

目前，政府扶持的交通部国家物流公共信息平台投入巨大，经过发展，开始在物流信息共享方面取得良好成效。同期，林安、传化等依托物流园区的物流公共信息平台，利用线下资源与线上结合，市场运作也不错。在商贸领域，物流唐山探索以城市物流信息平台为节点，链接各城市物流信息平台的智慧城市物流骨干网发展模式，取得了一定成效，是城市共同配送领域的先进企业。

（2）物流仓储资源的开放共享

中国仓储与配送协会一直致力于推动仓储资源开放共享，协会与中铁物流集团仓储管理有限公司投资组建的中仓网是一个以信息交互及交易服务为主的 B2B 仓储资源电子商务平台，致力于依靠云端数据和共享的方式来提供强大的仓、运、配一体化服务体系。中仓网运营模式以自营 +POP 为主，向用户提供会员在线交易服务、云仓代运营、会员企业仓运配等服务。目前，致力于仓储资源共享的平台和企业还有很多，如菜鸟网络科技有限公司、中联网仓、京东物流等。

此外，物流仓储设施与新能源公司合作，共享仓库屋顶资源，开展仓库屋顶光伏发电，也是仓储资源共享的案例之一。

（3）物流综合系统的开放共享

菜鸟和京东都在致力于物流系统的开放共享，致力于成为商贸流通基础设施服务商。以京东为例，京东物流系统从企业自建物流转变为向社会开放共享，实现了企业准物流公共资源的强输出。这种物流资源的开放具有智慧物流系统 + 电子商务平台的特征，这一共享模式对传统的商贸批发物流系统带来的影响是革命性的。

京东通过“智慧物流 + 电子商务平台”共享的方式，致力于建设商贸流通的基础设施，开放的不限于物流，而是整个供应链打包服务，主要包括三个层面：一是共享仓配一体的供应链服务；二是开放共享末端配送服务；三是提供物流云服务。

更重要的是，京东借助开放共享物流系统，整合传统门店的供货系统，建设传统门店的新通路，颠覆了从品牌商到中小门店一层一层批发的传统，可以带来传统零售渠道的变革。

4. 物流配送资源共享的创新模式

配送是在经济合理区域范围内，根据用户要求，对物品进行拣选、加工、包装、分割、组配等作业，并将物品按时送达指定地点的物流活动。它将“配”和“送”有机结合起来，不是一般性的企业之间的送货运输。配送是共同化的服务模式，配送共同化包括物流资源利用共同化、物流设施和设备利用共同化、物流管理共同化等，是天然的共享物流模式。物流配送的共享模式最重要的创新方向有以下几个。

（1）共同配送

共同配送也称共享第三方物流服务，指多个客户联合起来共同由一家第三方物流公司来提供配送服务。它是在配送中心的统一计划、统一调度下展开的。共同配送的本质是通过物流作业的规模化降低作业成本，提高物流资源的利用效率。共同配送是指企业采取多种方式，进行横向联合、集约协调、求同存异以及效益共享。

共同配送有很多种创新模式，如循环取货直配模式、循环取货共配模式、集货 + 集仓统一配送模式、分阶段 JIT 集货共配模式、社区集货 + 分区域循环共配模式、多工厂集货共配模式等。从理论上讲，通过共同配送可以减少 90% 以上的车辆进城。欧洲 Citylog 项目运用共同配送的原理，推进城市物流系统改进，测试表明可大幅减少运输车辆。

商务部近年大力推进城市共同配送发展，激活了国内共同配送市场需求，带动各地区积极自主开展共同配送试点示范，社会资本也积极投资共同配送的平台和企业。

随着互联网技术的发展，围绕着渠道共配和产品共配，城市共同配送创新向着智慧共配方向发展。通过大数据、互联网和 GPS 相结合，可以即时集成区域内订单需求，智慧生成最优配送路径，做到实时共配、随机共配，全面共享城市物流配送资源。

（2）欧盟 Citylog 城市物流配送项目

自 2010 年以来，欧盟组织了顶级物流研究与咨询机构，开始探索城市物流配送的系统创新，提出了城市物流配送 Citylog 项目计划，并在欧洲几个主要大城市进行试点。2011 年、2012 年在里昂、柏林和意大利皮埃蒙特大区等大城市组织实施和实际运行效果验证，可减少物流配送终端 85% 的汽车运输，从而大幅度降低车辆进城压力。

Citylog 项目通过 3 个方面的共享大幅度提升城市物流系统效率：一是公共货运班车；二是城市小集装箱共同配送系统；三是终端共享智慧物流箱（Bento 配送箱）系统。

（3）共享客运资源创新模式

多年以来，部分物流配送企业利用大巴、地铁等客运资源配送包裹与快件。例如，按规划线路与客运司机合作，用客运班车的行李箱空间定时发送包裹等快件，起点与终点安排人员取送货，共享客运资源开展物流配送服务。2016 年“双十一”期间，电子商务物流快运包裹“坐”上了高铁，这也是物流配送共享客运资源的成功案例。

（4）城市物流配送设施共享模式

为提高物流效率，物流先进国家的政府往往采取各种措施扶持企业进行物流配送设施的共享与共建。例如，日本政府积极推动城市中“流通团地”建设，通过制定奖励制度和优惠价格制度，促进企业联合建立“发送中心”、“流通中心”等配送设施，将为数众多的中小企业组合到一起，使它们的经营规模“适度化”，经营活动“联合化”，集中接收、保管、加工、发送货物。日本政府还通过政府辅导、资金支持、政策扶持，推动中小物流企业在城市配送中共享其他物流配送设施，提高设施利用率，推动物流配送体系的建设。

案 例

"传统快递业是整个产业链的下游，很多业务都很被动，所以这些年，我们对物流的上下游和物流供应链的生态进行了重新布局和规划；往上游，成立了'佰川云仓'项目；往下游，创建了'粉丝生活'社区生活服务平台。"辛通集团总裁邓德庚表示。

1. 打造千万流量的云仓共享平台

邓德庚说："我们发现，每个电子商务从业者或者工厂都有一个仓库，这个仓库在他们自己运营的时候其实就是一个负资产，不会带来效益，基于这样的原因，我们就开始开拓第三方仓储服务。"

2009年，辛通成立了"佰川云仓"项目，面向社会开放仓储资源和配送资源，并结合专业的酷仓宝SaaS化WMS管理系统，推出了高效运作的专业化仓、配送一条龙服务，解决客户在仓储和配送方面的痛点。

"云仓的核心技术就是数据同步，我们用了10年时间完成了这件事情。第一步，实现系统共享。第二步共享仓库，共享仓库可以实现货品快速流转，实现共赢。第三步共享库存，这是云仓最大的亮点，也是我们辛通目前正在做的事情。"

据了解，辛通自有仓库面积已超10万平方米，管理仓储面积达几十万平方米。辛通的目标是打造一个千万级别流量的云仓共享平台，信息共享、数据共享，实现配送网络的快速反应，从而实现云仓真正的巨大价值。

2. 开创社区服务新模式

邓德庚很早就看好社区服务这个风口。2016年，他作为天使投资人投资"粉丝生活"项目，以快递代收切入社区服务，打造"互联网＋服务"的云社区生态平台。

"粉丝生活通过系统赋能，精准链接人与服务，商家或是个人都可注册成为粉丝生活服务商家，出售自己的技能、知识、时间、经验与智慧，为小区百姓及小区周边商户提供了数字化平台。让更多的人可以通过云社区平台，为邻里提供服务或产品，有效地解决了社区百姓生活不便的难题。"

邓德庚表示，疫情过后，围绕社区展开的社区生活服务将成为拉动经济增长的新引擎，而粉丝生活经过3年落地实践打造，现已覆盖全国1 000多区县、30 000多小区。

三、共享经济在物流领域的拓展问题

共享单车解决3公里内的出行，共享物流影响数千公里的运输，"共享模式"正成为激发各生产要素按需匹配、合理优化的新动能。伴随着互联网的发展，共享经济迅速崛起，为物流的提速增效带来了机遇。

目前，我国物流业发展面临着新的形势。数据显示，2014 年以来，中国社会物流总额呈现出逐年增长的趋势，2017 年中国社会物流总额为 252.8 万亿元，2018 年中国社会物流总额为 283.1 万亿元，2019 年中国社会物流总额为 300 万亿元，如图 8–12 所示。

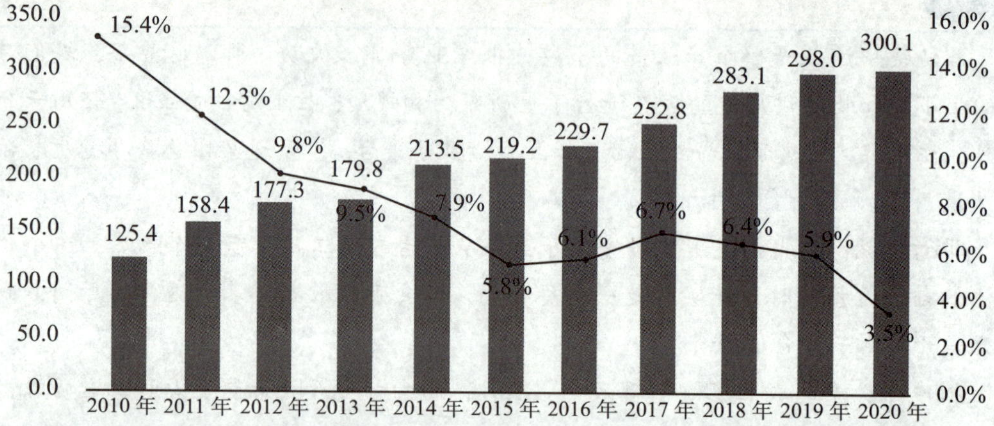

图 8–12　2010 ~ 2020 年中国社会物流总额及其增长率（单位：万亿元，%）

前瞻产业研究院发布的《全球及中国共享经济发展模式与典型案例分析报告》中提供的统计数据显示，预计到 2025 年，全球共享经济市场规模有望从 2015 年的 150 亿美元增加至 3 350 亿美元。智研咨询发布的《2020 ~ 2026 年中国共享经济平台行业市场供需规模及投资风险预测报告》中提供的数据显示：2018 年中国共享经济市场交易额为 29 420 亿元，2019 年中国共享经济市场交易额为 32 828 亿元，增长 11.6%。在公共出行领域，中国已经是全球规模最大的共享汽车和共享单车市场，这表明共享经济在中国拥有广阔的市场潜力和一定的全球影响力。

在共享经济发展过程中，共享的领域也在不断拓展，从最初的汽车、房屋共享发展到金融、餐饮、空间、物流、教育、基础设施等，并向农业、能源、生产，甚至城市建设领域扩张。可以说，共享资源由类似车辆、房屋、个人物品等私人资源发展为公共资源（或叫社会资源）的深度开发，给共享经济带来更广阔的发展空间。

1. 共享经济在物流领域的拓展

（1）物流资源共享

物流资源共享包括车辆运力、货源信息、仓储空间、劳动者时间等方面的共享。从 2012 年开始受 UBER（优步）和滴滴出行模式的启发，物流行业率先出现了基于车货匹配的共享物流热潮。经过共享卡车资源，实现了货运卡车与货运需求的共享匹配，提高了卡车运输的最优装载率，降低了卡车回程空返率，从而提高了运输效率，降低了运输成本。在风险投资和社会资金热捧之下，基于车货匹配的物流平台迅速发展，仅公路货运行业平台一度达到 200 多家。但经历行业洗牌、大浪淘沙之后，如今平台企业不过几十家，转型升级势在必行。

此外，还有一些服务盈余或者时间盈余的共享，物流众包模式，即通过互联网平台使闲散的劳动者在更大的范围和空间调配起来，为同城物流提供个性化的配送服务。移动互联网的兴起使得闲置人力资源可以实现共享。仓储空间盈余共享平台也随之出现，通过互联网方式，把一些闲置的仓储资源和需求方进行配对，库存供需双方达成交易，实现仓储资源的最大化利用，优化配置整个行业的仓储资源。

（2）物流基础设施共享

物流基础设施的共享，比单个物流资源的共享具有更丰富的含义。物流园区作为重要的物流基础设施，将个体劳动者、货主企业、物流企业、政府办事机构、配套企业等集聚在一起，形成新的物流生态圈，也产生了协同效应。例如，上海天地江在经营物流园区时充分发挥共享思维，将车企、金融企业、油品提供商、轮胎服务、ETC 等各种类型的企业集聚在一个平台上，为园区内入驻企业提供一站式物流管家服务，构建和谐、共赢的生态圈。未来物流与不同企业间的融合，以及资源的共享和利用将成为一个非常重要的领域和发展方向。

（3）企业协同共享

使用权和所有权的分离，促使企业从分工走向协同共享。无论是单个物流资源的共享，还是物流基础设施集聚协同，均体现了共享思维在物流领域的应用，其摒弃了传统物流企业所有者的观念，提倡分享使用权，深化了企业间的分工，实现了存量资源的社会化转变和闲置资源最大化利用。传统的物流体系以企业为单元，车辆、人员、仓配、服务设施都由一个企业来支配，从上到下垂直贯穿；而共享经济则依赖平台协同，社会分工，从而由垂直走向横向，横向分工使得每个物流主体的角色定位发生变化。

以物流基础设施为例，物流园区产权使用者将使用权和所有权分离，引入专业运营团队把园区资源和土地资源高效利用起来，使园区发挥更大的效益，这正是共享经济在物流领域中更深层次的实践。

综观新经济时代下产生的那些新兴公司，会发现这些互联网公司都采取轻资产的运营模式，他们并不真正拥有土地，房产、设备，但是可以把这些资产利用起来产生更大的效益，这正是共享经济的精髓。

2017 年 7 月 5 日，国务院常务会议确定了进一步降低物流成本，持续为企业减负，助力经济升级的措施。会议认为，推动物流降本增效，是推进供给侧结构性改革的重要举措，有利于促进大众创业、万众创新，扩大就业和发展现代服务业。会议特别提出了积极发展互联网 + 车货匹配的新业态。作为天生具备共享因子的物流行业，共享经济正在改变着行业的未来。

2. 共享经济存在的问题

共享经济在最大限度地提升资源利用效率的同时，也存在一些值得关注的问题。

（1）共享实践发展加快，监管体系亟待重构

当前占主导地位的经济社会管理制度是建立在工业经济和工业化大生产基础上的，强调层级管理、属地管理和行业管理，注重事前审批和准入。基于网络的共享经济具有典型的网络化、跨区域、跨行业等特征，快速发展的实践使得许多制度变得越来越不适应。当

前许多新业态游走在监管的灰色地带，有些创新实践则面临不合理的制度约束，共享经济的发展对现有的政策、制度、法律等提出了新的挑战。

（2）创新引发利益调整，统筹协调难度加大

共享经济发展大大降低了诸多行业的进入门槛。共享型企业拥有显著的成本优势、创造无限供给的能力趋近于零的边际成本，使传统企业面临巨大的竞争压力。在具有排他性的垄断型市场中，共享企业的进入及其快速扩张的发展态势冲击着原有的商业逻辑和经济秩序，不可避免地会遇到来自既得利益者的质疑和阻挠。共享经济可能引发深层次的社会分工与组织变革，涉及的领域之广、人员之多前所未有，协调难度明显加大。

（3）产业发展尚不成熟，许多问题有待解决

在共享经济模式下，产品与服务的供给方通常是大量不确定的个人或组织，尤其是当前诸多领域的共享经济都处于探索阶段和发展初期，其产品和服务的安全性、标准化、质量保障体系、用户数据保护等方面仍存在不足和隐患。多数企业并未找到有效的商业模式，同质化竞争普遍。多数领域的共享经济模式未纳入正常的产业发展体系，不公平竞争、税收、劳资关系等许多问题没有得到妥善解决。

（4）观念认识不到位，原有法规不适应

迄今为止，人们对于共享经济的理解主要集中于实证分析和现象观察，尚缺乏系统科学的理论研究。现有的很多法规已无法适应信息时代的实践发展，既不能解决行业准入门槛、从业人员社保、税收监管、信息安全以及信用体系建设等方面的共性问题，也无法解决行业差异化带来的具体问题。例如，在短租领域会遇到卫生、消防缺乏统一标准问题，在送餐行业会遇到服务标准化和员工培训问题，在家政服务行业会遇到特殊的劳务关系及劳动保护问题等。

案　例

物流业是支撑国民经济发展的基础性、战略性产业。以运力资源整合共享为特征的共享货运，是共享物流的重要创新模式。

借助移动互联网技术创新，共享货运模式可以统筹社会运力资源，降低空载率，取得良好的经济和社会效益。但在数据打通和发票开具等方面仍存瓶颈，需出台相关政策制度予以破解。

2018年召开的国务院常务会议指出，要促进公路货运行业创新发展。在我国物流费用结构中，运输费用占比最高，有时甚至超过一半。物流业要降本增效，运输环节是重头。共享经济作为一种新型商业模式，对交通运输业的赋能被业界看好。

在共享客运领域，网约车的便捷高效已为大众熟知；在共享货运领域，借助移动互联网技术创新，社会运力资源的集约化利用、货主的满意度、平台的发展现状，呈现何种图景？记者对此展开了调查。

货运司机超2 000万，共享货运大大缩短车货匹配时长共享经济三要素是产能过剩、

共享平台和协同共享，在物流行业中符合三要素的主要是公路货物运输领域，其主要覆盖领域是干线运输和城市配送板块。中国物流与采购联合会研究室主任周志成说，相关头部平台企业在以撮合交易为主的货运经纪业务上初具领先优势，正在加快向收取全程运费、承担全程运输责任、以货代交易为主的无车承运人方向发展。

导致共享货运诞生的因素何在？市场有需求，传统货运方式存在的种种痛点呼唤新型货运模式的到来。我国拥有全球最大的公路物流市场，但货运行业参与者极其分散，产业链条长、环节多，导致流通效率低、成本高，实现存量资源的社会化转变与闲置车辆最大化利用，成为迫切的需求。

目前，我国公路货运业从业人员超过 2 000 万人，承担了全国 2/3 的货运任务，其中 90% 以上大型货车为个体户经营。在共享货运模式出现之前，货主和司机的信息交换方式大都通过小黑板在物流园中面对面进行，“司机找货难，货主找司机难”，平均配货时间需要 3 到 5 天，空载率高达 40%。中物联数据显示，我国社会物流总费用与 GDP 的比率从 2012 年的 18% 下降到目前的 14.5%，但仍比发达国家高出 5 到 6 个百分点，降本增效潜力大。

技术有底子，为共享货运风口到来做足准备。作为“互联网 + 物流”的典型应用场景之一，共享货运需要移动互联网、大数据、云、人工智能等技术作为支撑，而我国网民规模世界第一，成为互联网创新应用的优质试验田，相关技术发展方兴未艾。

周志成认为，与城市“人流”出行市场不同，“物流”界的共享属于产业互联网范畴，服务对象一边是产业型司机和车队，一边是中小货主和合同物流企业。“产业互联网不仅关注业务的便利性，也要考虑业务的合规性，特别是税收链条的完整性和政府监管的合规性。”

干线运输共享平台整合货运市场，经济社会效益突出“近年来，智慧物流出现一些新特点，发展出不少典型应用场景。”中物联会长何黎明说，在“互联网 + 高效运输”领域，货运供需信息实现在线对接和实时共享，将分散的货运市场有效整合起来，提升运输的运作效率；在“互联网 + 便捷配送”领域，市内配送运力池的搭建，让共同配送、集中配送、智能配送等先进模式迸发，有效解决“最后一公里”的痛点。

“互联网 + 高效运输”，对应共享货运中的干线物流，围绕供应链全过程，智能物流系统连接工厂的货、路上跑的卡车、物流企业、物流中心和仓储点，形成“一单到底”，实现全网调度、全网指挥、全网监控。

“互联网 + 便捷配送”，对应的是共享货运中的同城速运，其典型平台有尖兵联同城货运。业内人士表示，我国同城货运市场规模呈逐年增长趋势，市场总额去年已突破 1.5 万亿元。受新零售、智慧物流等因素影响，同城货运将占据城市物流七成的份额。

司机和货主“两头甜”，发票开具与数据打通仍存瓶颈找货容易了，收入增加了，这是司机们对参与共享货运的普遍感受。

“以前起早摸黑，一天到头也就跑个两三单，送完还经常空着车回来，白烧油。现在勤快些的师傅，一天最多能跑下 8 ~ 10 单。到达上一个目的地后，用不了多久就能接到下一单。”刘宝生说。

干线运输的司机也有同样的获得感。作为一名高原卡车司机，张顺洪经常往返于昆明到普洱之间，线路跨度达好几百公里、最大落差超几千米，卡车单向行程要开十几个小时，耗水耗油巨大，“往返一趟要累散架，货没拉够还要赔本”。

“通过对共享平台上的货代们发布的海量货源进行筛选，后台的智能系统实时精准匹配，我的接货时间快速缩短到 2 ~ 3 小时以内，只要盯着手机，随时随地找货、预订，省了以前跑腿的麻烦，信息费等额外开销也免了。”张顺洪说。

货主们同样点赞。“多、快、好、省”，这是深圳个体户陶冉对共享货运给出的关键词，平台上有海量运力，这是“多”；一键下单后，10 秒内就有司机响应，15 分钟就能到达，这是“快”；平台司机五证齐全，受过系统培训后才上岗，货主们用后评分会形成监督机制，倒逼完善服务，这是“好”。

“所谓省，就是省钱，收费标准化，告别有的传统货运方的坐地起价。”陶冉算起了一笔细账，在深圳，以 20 公里路程计算，换在以前，小面包、中面包、小货车、中货车的价格分别需要 100 元、130 元、180 元、250 元；通过共享货运平台，对应的费用只需 60 元、95 元、110 元、150 元。

不少受访货主表示，消费升级时代，人们在追求货品安全的同时，更关注货运的速度与便捷性。市面上越来越成熟的共享货运平台，将提升用户选择司机的主动权，同时降低沟通成本，满足不同消费者的个性化货运需求。

共享货运“两头甜”，并不意味着没有发展中的痛点。“目前，开发票问题仍然是制约共享货运发展的主要问题。不管是以撮合交易的经纪业务还是以货代交易为主的无车承运业务，都面临大部分个体司机无法给接受服务的托运人开具增值税专用发票的问题。”周志成建议，有关部门可在“产权回归本体、责权回归本位、监管回归本源”的监管思路上下功夫，积极推动相关政策制度的出台。

本章小结

新零售，即个人、企业以互联网为依托，通过运用大数据、人工智能等先进技术手段以及心理学知识，对商品的生产、流通、销售过程进行升级改造，进而重塑业态结构与生态圈，并对线上服务、线下体验以及现代物流进行深度融合的零售新模式。线上、线下和物流结合在一起，才会产生新零售。作为零售的重要一环，物流也在潜移默化地发生变化，即时配送的诞生推动了物流进入新的阶段。共享物流就是指通过共享物流资源实现物流资源优化配置，从而提高物流系统效率，降低物流成本，推动物流系统变革的物流模式。

通过本章的学习，使读者了解新零售与即时配送的概念与发展方向，以及物流领域的共享经济概况与相关问题。

本章习题

1. 新零售产生的动因有哪些?
2. 新零售引起的物流变化有哪些?
3. 即时配送与传统快递对比有什么区别?
4. 简要概括即时配送的发展趋势。
5. 物流技术与装备资源共享的模式创新有哪些?

参 考 文 献

[1] 王晓平 . 电子商务与现代物流 [M]. 北京：首都经济贸易大学出版社，2021.

[2] 许应楠，林美顺，叶贤 . 电子商务物流 [M]. 北京：人民邮电出版社，2022.

[3] 刘晓军，杨建曾，林楠 . 电子商务物流管理 [M]. 北京：北京交通大学出版社，2021.

[4] 孙克武 . 电子商务物流与供应链管理 [M]. 北京：中国铁道出版社，2017.

[5] 谢明，王记志，彭新莲 . 电子商务物流 [M]. 西安：西安电子科技大学出版社，2020.

[6] 周晓光，杨萌柯，方亮 . 物流配送路径优化与物流跟踪实训 [M]. 北京: 北京大学出版社，2022.

[7] 董永春 . 新零售：线上 + 线下 + 物流 [M]. 北京：清华大学出版社，2022.

[8] 范珍 . 电子商务物流 [M].2 版 . 北京：高等教育出版社，2022